픽스호크 기본 연결 다이어그램

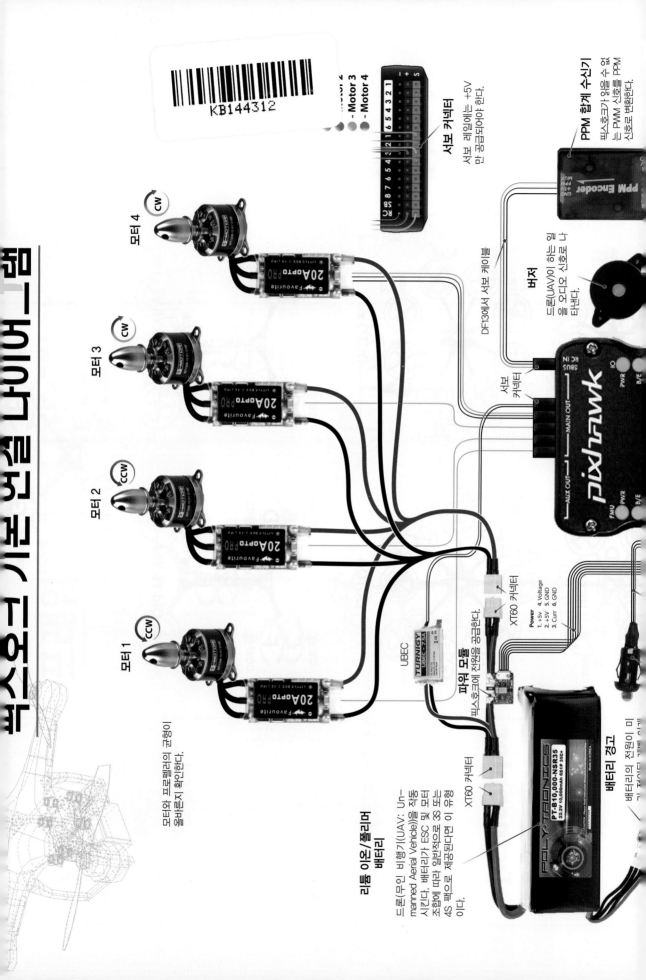

모터 1 · 모터 2 · 모터 3 · 모터 4

모터와 프로펠러의 균형이 올바른지 확인한다.

리튬 이온/폴리머 배터리

드론(무인 비행기(UAV: Un-manned Aerial Vehicle))을 작동시킨다. 배터리가 ESC 및 모터 조합에 따라 일반적으로 3S 또는 4S 팩으로 제공된다면 이 유형이다.

UBEC

파워 모듈
픽스호크에 전원을 공급한다.

XT60 커넥터

Power
1. +5V   4. Voltage
2. +5V   5. GND
3. Curr 6. GND

XT60 커넥터

배터리 경고
배터리의 전원이 미리 정해진 값에 이를 때...

서보 커넥터
서보 레일에는 +5V만 공급되어야 한다.

PPM 합계 수신기
피스호크가 읽을 수 없는 PWM 신호를 PPM 신호로 변환한다.

버저
드론(UAV)이 하는 일을 우리어 신호로 나타낸다.

DF13에서 서보 케이블

서보 케이블

pixhawk

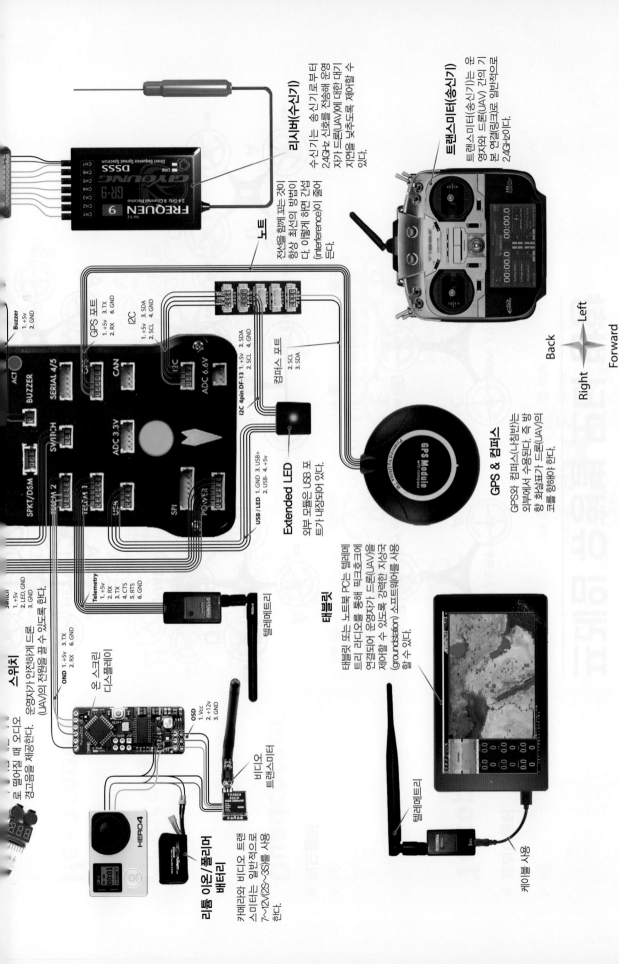

리시버(수신기)

수신기는 송신기로부터 2.4GHz 신호를 전송해 운영자가 드론(UAV)에 대한 대기 지연을 낮추도록 제어할 수 있다.

트랜스미터(송신기)

트랜스미터(송신기)는 운영자와 드론(UAV) 간의 기본 연결링크로 일반적으로 2.4GHz이다.

노트

전선을 함께 모드 것이 항상 최선의 방법이다. 이렇게 하면 간섭 (interference)이 줄어든다.

Buzzer
1. +5v
2. GND

GPS 포트
1. +5v   3. TX
2. RX   6. GND

I2C
1. +5v   3. SDA
2. SCL   4. GND

ADC 6.6V

I2C 4pin DF-13 1. +5v   3. SDA
                2. SCL   4. GND

컴퍼스 포트
2. SCL
3. SDA

GPS & 컴퍼스

GPS와 컴퍼스(나침반)는 외부에서 수용된다. 즉 방향 화살표가 드론(UAV)의 코를 향해야 한다.

SERIAL 4/5

ACT

BUZZER

CAN

ADC 3.3V

SWITCH

SPKT/DSM

TELEM 2

TELEM 1

USB

POWER

SPI

Switch
1. +5v
2. LED. GND
3. GND

Telemetry
1. +5v
2. RX
3. TX
4. CTS
5. RTS
6. GND

USB / LED 1. GND   3. USB+
           2. USB-   4. +5v

Extended LED

외부 모듈은 USB 포트가 내장되어 있다.

텔레메트리

ZHMS1.6

태블릿

태블릿 또는 노트북 PC는 텔레메트리 라디오을 통해 마크로코에 연결되어 운영자가 드론(UAV)을 제어할 수 있도록 강력한 지상국 (groundstation) 소프트웨어를 사용할 수 있다.

텔레메트리

ZHMS1.6

케이블 사용

스위치

운영자가 안전하게 드론 (UAV)의 전원을 끌 수 있도록 한다.

로 떨어질 때 오디오로 경고음을 제공한다.

온스크린 디스플레이

OSD
1. Vcc
2. +12v
3. GND

비디오 트랜스미터

TS5823
32CH

HERO4

리튬 이온/폴리머 배터리

카메라와 비디오 트랜스미터는 일반적으로 7~12V(2S~3S)를 사용한다.

Back

Left

Right

Forward

픽스호크
드론의 정석

류재만 감수 / 공현철, 한기남, 김지연, 서동훈 저

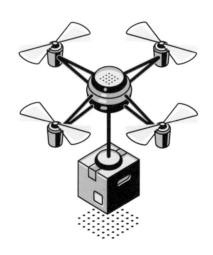

BM (주)도서출판 성안당

류재만
／
감수자

컴퓨터공학을 전공한 후 육군 학사장교로 10년간 정보통신장교로 근무했다. 특히 군 생활 5년차인 2015년도에 육군정보학교에 전입한 후 육군에서 드론을 활성화하기 위해 준비하는 과정을 함께 하며, 군내 최초의 개원한 드론전문교육기관 1호 조종자 타이틀을 보유하고 있다. 이를 계기로 지도조종자 자격 취득 후 군내 조종자 양성 및 군단 및 사단급 제대에서 임무수행 할 교관을 양성, 드론병 선발평가관 등 각종 드론관련 임무수행을 마친 후 사회로 진출하였다.

전역 후 한국교통안전공단 드론관리처에서 짧은 기간 연구원으로 활동하며, 사업을 준비하였고 '캣츠'라는 회사를 설립하여 기업을 운영하고 있다. 저자와는 군 생활을 하면서 알게 되어 친분을 쌓게 되었으며, 내가 픽스호크를 입문하게 해준 길잡이이기도 하다. 물론! 드론을 처음 시작할 수 있도록 배려해주고 지원해준 육군정보학교 4분의 역대 학교장님들 그리고 나의 부서장님, 전투 실험 처장님, 한국교통안전공단의 부장님 외 수많은 도움을 주시는 분들에게 항상 감사한 마음을 갖고 있다.

개인적으로 처음 '드론'이라는 단어를 접했을 때 스타크래프트 저그 일꾼을 말하는 줄 알았을 정도로 드론은 관심 밖의 분야였지만 군대에서 임무를 부여받은 뒤 이를 즐기며 취미로 만들었고 이제는 직업이 되었고 내 삶의 일부가 되었다.

'만약 내가 그때 드론을 하지 않았다면 지금 뭐하고 있을까?'라는 생각을 할 때가 많다. 특히 군에서 교관 임무수행을 하면서도 픽스호크를 접한 뒤 너무 재미있어서 지속적으로 공부를 하였는데, 전역 후 이것이 나에게 큰 도움이 될 것이라고는 꿈에도 생각하지 못했다. 최근 개인 사업을 하면서도 대학교에서 학생들을 가르치고 있었는데 어느 날 저자께서 이 책을 감수할 수 있는 영광의 기회를 주셨다.

서로의 지식을 공유한다는 것은 항상 즐거운 일이라고 생각한다. 또한 지식을 전달한다고 해서 나의 기술이 남에게 넘어간다고 생각하지 않는다. 다양한 지식을 공유하고 이것을 발전시키는 것이 의미가 있지 않을까? 이 책을 통해 모든 사람들이 픽스호크에 쉽게 입문하여 국가 드론 산업발전에 도움이 되길 바라며….

공현철

/

저자

1996년 3월부터 2018년 2월까지 항공우주연구원에서 책임연구원으로 근무했으며, 2018년 3월부터 배재대학교 드론로봇공학과 교수로 학생들에게 드론과 관련된 과목을 지도하면서 몇 가지를 느끼고 있었다.

어떤 FCC(Flight Control Computer, 비행 제어 컴퓨터)를 사용하는 것이 좋을까? 향후 드론 시장은 어떻게 변화할 것이며, 학생들이 졸업한 후 진출할 현장 준비를 어떻게 해야할 것인가? 등을 고려하다가 상용 FCC는 일반적으로 사용하기에 편리하지만 개발 관련해 여러 가지 제약이 있는 것이 사실이고, 반면 직접 개발해 사용하는 것은 많은 시간과 노력과 비용이 발생할 뿐만 아니라 시스템을 안정화하고 활용하는데 그만큼 어려움이 있다는 사실을 깨달았다.

따라서 학생들뿐만 아니라 드론을 직접 개발해 활용하고자 하는 사람들에게 오픈소스 FCC인 픽스호크(Pixhawk)를 우리 말로 소개하는 것이 필요할 것으로 고려하고 있던 차에 한기남 공저자가 작성한 내용을 함께 검토하게 됐다.

이 책의 내용을 뒷받침하기 위해 일일이 사진을 찍고 필요한 자료들을 수집하고 많은 노력을 기울인 한기남 공저자에게 모든 공을 돌린다. 앞으로 이 책을 읽고 개발이나 취미 또는 학교에서 길잡이로 활용하면 좋겠다.

한기남

／

저자

필자에게 드론을 배우러 오시는 분들께 물어본다.

"드론을 왜 배우려고 하시지요?"

이 질문에 대부분은 "영상, 사진 등을 촬영하기 위해서"라고 말한다.

"그럼 드론을 배우지 마시고 영상 기법이라든가 촬영 기법을 배우시는 게 맞습니다."

지금 영상물을 위한 드론은 매뉴얼 학습 정도면 필요한 만큼 날 수 있게 쉽게 만들어져 있으며, 그런 드론을 배워서는 영상물을 만드는 데 별반 도움이 되지도 않을뿐더러 별로 가르쳐 드릴 것도 없기 때문이다. 좋은 영상을 만들기 위한 화각이나 화면을 보는 법을 배우는 게 더 어렵다는 얘기다. 이것은 영상물에 국한된 얘기다. 아직 드론의 가능성은 무궁무진하며 '픽스호크(Pixhawk)'는 날아다니는 드론 이외에도 무엇이든 무인기(UAV)로 만들기 위해서 학습 및 실험을 할 때 최상의 기능을 제공한다.

자신의 아이가 'DJI' 드론을 날리는 사람이 될 것인지 'DJI'와 같은 기업의 드론을 개발한 사람이 될 것인지를 먼저 생각해보라.

이 책은 '물고기를 잡아주는 것'이 아닌 '잡는 법을 가르치는 것'에 주력한다. 드론을 만드는 법을 알려주기 위해서는 픽스호크만큼 좋은 것은 없다고 생각하며, 현재 드론에 대해서 배우고 싶은 분들이 모두 어렴풋이 알고 있는 픽스호크가 드론을 배우는데 정말 기능도 많고 저렴한데 너무 어렵다'라는 인식을 차제에 '일단 이 책을 따라하기만 하면 픽스호크로 드론을 날릴 수 있다'로 전환하시길 바란다.

김지연

――――――

저자

'도대체 뭐가 저리도 좋을까?'

모형헬기, 비행기, 고무 동력기까지…. 고등학교 선후배 사이로 만난 남편은 헬기조종사를 꿈꾸고 있었고 항상 '날아다니는 것'에 빠져 있었다. 12년의 연애 기간 동안 항상 'RC동호회'는 빠지지 않는 데이트 코스였으며 '당연히 가야 하는 곳'이었다. 그러한 영향으로 여성으로서는 어울리지 않았을지도 모르는 RC라는 취미를 시작했고 여러 대회나 행사장을 다니며 지식을 넓혀 나갔다.

2008년도 남편과 함께 당시에는 흔치 않았던 비행체 장착 카메라를 통한 영상 전송을 구현해 지금의 FPV와 같은 개념의 '안경형 디스플레이' 장치를 만들었다. 항상 3인칭의 시점에서만 바라보던 비행체 시점 체험은 신선한 충격으로 다가왔으며 이는 'UAV(무인항공기)'의 세계를 간접적으로나마 경험할 수 있는 기회임과 동시에 '드론'에 대해 본격적인 관심을 갖게 해준 기회이기도 했다.

당시만 해도 'UAV'는 일반인이 쉽게 접근할 수 없는 분야였기 때문에 이를 배우고 싶은 사람들 대부분은 같은 어려움을 겪고 있었다. 기술 자료 검색도 어려웠을 뿐만 아니라 설사 관련 자료가 있더라도 검증된 내용이 아니었기 때문에 실패와 투자를 반복해야 하는 상황이었다. 사실 픽스호크를 선택한 이유도 '가성비 우수성' 때문이었다. 2009년도부터 하나둘 나오기 시작했던 FC(Flight Controller)들은 기술의 모든 분야가 그러하듯 한 가지 기능이 추가될 때마다 가격이 천정부지로 올라갔다. 픽스호크는 생각하는 모든 기능을 구현할 수 있는 가능성이 있지만 백지 위에 그림을 그리듯 하나부터 열까지 모두 사용자가 직접 해야만 했고, 이를 검증하기 위해서도 직접 실험해보는 방법밖에는 다른 수가 없었다.

이렇게 어려운 문제로 인해 픽스호크를 접하는 대다수의 드론 동호인들은 즐겁게 취미활동을 하기보다는 돈 버리고 고생만 하는 웃지 못할 상황에 처하게 됐다. 결국 비교적 접근은 쉽지만 높은 가격을 지불해야만 하는 상용 FC로 전향하게 됐다.

'UAV'라는 단어보다 '드론(Drone)'이라는 단어가 익숙한 무인기 시장의 대부분은 사실상 중국 업체와 제품의 독무대나 다름없다. 이 시장을 우리가 석권하기 위해서는 픽스호크와 같은 오픈 소스 기반의 FC 기술 개발이 활성화돼야 하고 이를 위한 열쇠는 드론 분야의 진입 장벽을 낮추는 데 있다고 믿는다. 이러한 목적으로 이미 수

년에 걸쳐 작성해뒀던 1,200페이지 분량의 원고를 사진을 위주로 구성한 쉬운 내용의 원고로 재작성하는 일은 참으로 고단한 과정이었음을 말하고 싶다. 독자들이 이 책을 통해 드론 분야에 조금이나마 쉽게 접근/입문할 수 있다면 필자로서는 그 모든 고단함을 충분히 보상받았다고 생각할 만큼 매우 기쁜 일이 될 것이다. 앞으로 픽스호크를 사용하고 싶은 유저들이 이 책을 매뉴얼처럼 활용할 수 있기를 바라며 더 나아가 우리나라가 전(全) 세계 드론 산업의 선두에 서기를 간절히 바란다.

서동훈 / 저자

24년 4개월의 군 생활 중 9할의 기간을 UAV 기체/엔진 분야 정비사로 근무했다. 민관군 전 분야에 걸쳐 '대한민국 최초'라는 수식어가 붙는 명실상부한 한국 무인기 1세대다.

UAV 또는 무인항공기라는 단어 자체가 너무나도 생소했던 1990년대 중반, 무인기의 발전 가능성을 간파하고 기회가 찾아왔을 때는 아무런 망설임도 고민도 없이 한국 최초의 무인기 운용 요원이 되기로 결심했다. 1999년 대한민국 최초의 무인 정찰기인 Searcher MK I 의 기술 도입과 2015년 중고도 무인 정찰기인 Heron의 기술 도입 시 기체/엔진 분야 핵심 요원으로 활약했다.

대부분 해외 도입에 의존해야 하는 기술 분야의 특성상 자타공인 세계 공용어인 영어의 중요성 또한 놓치지 않고 실력을 쌓음으로써 같은 무인기 1세대 일원들 중에서도 선도적인 역할을 수행했다고 자부한다.

2016년 23년 여의 짧지 않은 군 생활을 퇴역하고 잠시 민간 기업 레이더 사업팀장과 배터리 사업 해외 영업 팀장으로 근무한 후 2018년 3월부터는 무인기(드론)를 비롯한 항공, 국방(군사), 레이더, 철강, 자동차 등 각종 기술 분야의 프리랜서 전문 통·번역사로 활동 중이다.

이번 책에서는 오픈 소스의 특성상 개발자들이 원문 사이트의 의미를 잘 파악해 개발해야 해서 해당 분야의 번역을 진행했다. 번역으로 독자가 픽스호크 드론을 개발하는 데 미력이나마 보탤 수 있게 되어 기쁘게 생각한다.

류재만

캣츠 대표이사, 마산대학교 스마트무인항공과 교수

감수자

● 주요 경력

2017년 5월	초경량비행장치 무인멀티콥터 조종자 자격(한국교통안전공단) 취득
2017년 12월	초경량비행장치 무인멀티콥터 지도조종자 자격(한국교통안전공단) 취득
2017년 12월~2019년 7월	육군정보학교 드론조종자/군(사)단 지도조종자 양성 교관
2018년 10월	드론 전문특기병 선발 평가관
2018년 11월	제1회 드론봇챌린지 대회 심사위원
2019년 08월~2020년 1월	한국교통안전공단 드론관리처 연구원
2020년 02월~현재	아두파일럿 전문기업 '캣츠' 대표이사
2021년 11월~현재	서울지방경찰청 경찰특공대 드론연구회 자문위원
2022년 08월~현재	마산대학교 스마트무인항공과 교수

공현철

배재대학교 드론로봇공학과 교수

저자

● 주요 경력

1995년 12월	미 Texas A&M University 항공우주공학과 졸업(Ph.D., 공학박사)
1996년 3월~2018년 2월	한국항공우주연구원 책임연구원
	IT 드론군집비행 연구개발 과제 책임자
	UTM(무인기교통관리시스템) 실증을 위한 정밀 항법시스템 연구개발 과제 책임자 외 다수 과제 수행
2017년 12월	드론 조종자 자격(한국교통안전공단) 취득
2018년 8월	지도 조종자 자격(한국교통안전공단) 취득
2018년 3월~현재	배재대학교 드론로봇공학과 교수

한기남

/

저자

● 주요 경력

2008년 3~11월	무인항공 무인방제헬기 개발부 근무
2008년 4월	KOREA 3D MASTERS 2008 2위
2013년 10월	육군참모총장상배 은상
2015년	육군 무인조종사 선발
2015년 10월	IAI(이스라엘 항공 우주국) UO Certification 획득
2017년	초경량 비행 장치 조종사(한국교통안전공단) 취득
2018년	초경량 비행 장치 지도 조종자(한국교통안전공단) 취득
2019년	포천 청소년 문화의집 드론 교사 봉사

김지연

주식회사 포스웨이브(www.fourthwave.co.kr) 대표이사

/

저자

• 2022년 구매조건부 신제품 개발사업 수행
• 2021년 창업성장 디딤돌 사업 수행
• 2021년 청년창업 사관학교 추가 과정 수료
• 2020년 청년창업 사관학교 졸업
• 現 (주)포스웨이브 대표이사
• 現 드론정비사협회 회장
• 現 폭스테크 대표
• 現 대진대학교 평생교육원 드론 조종사, 정비사 과정 강사
• 前 포천 청소년 문화의집 드론 과정 강사

서동훈   프리랜서 통·번역사

/

저자

● **주요 경력**

1993년 3월~2016년 6월	대한민국 육군 헬기 및 UAV 정비사 근무
1999년 2~5월	이스라엘 IAI 사 기술 도입 연수(통역 업무 병행) – 텔아비브
2003년 5~11월	미 육군 항법 장치 수리 과정 연수 – 버지니아주 뉴포트뉴스
2015년 3~9월	IAI 사 Heron 기종 기술 도입 연수(통역 업무 병행) – 텔아비브
2016년 7월~2018년 2월	㈜에스코넥 레이더사업팀장·전지사업 해외영업팀장
2018년 3월~2019년 1월 현재	프리랜서 통·번역사(분야: 국방·항공·무인기·자동차·기술 분야 등)

▦ QR 코드 실행하는 법

이 책의 이해를 돕기 위해 삽입된 큐알 코드는 스마트폰의 네이버 앱으로 보는 방법을 추천드린다.

▲ 스마트폰에서 구글 플레이스토어 아이콘을 선택한다.

▲ 네이버 앱을 선택하여 설치한다.

▲ 카메라 모양의 아이콘을 선택한다.

▲ 하단에서 QR/바코드 부분을 선택한 뒤 QR코드 부분에 초점을 맞추면 해당 영상이 있는 사이트로 링크된다.

목차
Contents

목차
Contents

PART · 3

픽스호크 이해하기

목차
Contents

PART · 4

픽스호크 응용하기

목차
Contents

PART · 5

다른 버전의 플라이트 컨트롤러, Pixhawk4

큐그라운드 컨트롤로
Pixhawk4 퀵스타트
가이드

목차
·
Contents

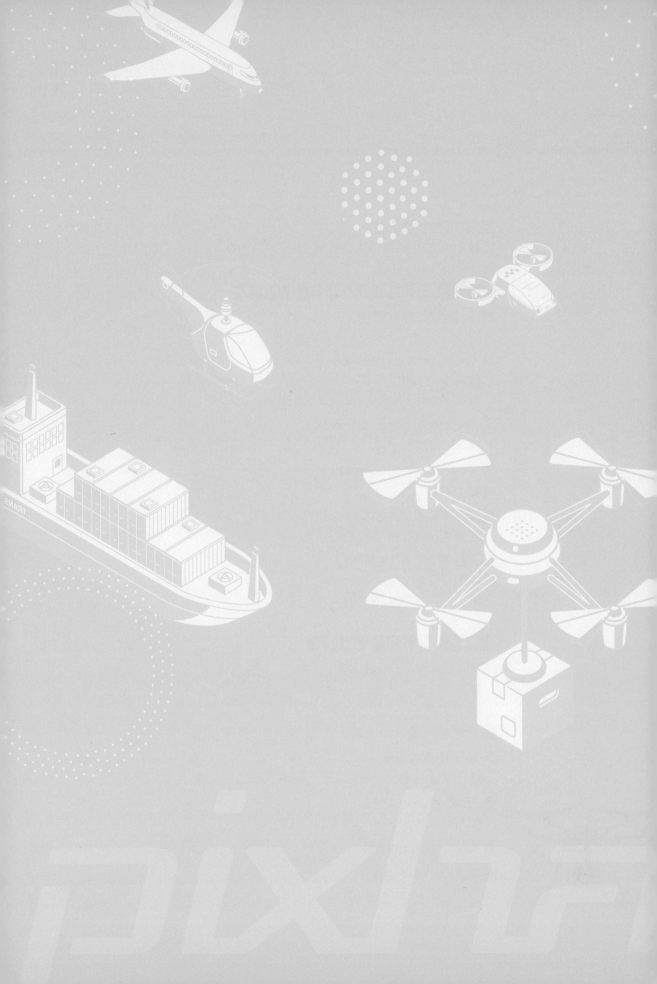

PART 1
픽스호크 준비하기

픽스호크(Pixhawk)는 교육과 취미 활동은 물론 개발자를 위한 저렴하고 독립적인 공개 하드웨어 프로젝트로, 전 세계 사용자가 시험/검증하고 있으며 개인의 노력에 따라 높은 신뢰도를 갖춘 FC(Flight Controller)를 구현할 수 있는 시스템이다. PART 1에서는 픽스호크를 시작하는 데 필요한 아주 기초적인, 그러나 매우 필수적인 기본 지식을 제공한다.

픽스호크란 무엇인가?

이 책에서는 픽스호크(Pixhawk)의 기원, 발전 과정, 제작자, 사용 부품 등과 같이 중요하지 않은 정보는 언급하지 않는다. 이러한 정보들은 픽스호크 드론 제작에 반드시 필요한 사항도 아니고, 무엇보다 구글 검색만으로 얼마든지 알 수 있는 내용이기 때문이다. 독자들에게 가장 필요한 것은 픽스호크가 무엇이고, 누가 만들었는지가 아니라 무엇을 할 수 있고, 어떻게 해야 하는지가 더 중요하다. 독자에게는 픽스호크를 통해 할 수 있는 작업과 그 방법을 아는 것이 중요하다. 독자는 픽스호크가 오픈 소스 기반의 현존 최고 가성비를 갖춘 FC이며 드론 이외의 그 무엇이든 무인 통제 체계를 구축하는 데 필요한 일종의 '부품' 정도로만 이해하면 된다.

그렇다면 픽스호크로 만든 드론으로는 무엇을 할 수 있을까? 세계 최대의 드론 DIY 지원 웹 사이트인 아두파일럿(ardupilot)의 설명은 다음과 같다.

▲ 세계 최대 드론 DIY를 지원하는 아두파일럿의 웹 사이트 　　　　▲ 출처: http://ardupilot.org

● 기본 기능에 관해 커뮤니티가 지원하는 완벽한 문서화를 통해 모든 비행체를 필요에 맞게 설정할 수 있도록 도와준다(Through documentation of the basic features backed by a community to help you set up any vehicle to fit your needs).

● 모든 비행체 종류에 적용할 수 있는 수많은 명령 모드(아크로, 스태빌라이즈, 로이터, 알트홀드, 이륙 장소로 복귀, 착륙, 팔로미, 지오펜스 등)를 지원한다(Many command modes to fit every type of vehicle: Acro, Stabilize, Loiter, Alt-hold, Return To Launch, Land, Follow Me, GeoFence, etc).

- 자율 비행 모드에서는 고급 기능을 사용해 사전에 완벽하게 계획한 임무를 수행한다 (Autonomous flight modes that execute fully scripted missions with advanced features).

- 고급 페일세이프(Failsafe) 옵션을 통해 통제 신호 두절이나 배터리 방전 또는 기타 문제 상황 발생 시 조종사가 당황하지 않고 조종할 수 있다(Advanced failsafe options bring peace of mind in the event of lost control signal, low battery conditions, or other system failures).

- 3축 카메라 제어 및 안정화, 셔터 제어 및 프로그래밍할 수 있는 화면 표시가 있는 실시간 중계 비디오 링크를 지원한다(Three Axis camera control and stabilization, shutter control, live video link with programmable on-screen-display).

- GPS 위치, 배터리 상태 및 기타 실시간 정보가 포함된 GCS(Ground Control Station)와 조종기 간의 실시간 양방향 통신이 가능하다(Real-time two-way communication between your GCS and controller, including GPS position, battery status, and other live information).

- 그래픽 작업 및 구글 어스 지도 툴을 사용할 수 있는 통합 사후 임무 분석에 필요한 전체 데이터 로그 파일을 제공한다(Full data logging for comprehensive post mission analysis, with graphing and Google Earth mapping tools).

- 무제한 기능 확장-고급 사용자는 자신이 원하는 성능 구현 및 확장된 임무 능력에 필요한 옵션을 계속해서 사용할 수 있다(No dead ends - Advanced users will find endless options for customization and expanded mission capabilities).

▲ 출처: http://ardupilot.org/ardupilot/index.html 중 Feature를 번역

이상의 내용을 한마디로 요약하면 "무엇을 상상하든 그 이상의 기능을 보여 준다"는 뜻이다. 위에서 언급한 모든 기능을 갖춘 패키지 하드웨어를 2018년 6월 기준, 국내 시장에서는 약 30만 원, 해외 시장에서는 약 150USD 정도로 구매할 수 있다.

▲ 폭스테크(Foxtech)의 픽스호크 테스트 제품   ▲ 출처: www.foxtech.kr

tip 픽스호크를 학습할 때는

픽스호크는 누구나 사용할 수 있는 오픈 소스(Open Source)이며, 현재 픽스호크1의 경우 2.4.6 버전 이후에는 3DR(3D Robotics) 사에서 지원하지 않는다. 필자는 2010년부터 지속적으로 픽스호크를 구매해 오고 있는데 처음 시작 가격은 350USD 이상이었다. 현재 픽스호크의 가격은 100USD 미만으로 떨어져 있지만 불량율이 높은 편이다. 픽스호크는 하드웨어 불량이 소프트웨어 불량처럼 나타나는 경우가 많으며, 이는 학습을 방해하는 요소다. 이러한 맥락에서 항상 2개 이상의 동일한 픽스호크 구매를 권장한다(본인 잘못인지, 하드웨어 불량인지 확인하기 위함이다). 또한 비용이 좀 더 들더라도 국내에서 시험 및 검증을 거쳐 출고한 제품 구매를 추천한다. 그러나 검증된 국내 출고 제품은 많지 않다는 점에 유의한다. 따라서 검증된 제품인지 여부를 반드시 확인할 필요가 있다.

 1 픽스호크로 무엇을 구현할 수 있을까?

실제 픽스호크를 살펴보면, 다양한 형태로 활용할 수 있다는 것을 쉽게 알 수 있다. 몇 가지 예시를 들어보면 다음과 같다.

❶ 근거리 FPV(First Person View) 1인칭 시점 비행

❷ 다양한 형태의 비히클(Vehicle) 제작(멀티콥터, 비행기, 헬리콥터, 로버, 보트 등)

❸ VTOL(Vertical Take-Off and Landing) 비행체 제작 및 운용

❹ LRS(Long Range System)를 활용한 장거리 FPV

❺ AAT(Automatic Antenna Tracker)의 구성으로 영상을 장거리로 전송

❻ 마브링크(MAVLink)를 통한 GCS(Ground Control System)를 운용

❼ 컴패니언 PC(Companion PC)를 통한 다양한 확장성

독자의 이해를 돕기 위해 다음과 같이 간단한 설명과 함께 그림으로 살펴보자.

1 근거리 FPV(First Person View)

드론은 멀티콥터, 비행기, 헬기, 자동차, 보트 등 무엇이든 가능하다. 본인이 구현하고자 하는 환경에 맞는 비히클을 선택할 수 있으며, 가장 큰 특징은 화면을 보면서 조종하기 때문에 1인칭 시점만 훈련하면 된다는 점이다. 본인이 드론에 탑승하고 있는 듯한 시점 효과로 조종법을 빨리 익힐 수 있다. 픽스호크를 사용하면 각종 센서의 도움으로 편안한 비행을 즐길 수도 있고, 센서를 임의로 끄고 역동적인 비행을 즐길 수도 있다.

▲ 드론을 만든 최초의 목적은 항공 촬영(가시권 밖) 등 군사 목적의 정찰이었던 것으로 추정된다.

2 다양한 형태의 비히클 제작

픽스호크의 대표적인 GCS 프로그램인 미션 플래너(Mission Planner)를 보면 다양한 펌웨어를 올릴 수 있는데, 이를 통해 멀티콥터에만 제한되지 않는다는 것과 그 형태별로 상당히 많은 펌웨어가 존재한다는 사실을 알 수 있다.

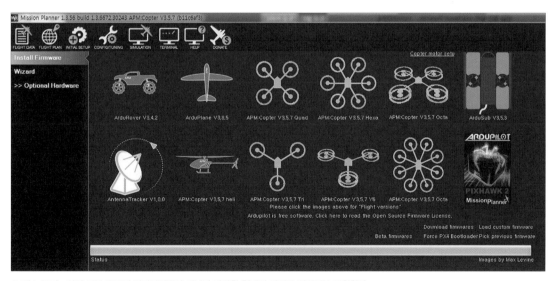

▲ 픽스호크는 거의 모든 종류의 멀티콥터뿐만 아니라 다양한 형태의 비히클 펌웨어를 지원한다.

❸ VTOL 비행체 제작 운용

필자는 VTOL 비행체를 현존하는 가장 이상적인 형태의 비행체라고 생각한다. 수직 이·착륙은 필요한 착륙 거리, 즉 착륙에 필요한 착륙 공간의 제약이 현저히 줄어든다는 점은 물론 사고 확률 또한 상당히 낮출 수 있다는 장점을 지니고 있다. VTOL(Vertical Take-Off and Landing) 고정익 비행체의 경우 드론의 최대 단점인 항속 거리 및 속도를 증가시키면서 동시에 가장 큰 장점인 수직 이·착륙도 구현할 수 있는 새로운 형태의 비행체다.

현재까지는 이렇게 수직 이·착륙이 가능한 고정익 드론에 적합한 비행체가 없기 때문에 충분히 도전해볼 만한 영역이라 할 수 있다.

▲ 국내 기업인 (주)동원측량콘설탄트의 수직 이·착륙기. 버드아이뷰(Birds eye View)의 'FireFLY6'으로 픽스호크를 사용한 대표적인 VTOL 기체다.
▲ 출처: https://www.modelairplanenews.com/revolutionary-hybrid-aerobot-firefly6/

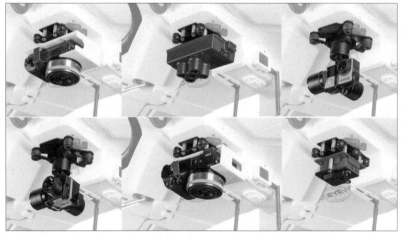

QR 01_VTOL

▲ 'FireFLY6'는 다양한 페이로드를 제공한다. VTOL 비행체의 장점 중 하나다.
▲ 출처: https://www.birdseyeview.aero/

QR 02_수직착륙기

▲ 휴먼테크의 이충열 대표이사가 개발한 수직착륙기. VTOL을 개발할 수 있는 좋은 플랫폼이다.

④ LRS를 활용한 장거리 FPV

픽스호크는 기본적으로 마브링크(MAVLink)라는 프로토콜을 사용해 비행 데이터를 GCS로 송·수신할 수 있다. 그런데 국내 전파법의 신호 강도를 준수하면 50~500m 정도의 송·수신만 가능하다. 이득이 높은 안테나를 사용하거나 전파를 증폭시켜주는 LRS(Long Range System)를 사용하면 이를 비약적으로 상승시킬 수 있다. 물론 국내 전파법 위반에 대한 부분은 개인이 결정할 사항이다.

▲ 다양한 종류의 LRS   ▲ 출처: https://www.flitetest.com/articles/fpv-long-range-system-shootout

⑤ AAT(Automatic Antenna Tracker)의 구성 영상을 장거리로 전송

일반적으로 무선 전송 시스템을 드론에 사용하면, 비히클은 무지향성 안테나를 사용하게 된다. 지향성 안테나와 무지향성 안테나의 통달 거리는 보통 1.5배 이상 차이가 나는데, GCS에서는 비히클에서 송신하는 GPS 신호를 이용해 지향성 안테나로 기체 위치 추적이 가능한 장치를 만들 수 있다. 픽스호크에서 기본으로 지원하는 이 기능을 활용하면 비행 거리를 상당히 늘릴 수 있다.

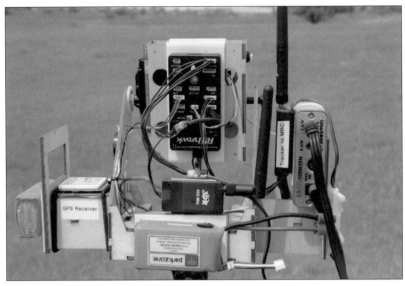

QR 03_ 픽스호크 AAT

▲ 픽스호크로 구성한 AAT

▲ 출처: https://discuss.ardupilot.org/t/ardupilot-antenna-tracker/12334

6 마브링크를 통한 GCS 운용

마브링크(MAVLink)란 'Micro Air Vehicle Link'의 약어다. 한마디로 정의하면 소형 무인기용 통신 규약(Communication Protocol)이다. 좀 더 구체적으로 보면 '무인 장치(Unmanned Vehicle: 지상 및 해상, 항공을 모두 포함하는 포괄적 개념)와 GCS 간의 통신 및 무인 장치 자체 하부 체계의 내부 통신에 사용하는 통신 규약'이며 2009년에 처음 공개됐다.

마브링크 역시 픽스호크처럼 오픈 소스의 하드웨어를 제어하기 위한 표준화된 통신 규약이고 픽스호크를 무선 통제하는 데 필요한 소프트웨어 정도로만 이해하면 충분하다. 마브링크와 미션 플래너의 간단한 조합만으로도 훌륭한 GCS를 구성할 수 있다. 독자들은 이 GCS를 통해 픽스호크의 거의 모든 부분을 제어하고 정보를 얻을 수 있다. 좀 더 깊이 있는 정보를 알고 싶다면 구글 검색을 추천한다.

7 컴패니언 컴퓨터(Companion Computer)를 통한 다양한 확장성

픽스호크의 장점은 컴패니언 컴퓨터를 사용할 수 있다는 것이다. 물론 처음부터 컴패니언 컴퓨터를 지원하는 FC인 나비오(Navio)도 있지만 이는 리눅스 기반이기 때문에 좀 더 사용이 까다롭다. 픽스호크는 간단한 방법으로 라즈베리파이나 오드로이드(ODROID) 등을 컴패니언 컴퓨터로 사용해 LTE 비행을 해볼 수 있으며, 이미 국내 유저층이 생겨나고 있다. 이를 통해 32비트 연산 속도를 가진 FC의 한계를 넘어 다양한 분야에서의 활용이 가능해지고 있다.

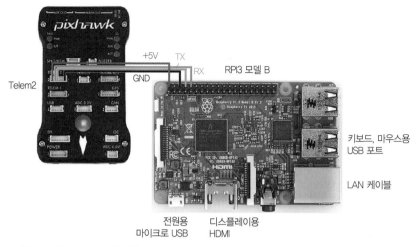

Telem2 +5V TX RX RPI3 모델 B

GND

키보드, 마우스용
USB 포트

LAN 케이블

전원용
마이크로 USB

디스플레이용
HDMI

▲ 출처: http://ardupilot.org/dev/docs/raspberry-pi-via-mavlink.htm

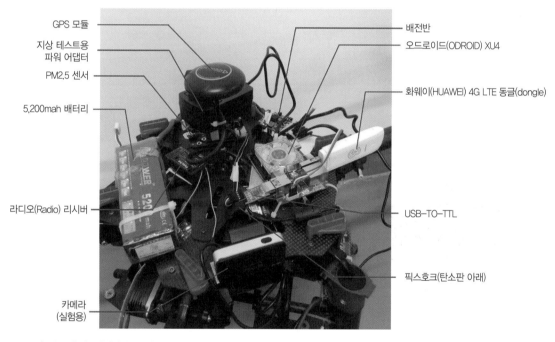

GPS 모듈

지상 테스트용
파워 어댑터

PM2.5 센서

5,200mah 배터리

라디오(Radio) 리시버

카메라
(실험용)

배전반

오드로이드(ODROID) XU4

화웨이(HUAWEI) 4G LTE 동글(dongle)

USB-TO-TTL

픽스호크(탄소판 아래)

▲ 픽스호크와 라즈베리파이와 같은 소형 컴퓨터를 활용하면 LTE 비행도 가능하다.
▲ 출처: https://wiredcraft.com/blog/drone-copter-uav-4g-network

픽스호크의 다양한 활용성 또는 확장성은 너무나 방대해서 모두 언급하기에는 지면이 부족하다.

위에 간략하게나마 소개한 내용이라도 이를 구현하는 방법을 아주 상세하게 설명하려면 수천
페이지의 지면이 필요할 뿐만 아니라 무엇보다 독자의 실비행 실력이 뒷받침돼야 한다. 하지만 이
책의 내용을 충실히 이행한다면 그러한 다양성이나 확장성에 도전해볼 수 있는 기본기는 충분히 다질
수 있을 것이다.

이제부터는 픽스호크를 다루기 위한 기본적인 상식을 확인한다. 사자성어 중에 '사상누각(沙上樓閣)'이란 말의 의미를 잘 알 것이다. 기초가 가장 중요하다는 지극히 당연한 얘기지만 아이러니하게도 정작 제일 지키기 어려운 부분이다. 픽스호크뿐만 아니라 다른 모든 종류의 전기/전자 기기를 다루는 데 가장 기본적인 사항을 정리했으며 '안전제일'의 관점에서 접근한 내용이므로 꼼꼼한 학습을 강조하고 싶다.

🔟 픽스호크는 직사광선을 피해 배치해야 한다

픽스호크뿐만 아니라 모든 FC의 기압계 등은 직사광선에 노출될 경우 내부의 온도 상승으로 인해 오작동을 일으킬 가능성이 높아진다. 이는 고도 유지 등에 영향을 미친다. 실제로 해외 포럼에는 고도가 불안정할 경우 FC를 직사광선에 노출시키지 말라는 권고가 많이 언급돼 있다. 실제로 직사광선 노출을 피하기 위해 덮개를 사용하거나 FC를 기체 프레임 중간 부분에 위치시키는 방식으로 기체를 조립하는 사례를 찾아볼 수 있다.

▲ 출처: https://diydrones.com/profiles/blogs/first-faa-approved-drone-delivery-trials-pixhawk-powered

▲ 출처: https://www.pinterest.co.kr/pin/230246599678270570/

▲ 출처: https://me.m01.eu/blog/2015/06/quadcopter-build-dji-f450-pixhawk/

▲ 직사광선으로부터 FC를 보호한 예
▲ 출처: http://acerc.ru/tag/%D0%9E%D0%B1%D0%B7%D0%BE%D1%80%20%D0%BA%D0%B2%D0%B0%D0%B4%D0%B0%203DR%20IRIS%20

2 픽스호크의 Aux, Main 단자는 위쪽부터 '‒'(GND), '+'(Vcc), 'S'(Signal) 순으로 배열된다

픽스호크뿐만 아니라 모든 RC를 다룰 때 항상 혼동할 수 있는 것이 전원 및 신호 배열이다. 일 반적으로 다른 RC 부품들은 상단에서부터 S(signal), +(Vcc), ‒(GND)의 배열이지만, 픽스호크의 Aux 단자 쪽은 이와 정반대로 배열된다. 이를 기억해야 서보(Servo)나 수신기 등을 연결할 때 혼동 으로 인한 부품 손상을 막을 수 있다.

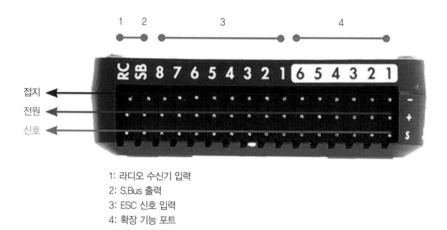

1: 라디오 수신기 입력
2: S.Bus 출력
3: ESC 신호 입력
4: 확장 기능 포트

▲ 픽스호크 Aux 핀 배열도

3 픽스호크 RC에서는 수신기에 필요한 전력만을 공급한다

파워 모듈을 통해 들어오는 전원은 RC 포트에만 공급된다. 이는 RC 포트에서는 전력이 공급 되지만 저전력이며(3A 미만), 이곳에 다른 부하를 걸면 전력의 부족으로 오작동할 수 있다는 뜻이다.

원문의 경고를 살펴보자.

> 서보 또는 기타 장치를 수신기의 PWM 출력에 연결하면 안 된다. 픽스호크의 RCIN 포트는 저전력 장치용으로 설계됐으며, 서보 또는 릴레이는 수신기에서 전류를 많이 소모할 수 있다. 수신기가 픽스호크의 RCIN 포트에서 전원 공급을 받는 동안 수신기에 직접 서보를 연결하면 픽스호크가 손상될 수 있다.
>
> Do not connect any servos or other devices to the PWM outputs of your receiver. The RCIN port on the Pixhawk is designed for low power devices only, and a servo or relay may draw a lot of current from the receiver. If you connect a servo directly onto your receiver while the receiver is powered from the RCIN port of your Pixhawk you may damage your Pixhawk.

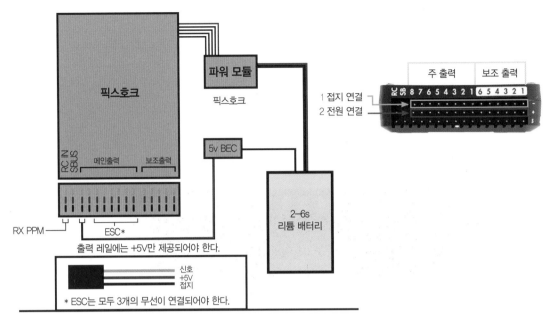

주 출력 | 보조 출력

픽스호크

파워 모듈
픽스호크

1 접지 연결
2 전원 연결

5v BEC

2-6s
리튬 배터리

RC IN
SBUS 메인출력 보조출력

RX PPM ESC*

출력 레일에는 +5V만 제공되어야 한다.

신호
+5V
접지

* ESC는 모두 3개의 무선이 연결되어야 한다.

▲ 전통적인 파워 모듈 설정의 픽스호크
▲ http://ardupilot.org/copter/docs/connect-escs-and-motors.html

4 픽스호크 서보 레일에만 전원을 공급해 사용하는 방법은 매우 위험하며, 특히 디지털 서보(Digital Servo)와 함께 사용 시 더 위험하다

디지털 서보를 사용하지 말라는 의미가 아니다. 단지 파워 모듈을 통해 전원을 공급하지 않고 서 보 레일에만 전원을 공급해 사용하면 위험하다는 뜻이다. 원문에서는 다음과 같이 설명하고 있다.

> 서보 레일에서만 픽스호크의 전원을 공급하는 것은 위험하며, 특히 디지털 서보일 경우 그렇다. 서보가 전압 급상승(서지)을 일으킬 수 있다(픽스호크에 연결된 단일 디지털 서보가 빠르게 작동할 때 오실로스코프의 서 보 레일 전압을 보여주는 다음 그림 참고). 중요한 점은 디지털 서보가 레일의 전압을 위험한 수준인 5.7V 이 상으로 상승시킨다는 것이다. 5.7V가 넘어가면 픽스호크 전원 관리부가 FMU의 전원을 차단하고 픽스호크는 재부팅된다. 비행 중 이런 현상이 발생할 경우 비행체를 잃게 된다.
>
> It is dangerous to power the Pixhawk only from the servo rail, especially with digital servos. Servos may cause voltage spikes (as shown on illustration below that shows the servo rail voltage on an oscilloscope when a single digital servo attached to a Pixhawk is moved rapidly). The key thing is that the digital servo causes the voltage on the rail to rise above the critical 5.7V level. Above that level the Pixhawk power management will cut power to the FMU and the Pixhawk will reboot. If that happens when flying you will lose your aircraft.

주 전원은 픽스호크의 파워 단자를 통해 공급해야 하며, 이를 더욱 안전하게 할 수 있는 방법은 반드시 예비 전원을 공급해주는 것이다. 다음 그림과 같은 방식으로 배선하면 픽스호크의 주전원 차단 시 이에 대한 백업(Backup: 예비)이 될 수 있다.

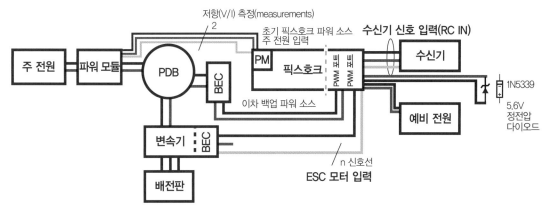

▲ 픽스호크 예비 전력 구성의 예

⑤ 기체의 크기와 상관 없이 가능하다면 방진(진동 방지/흡수) 처리를 해준다

❶ 픽스호크는 가격 대비 정말 훌륭한 FC이지만 하드웨어 측면에서 보면 취약점이 있는 구조다. 이를 보상해줄 수 있는 방법이 방진인데 이를 무시하면 그 어떤 기체라도 취약해지므로 FC 방진 마운트 사용을 권장한다.

❷ FC 장착 시 사용하는 양면 테이프의 선택 역시 중요하다. 보통 스펀지 재질의 양면 테이프를 사용하면 효과를 볼 수 있다.

▲ 픽스호크 스폰지 타입 테이프(왼쪽)와 이를 활용한 방진(오른쪽)의 예

❸ 방진 마운트 사용도 좋은 방법이다. 다만, 이때 주의할 점은 방진 마운트의 고무를 잘 선택해야 한다. 고무가 너무 무르면 오히려 진동을 만들어 내서 FC에 전달하게 되고, 이와 반대로 너무 단단하면 진동 감쇠가 전혀 되지 않는다.

▲ 픽스호크 방진 마운트

6 전자적 간섭이 발생할 수 있는 부품은 FC에서 최대한 멀리 배치하거나 차폐 처리를 해줘야 한다

❶ 초급자 중 기체가 이상 반응을 한다며 문의하는 분들의 기체 그림을 보면 배선이 정말 끔찍할 정도로 형편없는 경우가 많다. FC는 기체를 통제하는 예민한 장비인데 전력이 통전되면서 유도되는 각종 전자기장이 좋은 영향을 미칠 리가 없다. 그러한 이유로 인해 픽스호크에서도 컴퍼스(Compass)는 외장형을 사용하도록 권장하고 있다. 전원이 통하는 전력선 등은 FC에서 가능한 한 멀리 두고, 불가피할 때에는 각종 차폐 자재를 사용해 차폐 처리를 해주는 것이 바람직하다.

▲ 차폐 처리를 한 픽스호크

❷ 가장 좋은 방법은 배전판(PDB)을 포함한 자기 간섭원(Magnetic Interference Source)으로부터 멀리 이격해 외부 나침반 또는 GPS + 컴퍼스 모듈을 설치하는 것이다.

❸ ESC와 배터리 간의 배선은 가능한 한 짧게 유지하는 것이 좋다. ESC에서 모터까지는 교류 전기(AC)이므로 자기장의 간섭이 적은 편이다.

❹ ESC부터 모터 전선까지를 구리 또는 알루미늄 재질의 테이프로 감싸주면 교류 전기로 인한 간섭을 줄일 수 있다. 하지만 PDB와 ESC를 연결하는 직류 전기(DC) 전선의 자기장 간섭을 줄이는 데는 큰 도움이 되지 않는다.

▲ 픽스호크 차폐를 위한 동테이프(왼쪽)와 알루미늄 테이프(오른쪽)

7 기체의 무게중심을 정밀하게 설정하고 가능한 GPS와 FC는 CG점에 설치해야 한다

드론 제작에서 CG(Center of Gravity: 무게중심)의 중요성을 간과하는 경우가 상당히 많은 편이다. 초보 드로너(Droner)들 사이에서는 "멀티콥터는 CG를 맞추지 않아도 잘만 날던데"라는 도시괴담 수준의 속설이 있을 정도다. 하지만 단언컨대 CG점을 무시하고도 정상적으로 비행할 수 있는 비행체는 없다. 물론 처음에는 우연의 일치로 그럴 수도 있지만, 이러한 습관이 결국 기체의 불균형을 초래하고 결과적으로 FC의 고장까지 초래하는 고질병적 악습이 된다는 사실을 이 책의 독자만큼은 명심하길 바란다.

▲ 픽스호크뿐 아니라 모든 비행체는 FC가 CG점에 위치하는 것이 좋다.
▲ https://fpvlab.com/forums/showthread.php?25533-Discovery-with-pixhawk-build/page10

8 픽스호크의 버저는 반드시 5cm 이상 이격시켜 설치해야 한다

버저에서 나오는 노이즈는 가속도계에 좋지 않은 영향을 미치며, 실제 추락에서 가속도계 오류로 발생한 경우 버저가 가까이 있는 경우가 많다.

▲ 픽스호크 버저

이와 관련해 원문에서는 다음과 같이 설명하고 있다.

> 버저를 FC에서 최소 5cm 이상 이격시키지 않을 경우 버저의 노이즈로 인해 가속도계가 오작동할 수 있다.
> Mount the beeper at least 5cm away from the flight controller or the noise may upset the accelerometers.

⑨ 픽스호크 LED 지시기로 자신의 상태를 나타낸다

기본적으로 다음과 같은 두 가지 LED 지시기를 제공한다. FC에 달린 LED와 Safety switch(안전 스위치)에 포함돼 있는 LED, 각 LED의 색상과 점멸 방식이 나타내는 상태를 기본적으로 알고 있어야 설정 및 오류 발생 시 불편함을 덜 수 있다.

▲ 픽스호크 내부 LED(왼쪽)와 LED가 내장된 Safety switch(오른쪽)

❶ Main LED는 정상 상태일 때 항상 녹색을 보여준다.

❷ Safety switch는 이륙 전 항상 점등 상태(길게 누른 상태)를 유지해야 한다.

❸ Safety switch의 사용 여부는 매개변수에서 조정할 수 있다.

픽스호크 LED의 의미

- ●●●● 적색 청색 교차 점멸: 초기화 중입니다. 기다리세요.

- ○●○● 황색 이중 점멸: 오류 시스템이 시동을 거부합니다.

- ○●○● 청색 점멸: GPS를 검색 중입니다. AUTO, Loitor, RTH
  모드에서는 GPS가 필요합니다.
- ○●○● 녹색 점멸: GPS가 정상적으로 수신 중 시동을 할 수 있습니다.

- ●●●● 녹색 점등: 시동을 합니다. 모터가 곧 회전합니다.

- ○●●● 황색 점멸: RC 페일세이프가 활성화됐습니다.

- ○○○● 황색 점멸 / 빠른 경고음: 저전압 Failsafe가 활성화 됐습니다.

- ●○●● 청색 황색 교차 점멸 / 높은 경고음: GPS 결함
  또는 GPS 페일세이프가 활성화 됐습니다.

안전 스위치 LED의 의미

- ●●○● 일정한 깜박임: 시스템 검사 수행 중입니다. 기다리세요.

- ○●○● 간헐적 깜박임: 시스템 준비. 안전 스위치를 눌러 활성화하세요.

- ●●●● 점등: 시동 준비 완료. 시동을 할 수 있습니다.

▲ 픽스호크 LED가 나타내는 상태의 의미

10 나사는 적당히 죄고 록타이트로 보강한다

　록타이트(Loctite)는 그 용도별로 색상과 번호가 다른데 이를 적절히 사용하면 나사 풀림으로 인한 기체 파손을 막을 수 있다. 록타이트를 사용하지 않고 무리한 힘을 가해 나사를 죌 경우 임시방편은 되겠지만 장기적으로는 나사 조임면의 마모를 불러와 심한 경우 부품 자체를 못 쓰게 만들 수 있다.

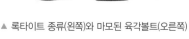

▲ 록타이트 종류(왼쪽)와 마모된 육각볼트(오른쪽)

11 펌웨어 업로드를 제외한 모든 설정 및 비행 시에는 텔레메트리 모듈을 연결하고 HUD 창의 경고 메시지를 항상 주목한다

픽스호크는 HUD 창에 출력되는 모든 경고 및 오류 메시지에 항상 주목하고 있어야 문제를 해결할 수 있다.

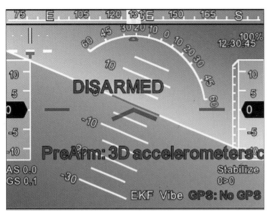

▲ HUD 창의 오류 메시지(왼쪽)와 경고 메시지(오른쪽)

12 픽스호크에 대한 정보가 필요할 때는 구글 검색이나 해외 포럼을 이용한다

픽스호크는 안타깝게도 국내보다는 해외 포럼의 정보가 월등히 높은 접근성을 갖추고 있으므로 조립 시 나타나는 이상 증상이나 오류를 해결하기 위해서는 국내보다 해외 포럼의 정보 이용을 권장한다.

▲ http://ardupilot.org의 Developer Chat 화면. Randy Mackay가 상주해 있다.
▲ 출처: https://gitter.im/ArduPilot/ardupilot

픽스호크 설정을 위한 프로그램 선택

Chapter 3

픽스호크는 프로그램 설치를 통해 기본 설정 및 세부 설정이 가능하며 더 나아가 복잡한 미션 수행을 설계하고 RC 송신기 없이도 통제할 수 있는 드론을 제작할 수 있는 FC다. 따라서 설정 프로그램이라기보다는 GCS의 성격이 강한 프로그램을 사용하게 되는데 이는 앞서 말한 아두파일럿(ardupilot.org)에 자세히 설명돼 있다. 이러한 프로그램들은 10개 이상 존재하며 각각의 장단점이 있고 데스크톱용과 태블릿용으로 나뉜다.

1 데스크톱 컴퓨터 지원 프로그램

① Mission Planner
② Qground Control
③ APM Planner2
④ UGCS

2 태블릿 및 스마트폰 지원 프로그램

① Mission Planner(Mobile ver)
② MAVPilot
③ AndroPilot
④ SidePilot

각각 장단점이 있는데 사용자의 컴퓨터 운영체제에 따른 결정이 바람직하다. 단, 아두파일럿에서 추천하는 GCS는 '미션 플래너'이며 그 이유에 대해서는 원문에서 다음과 같이 설명하고 있다.

> 미션 플래너가 처음으로 만들어졌으며 가장 완벽한 기능을 갖춘 GCS이기 때문에 주로 미션 플래너를 사용한 설정 및 구성을 설명한다.
> This wiki primarily refers to set-up and configuration using the Mission Planner, because it was created first and is the most full-featured GCS.
>
> 출처: http://ardupilot.org/copter/docs/common-choosing-a-ground-station.html

독자들은 하단의 GCS 특징을 보고 본인에게 맞는 GCS를 선택하는 것이 중요하지만, 본문에서는 미션 플래너를 사용해 픽스호크를 설정하고 학습하는 방법을 설명한다.
단, 픽스호크 4의 사용을 원하는 사용자는 Q그라운드(Qground Control)를 사용해야 한다(2018년 6월 11일 기준).

❸ 픽스호크를 지원하는 대표적인 GCS 프로그램

❶ 미션 플래너(Mission Planner)

- 지원하는 운영체제: 윈도우, 맥OS X(모노 사용)

- 라이선스: 오픈 소스(2007년 6월 29일에 발표된 GPLv3의 권한)

- 지원 하드웨어: APM 시리즈, 픽스호크 1, 2 ,3

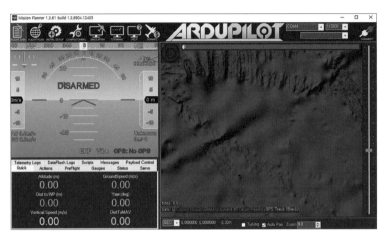

▲ Mission Planner의 초기 화면

❷ APM Planner 2.0

- 지원하는 운영체제: 윈도우, 맥OS X, 리눅스

- 라이선스: 오픈 소스(2007년 6월 29일에 발표된 GPLv3의 권한)

- 맥(Mac), 리눅스에서 사용하기에 가장 최적화돼 있지만, 미션 플래너에 비해 기능이 축소됐다.

▲ APM 플래너의 초기 화면. 미션 플래너에 비해 화면 구성이 비교적 간단하다.
▲ 출처: https://www.google.co.kr/

③ MAVProxy

- 지원하는 운영체제: 리눅스
- 라이선스: 오픈 소스(2007년 6월 29일에 발표된 GPLv3의 권한)
- 비행기 개발자가 사용하기에 편리하고, 파이썬 모듈을 통해 작성할 수 있으며, 확장할 수 있다.

▲ Mavproxy의 화면, 리눅스에 최적화돼 있으며, 파이썬으로 작성한다.
▲ 출처: https://www.google.co.kr/

④ Qground Control

- 지원하는 운영체제: 윈도우, 맥OS X, 리눅스, 안드로이드, iOS
- 라이선스: 오픈 소스(2007년 6월 29일에 발표된 GPLv3의 권한)
- 마브링크(MAVLink)를 통해 작동하며, 모든 운영체제 및 모바일에서도 작동된다는 것이 장점이다.

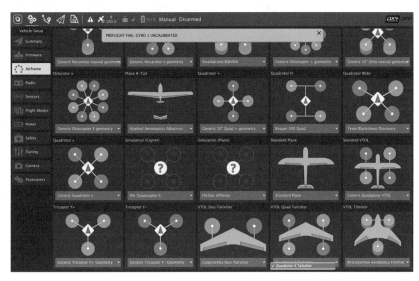

▲ QGround Control의 화면 직관적인 인터페이스. 모바일에서도 그대로 작동한다는 것이 장점이다.

❺ UGCS(Universal Ground Control Station)

- 지원하는 운영체제: 윈도우, 맥OS X, 우분투
- 라이선스: 무료 라이선스가 포함된 독점 라이선스
- 범용으로 3D 인터페이스가 포함돼 있다. 오픈 소스뿐만 아니라 DJI까지도 지원하며 동시에 여러 대의 기체 통제에 최적화돼 있다는 특징이 있다. 픽스호크의 장점인 ADS-B 트랜스폰더를 이용해 비행 금지 구역(No-fly Zone)을 맞춤 구성할 수도 있다.

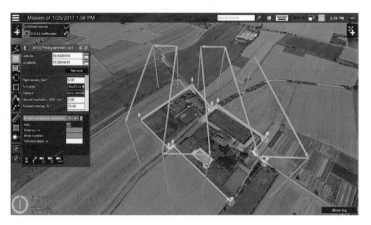

▲ UGCS의 화면. 직관적인 3D 인터페이스와 범용으로 지원한다는 것이 가장 큰 장점이다.
▲ 출처: https://www.ugcs.com/

❻ Mission Planner(Mobile ver)

- 지원하는 운영체제: 안드로이드
- 팔로미(Follow-Me)부터 3D 맵핑(Mapping)까지 특별한 임무를 수행할 수 있다.

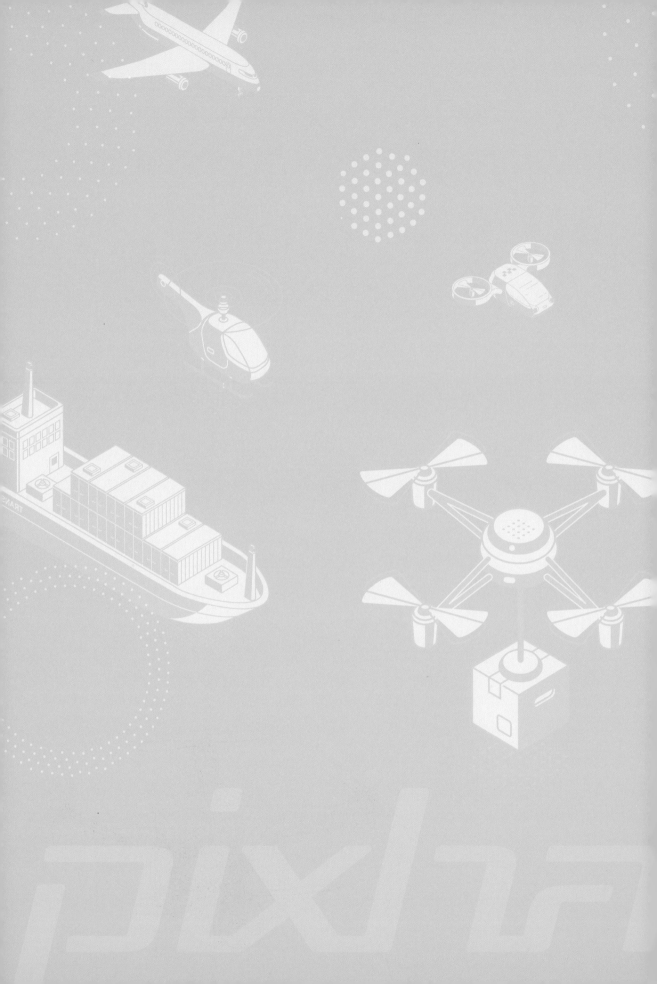

PART 2
픽스호크 입문하기

PART 1에서 픽스호크를 다루기 위한 기초 지식을 함양했다면 PART 2부터는 픽스호크로 드론을 제작하기 위한 실용적인 지식을 제공한다. 기본적인 납땜만 가능하다면 픽스호크를 연구하고 학습하기 위한 자신만의 드론을 제작할 수 있다.

하드웨어 & 소프트웨어 준비

Chapter 1

픽스호크를 학습하기 위해서는 학습용 기체 준비가 필수인데, 처음 학습을 시작하는 경우 너무 고가의 기체는 피하는 것이 좋다. 픽스호크는 백지 상태의 FC인 만큼 저렴한 가격에 많은 기능을 학습하기에 좋지만 그만큼 많은 변수가 존재하며 이 변수가 결국 기체의 파손과 금전적 손실로 이어질 수 있으므로 부품이 저렴하고 신뢰할 수 있는 재료를 준비해 학습을 진행하는 것이 좋다.

1 픽스호크 학습용 드론 조립 가이드

1 재료 구매

이 책을 따라 픽스호크 드론을 조립하려면 필수적으로 실습 재료를 구매해야 한다. 이에 앞서 다음의 각 항목을 고려해 중복 지출을 줄이고 좀 더 합리적인 가격의 재료 구입을 권장한다.

❶ 처음 조립 시 비용이 더 들더라도 국내 유통 제품을 구매한다

인터넷상의 제품들은 동일해 보이지만 유사품이 매우 많다. 예를 들어 F450의 경우 웬만한 충격으론 잘 파손되지 않지만, 유사품을 구매하면 약한 충격에도 파손되는 경험을 할 수 있다.

❷ 오프라인 동호회에 먼저 가입해 제품에 대한 정보를 습득한다

판매자가 판매하기 좋은 물건과 가성비가 좋은 물건은 다르다. 판매자가 판매하기 좋은 물건은 가격 통제가 쉽고, 마진이 많이 남으며 사후 애프터서비스를 처리하기 쉬운 제품이지만, 이런 제품이 꼭 가성비가 좋다고 말할 수는 없다. 이러한 특성 때문에 업체에 제품을 문의하는 경우 일부 업체는 판매하기 좋은 제품으로 유도한다. 이와 반대로 동호회는 가성비가 좋은 제품을 구하고 싶고, 이미 구입해본 경험이 있는 사람들이 존재하므로 선배들의 의견을 들어보면 어떤 제품이 좋은지를 판단할 수 있다.

❸ 정보를 얻을 수 있는 판매 업체에서 구매한다

제품을 인터넷 검색을 통해 구매하는 경우 무조건 저렴한 제품을 구매하면 제품에 대한 학습도 혼자 해야 하는 경우가 발생한다. 최저가 판매자의 경우 그만큼 수익이 없기 때문에 제품에 대한 설명도 부실하고, 전화 연결조차 되지 않는 경우가 많다. 비용이 좀 더 들더라도 업체의 성향이나 친절도, 제품에 대한 이해도가 높은 판매자에게 구매할 것을 추천한다.

❹ FC의 경우 자체 시험/검사나 검증을 거친 국내 제품을 구매한다

픽스호크 1은 2.4.6 버전 이후에는 정품이라는 개념이 없다. 현재(2018년 7월 12일 기준) 해외에서 판매되는 픽스호크 1 패키지의 경우 초기 가격인 30만 원 초반이 10만 원대 초반까지 하락해 있는데 픽스호크 1은 하드웨어적 불량이 소프트웨어적 불량처럼 보이는 경우가 자주 발생한다. 이런 경우 기준점의 부재로 정확한 학습이 되지 않으므로 국내 판매 제품 중 검수를 진행한 제품을 사용하는 것이 바람직하다.

⑤ 처음부터 복잡한 구조는 피하고 단계별 학습을 진행한다

누구나 처음 기체를 조립할 때 멋있고 기능이 많은 드론을 조립하고 싶은 욕심이 있다. 배선이 복잡하고 기능이 많다는 것은 그만큼 변수도 많이 존재한다는 것을 의미하는데, 이를 한 번에 진행하면 어디서부터 잘못 됐는지 확인할 수 없을 뿐만 아니라 애써 조립한 기체가 날아보지도 못하고 추락하는 경우 학습 의지 자체를 꺾어버릴 수도 있다. 따라서 단계적으로 검증을 진행하며 조립하는 것이 좋다.

예
- FC+GPS
- FC+GPS+카메라
- FC+GPS+카메라+OSD
- FC+GPS+카메라+OSD+영상 송신기
- FC+GPS+카메라+OSD+영상 송신기+촬영 짐벌
- FC+GPS+고도계+OSD+영상 송신기+촬영 짐벌+영상 촬영용 카메라

2 기체 선정

① DJI F450

가장 많이 알려진 만큼 많은 복제품이 존재하지만, 조립이 간단하고 초보자가 자작 기체를 조립할 때 저렴하게 접근할 수 있는 제품이다.

▲ DJI 사의 'F' 시리즈(간단한 구조로 조립하기가 쉽다)

② Fox-Hover

DJI의 F 시리즈보다 고가이긴 하지만 기체의 조립에 경험이 있다면 고려해볼 수 있는 기체다. 평균 비행 시간이 40분 이상이며 접을 수 있는 형태로, 보관 시 공간 활용이 좋으며 픽스호크에 맞춰 설계했기 때문에 비행성 부분에서도 좋은 점수를 받고 있다.

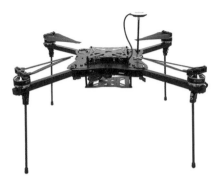

▲ 폭스테크 하버 1(Foxtech Hover 1)

▲ 출처: www.Foxtechfpv.com

❸ FC(픽스호크) 구매

 픽스호크를 최초 구매할 때는 국내 쇼핑몰을 선택하는 것을 추천한다. 해외 직구와 비교하면 가격 차이가 크지만 픽스호크 1세대는 특히 불량률이 높고, 최근 가격의 하락과 함께 더 높은 불량률을 보이고 있어 '30% 정도가 불량'이라는 말이 나돌 정도이므로 국내 쇼핑몰을 이용해 불량, 이상 증상 발생 시 증상 문의가 가능하고, 초기 불량이 확인되면 제품 교환도 가능한 국내 쇼핑몰을 이용하는 것이 좋다.

▲ 폭스테크(Foxtech)의 다양한 픽스호크 실습 키트
▲ 출처: www.foxtech.kr

QR 04_폭스테크(Foxtech) 픽스호크 실습키트

④ RC 송·수신기 선택

픽스호크를 학습하기 위해서는 최소 8ch 이상의 송·수신기가 좋다. 국내 전파 승인을 득한 제품 중 신뢰성이 있는 제품 사용을 권장하며 송·수신기의 특성상 한 번 구매한 후 장기간 사용하는 경우가 많으므로 가격적인 면보다는 신뢰도와 기능을 고려해 구매해야 한다.

▲ 다양한 RC 송신기들. 왼쪽부터 14sg, IX12, Taranis Plus, Aurora9

⑤ GCS용 컴퓨터

픽스호크의 꽃은 단연 미션 플래닝이다. 이는 비가시권 비행을 할 수 있다는 장점과 기체를 실시간으로 통제하고 데이터를 볼 수 있으며, 비행 후 또는 추락 시 데이터를 분석해 같은 실수를 반복하지 않고 학습하기 위한 최고의 방책이다. 이를 수행하기 위해서는 컴퓨터를 이용해 GCS를 구축해야 한다. 미션 플래너 자체는 사양을 많이 가리지 않지만, 데이터 분석이나 다른 기능을 이용하기 위해서는 i5 듀얼코어 이상의 탭북 중 화면 밝기가 최소 500Nit 이상인 제품을 추천한다.

▲ 실제 필자가 사용하고 있는 삼성 아티브 프로

⑥ 기체 조립

❶ 재료

- DJI F450 모터 변속기 세트
- 픽스호크 세트
- Futaba 14SG
- 삼성 아티브 프로
- 11.1v 2,200mah 배터리

❷ 공구

- 2.5mm, 2.0mm 육각렌치(DJI F450 구매 시 포함)
- 인두기
- 글루건

❸ 부재료

- 50mm 동테이프
- 3M 양면 테이프 스펀지 타입
- 액체 절연고무
- F450용 연장 랜딩 기어(3D 프린터물) 옵션 구매

  재료 구입: www.foxtech.kr(픽스호크 입문용 기체 세트)

조립 시 유의 사항

❶ 조립 전 모터의 회전 방향을 확인한 후 기체 전방을 설정한다.

❷ 모터 체결용 나사는 6mm 육각볼트를 이용한다(모터에 간섭이 발생되지 않는 길이).

❸ 모든 볼트에는 록타이트(나사 고정제)를 도포한다.

❹ 납땜 부위는 액체 절연고무를 도포해 합선을 방지한다.

❹ 물품 확인

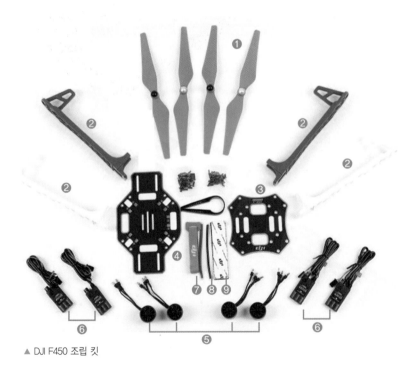

❶ 프로펠러 CW(검은색),
  CCW(은색) 각 2개

❷ 모터 고정용 암 4개

❸ 메인 프레임(하)

❹ 메인 프레임(상)

❺ 모터

❻ 변속기

❼ 배터리 고정 홀더

❽ 케이블 타이

❾ 방진 스펀지

▲ DJI F450 조립 킷

❺ 전방 설정

　　F450 키트의 경우 모터는 잠김 방향이 정해져 있다. 모터에 프로펠러를 올려 잠김 방향을 확인하고 기체의 전방을 확인한 후 고정용 암의 색을 배열한다.

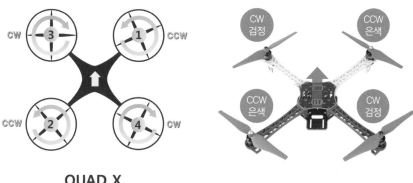

QUAD X

▲ DJI F450 전방 설정

❻ 모터 고정

전방 설정이 완료되면 모터를 체결한다. 이때 반드시 6mm 볼트를 사용한다. 2212 모터의 경우, 구조상 모터의 밑면과 코일의 거리가 짧은데, 볼트가 조금이라도 더 길어 코일에 닿는 경우 모터가 부하에 의해 돌지 못하고 변속기가 타버리는 경우가 발생한다.

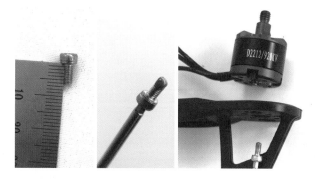

▲ 나사 고정제(Loctite)는 볼트의 2~3 나사선까지만 도포한다.

❼ 메인 프레임(하)과 변속기, 파워 모듈(PM) 조립

픽스호크 파워 모듈은 학습을 위해 반드시 설치돼야 하며, 이를 나중에 설치하려면 기체를 처음부터 다시 조립해야 하거나 조립된 기체를 분해해야 하는 경우가 발생할 수 있다. 또한 파워 모듈의 경우 방향이 정해져 있으므로 IN, OUT의 방향에 주의하면서 조립해야 한다.

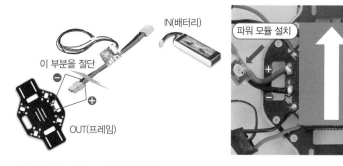

▲ 파워 모듈은 IN과 OUT이 정해져 있다.

❽ 메인 프레임 절연 처리

F450은 기체의 특성상 픽스호크가 장착되기 쉬운 구조는 아니다. 상부 프레임에 올릴 경우 FC가 직사광선에 직접 노출되므로 커버를 제작하거나 하부로 내려 장착하는 방식을 택해야 하는데 하부에 FC를 설치할 경우, 차폐 처리된 FC에 의해 전기적 단락을 유발할 수 있다. 이를 방지하기 위해서는 절연고무를 사용해 납땜 부위를 모두 차폐 처리해야 한다. 또한 납땜 부위를 절연 처리함으로써 방수 효과도 기대할 수 있다.

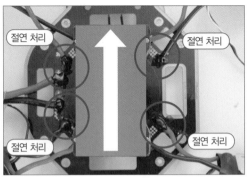

▲ 액체 절연고무를 이용한 절연 처리

❾ 메인 프레임과 모터 조립체 결합

배선이 완료되면 메인 프레임(상)을 제외한 모든 부품을 조립한다. 이때 옵션용 연장 랜딩 기어나 3D 출력물 등을 이용해 랜딩 기어를 연장해주면 하부의 사용 범위가 넓어진다.

▲ 랜딩 기어를 연장한 F450　　　　　　　　　　　　　　　　　▲ 출처: 구글(www.google.com)

❿ 픽스호크 노이즈 보호

구조적인 특성으로 변속기, 전기가 흐르는 전원 보드 등 노이즈가 발생할 만한 부품이 FC와 가까이 있을 경우 구리 테이프 등을 활용해 차폐 처리한다. 이때 너무 얇은 테이프보다는 구리 함량이 높은 테이프의 사용을 권장한다.

▲ 구리 테이프를 이용한 차폐 처리. 기본형 픽스호크는 차폐 처리가 되어 있지 않다. 차폐 처리를 한 제품을 이용하는 것도 하나의 방법이다.

QR 05_
픽스호크 차폐 처리

⑪ 픽스호크 고정

차폐 처리가 완료되면 픽스호크를 기체에 고정한다. 이때 방진용 댐퍼 사용을 권장하지만 여유 공간이 없다면 스펀지 재질의 양면 테이프를 사용해 방진 처리한다. 또한 가능한 한 기체의 정중앙에 FC가 위치하도록 고정한다.

 tip F450의 CG 확인하기

· F450 메인 프레임 양끝을 기준으로 선을 그어 교차점을 확인한다.
· FC의 중앙과 선의 교차점이 일치하도록 고정한다.

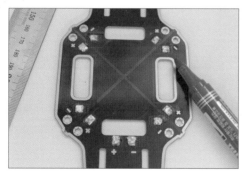

▲ 교차점을 확인한 후 FC를 고정한다.

⑫ 픽스호크 연결 케이블의 보강

픽스호크의 연결부로 사용되는 DF-13 단자는 특성상 분리를 시도할 경우 단선될 가능성이 높은데, 이를 방지하기 위해 글루건 등을 활용해 단자의 끝부분 주변을 고정하면 탈·부착 시 단선을 방지할 수 있다.

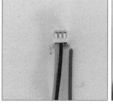

▲ F-13 단자는 특성상 몸체를 잡고 선을 분리하기 어렵다.

DF-13 단자를 분리 시 글루건이 도포된 곳은 조심스럽게 잡아 단선을 방지한다.

⑬ 픽스호크 기본 연결

● 파워 모듈 연결

픽스호크는 파워 모듈(Power Module)의 레귤레이터를 통해 5.23V를 공급받는데, 이는 FC에 전원을 공급하는 가장 안정적인 방법이며, 이 모듈을 통해 전압과 전류를 측정해 비행 시 활용할 수 있다.

▲ 반드시 파워 모듈을 통해 전원을 공급해야 한다.

● 버저 연결

버저(Buzzer)는 픽스호크의 상태를 나타내는 매우 중요한 부품이지만 IMU의 오작동을 유발할 수 있으므로 반드시 FC와 5cm 이상 이격시켜 설치해야 한다.

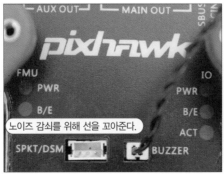

▲ 버저를 설치할 때는 5cm 이상 이격시켜야 한다.

● 픽스호크 기본 연결 다이어그램

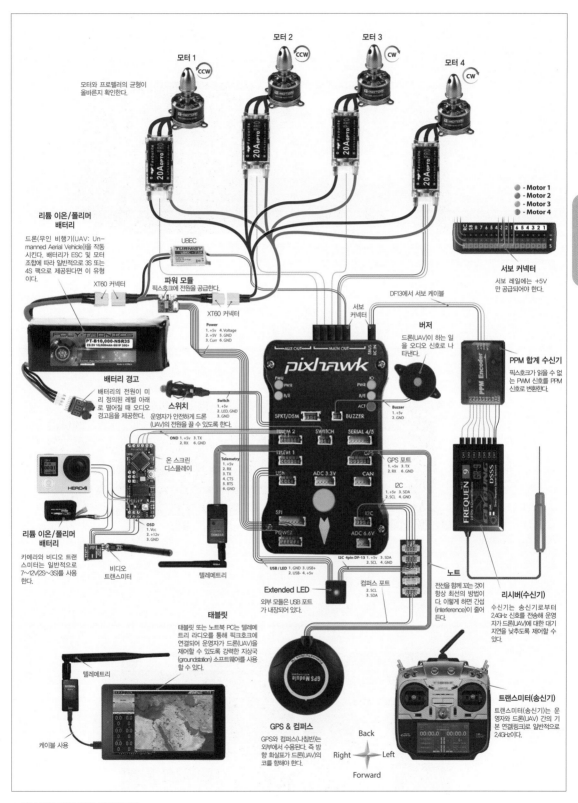

▲ 픽스호크 기본 연결 다이어그램
▲ 출처: http://ardupilot.org

● Safety Switch 연결

픽스호크는 Safety Switch(보안 스위치)라는 2중 안전 장치를 설정할 수 있으며, 시동 전 이를 길게 클릭해 안전 해제하지 않으면 시동이 불가능하도록 초기 설정돼 있다. 또한 펌웨어 자가 검출 기능에도 사용할 수 있다.

▲ Safety switch 연결과 조립 후 고정

● 텔레메트리 연결

텔레메트리(Telemetry(TM 모듈))는 GCS와의 통신에 사용되는 주요 수단이며, 이를 통해 기체의 상태를 실시간으로 파악하거나 OSD와 연결해 정보를 영상 화면에 표시할 수 있다. 또한 컴퍼스나 가속도계 등의 교정 시 사용하면 선 꼬임과 같은 문제가 발생하지 않는다. 하지만 부품의 특성상 FC에 너무 가깝게 설치하지 않도록 한다.

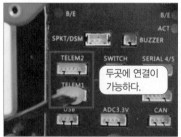

▲ 텔레메트리 연결과 조립 후 고정

● I2C 분배기 연결

픽스호크의 I2C 단자는 1개뿐이지만 기본적으로 설치할 센서가 2개 이상이기 때문에 Splitter (분배기)를 사용해 단자를 확장해야 한다. 주로 GPS의 컴퍼스와 외부 LED 연결 시에 사용한다.

▲ I2C Splitter 연결과 조립 후 측면 고정

● 외장(External) LED 연결

픽스호크는 기본적으로 내장 LED가 있지만 FC는 대부분 드론 내부에 설치되므로 비행 중에 LED로 상태를 확인하기 어렵다. 이를 해결하기 위해 외장 LED를 사용할 수 있는데, 이는 I2C 포트를 통해 연결되며, 외부 LED 연결 후에는 내장 LED가 더 이상 작동하지 않는다. 또한 외장 LED 모듈은 컴퓨터와 연결할 수 있는 USB 포트를 함께 제공한다.

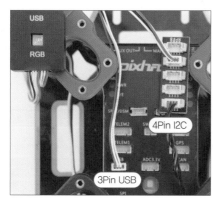 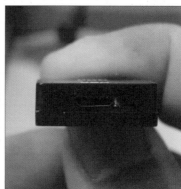

▲ 외장(External) LED 4선과 I2C 3선이 USB 단자에 입력돼 외부에서 사용할 수 있다.

● GPS와 외부 컴퍼스 연결

픽스호크에 사용되는 M8N GPS는 자체 컴퍼스가 있으며, 이는 픽스호크 내부 컴퍼스보다 전자적 간섭이 월등히 적은 곳에 위치시킬 수 있다는 장점이 있다. GPS는 6핀 단자를 따로 제공하지만 컴퍼스는 I2C 단자에 연결해야 하므로 Splitter(분배기)를 이용해 연결한다.

▲ GPS의 컴퍼스(2선)와 I2C(4선)이 GPS 단자에 연결된다.

● 수신기 연결(7008SB)

픽스호크는 RC 포트를 통해 수신기와 연결할 수 있다. 이때 상단을 기준으로 픽스호크는 −, +, S(검은색, 빨간색, 흰색)의 순서, 수신기(7008SB)의 경우 S, +, −(흰색, 빨간색, 검은색)의 순서를 기억하고 본인의 수신기에 맞게 연결한다.

RC 포트에 연결한다.
SB는 아직 지원하지 않는다.

수신기 SB

픽스호크 RC

▲ 픽스호크와 7008SB의 연결. SB를 사용하지만 RC 포트에 연결한다.

● ESC(변속기) 연결

픽스호크는 메인 OUT 단자를 통해 변속기와 연결할 수 있는데, 이 배열이 부정확하면 기체가 이륙도 하지 못하고 전복되기 때문에 유형별로 정확하게 연결해야 한다.

▲ 픽스호크와 ESC의 연결 모터 순서와 Main Out 순서에 집중해야 한다.

⑬ 조립 마무리 및 고정

마무리 전 참고 사항

- GPS와 FC의 화살표(⬆)를 일치시킨다.
- 서보 레일과 연결부 등은 글루건으로 보강한다.
- 모든 부착물은 진동이 생기지 않도록 단단히 고정한다.
- 서보선 등을 기체에 고정할 때는 피복이 벗겨지지 않도록 부드러운 보강재를 덧댄다.

▲ 조립을 마무리할 때는 항상 기본에 충실해야 한다.

7 픽스호크 연결 상세도

① Telemetry(양방향 데이터 통신) 포트와 3DR Radio 연결 상세도

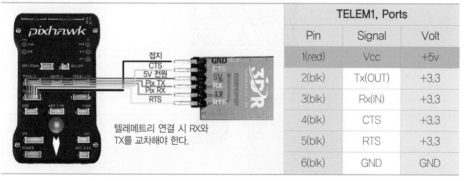

TELEM1, Ports		
Pin	Signal	Volt
1(red)	Vcc	+5v
2(blk)	Tx(OUT)	+3.3
3(blk)	Rx(IN)	+3.3
4(blk)	CTS	+3.3
5(blk)	RTS	+3.3
6(blk)	GND	GND

▲ Telemetry 포트와 3DR radio 연결 상세도

② 텔레메트리 2(양방향 데이터 통신) 포트와 OSD(On Screen Display) 연결 상세도

TELEM2, Ports		
Pin	Signal	Volt
1(red)	Vcc	+5v
2(blk)	Tx	+3.3
3(blk)	Rx	+3.3
4(blk)	CTS	+3.3
5(blk)	RTS	+3.3
6(blk)	GND	GND

▲ Telemetry 2포트와 OSD 연결 상세도

❸ GPS(외부 컴퍼스 포함) 모듈 연결 상세도(I2C 분배기 이용)

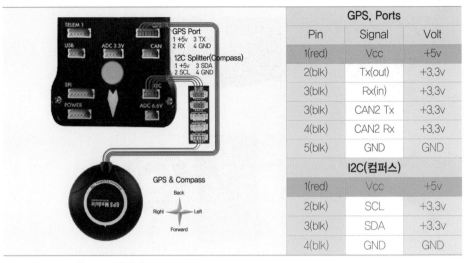

GPS, Ports		
Pin	Signal	Volt
1(red)	Vcc	+5v
2(blk)	Tx(out)	+3.3v
3(blk)	Rx(in)	+3.3v
3(blk)	CAN2 Tx	+3.3v
4(blk)	CAN2 Rx	+3.3v
5(blk)	GND	GND
I2C(컴퍼스)		
1(red)	Vcc	+5v
2(blk)	SCL	+3.3v
3(blk)	SDA	+3.3v
4(blk)	GND	GND

▲ GPS(컴퍼스 포함) 모듈 연결 상세도

❹ 스위치와 버저 연결 상세도

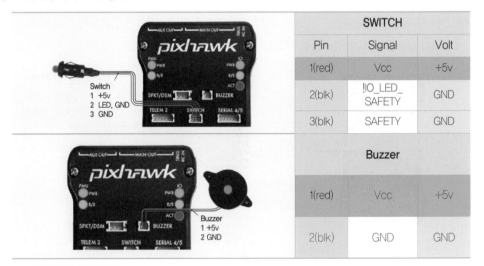

SWITCH		
Pin	Signal	Volt
1(red)	Vcc	+5v
2(blk)	!IO_LED_SAFETY	GND
3(blk)	SAFETY	GND
Buzzer		
1(red)	Vcc	+5v
2(blk)	GND	GND

▲ 스위치와 버저 연결 상세도

❺ 파워 모듈 연결 상세도

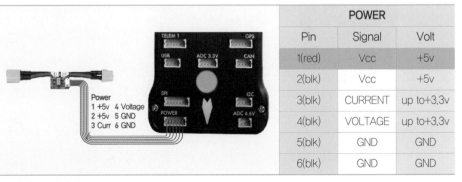

POWER		
Pin	Signal	Volt
1(red)	Vcc	+5v
2(blk)	Vcc	+5v
3(blk)	CURRENT	up to+3.3v
4(blk)	VOLTAGE	up to+3.3v
5(blk)	GND	GND
6(blk)	GND	GND

▲ 파워 모듈 연결 상세도

❻ 옵션 USB LED 모듈 연결 상세도(3선이 USB, 4선이 I2C로 연결)

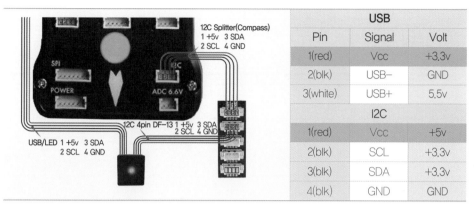

USB		
Pin	Signal	Volt
1(red)	Vcc	+3.3v
2(blk)	USB−	GND
3(white)	USB+	5.5v
I2C		
1(red)	Vcc	+5v
2(blk)	SCL	+3.3v
3(blk)	SDA	+3.3v
4(blk)	GND	GND

▲ 옵션 USB LED 모듈 연결 상세도

❼ Spektrum/DSM Port 연결 상세도

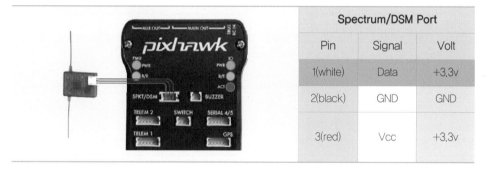

Spectrum/DSM Port		
Pin	Signal	Volt
1(white)	Data	+3.3v
2(black)	GND	GND
3(red)	Vcc	+3.3v

❽ I2C 동시 분배기(splitter) 연결 상세도

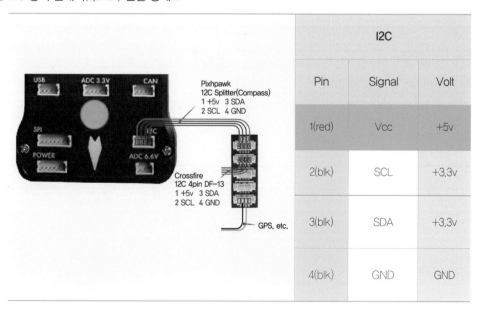

I2C		
Pin	Signal	Volt
1(red)	Vcc	+5v
2(blk)	SCL	+3.3v
3(blk)	SDA	+3.3v
4(blk)	GND	GND

❾ 픽스호크 Pin Map 종합

TELEM1, TELEM2 ports			SERIAL 4/5 port			ADC 6.6V		
Pin	Signal	Volt	Pin	Signal	Volt	Pin	Signal	Volt
1(red)	Vcc	+5v	1(red)	Vcc	+5v	1(red)	Vcc	+5v
						2(blk)	ADCIN	up to +6.6v
2(blk)	Tx(OUT)	+3.3	2(blk)	Tx(#4)	+3.3v	3(blk)	Gnd	Gnd
						ADC 3.3V		
3(blk)	Rx(IN)	+3.3	3(blk)	Rx(#4)	+3.3v	1(red)	Vcc	5v
4(blk)	CTS	+3.3	4(blk)	CTS(#5)	+3.3v	2(blk)	ADC IN	up to +3.3v
						3(blk)	GND	GND
5(blk)	RTS	+3.3	5(blk)	RTS(#5)	+3.3v	4(blk)	ADC IN	up to +3.3v
6(blk)	GND	Gnd	6(blk)	GND	GND	5(blk)	GND	GND

I2C			CAN			SPI		
Pin	Signal	Volt	Pin	Signal	Volt	Pin	Signal	Volt
1(red)	Vcc	+5v	1(red)	Vcc	+5v,	1(red)	Vcc	+5v
						2(blk)	SPI_SCK	+3.3v
2(blk)	SCL	+3.3v	2(blk)	CAN_H	+12V	3(blk)	SPI_MISO	+3.3v
						4(blk)	SPI_MOSI	+3.3v
3(blk)	SDA	+3.3v	3(blk)	CAN_L	+12V	5(blk)	!SPI_NSS	+3.3v
						6(blk)	!GPIO	+3.3v
4(blk)	GND	GND	4(blk)	GND	GND	7(blk)	GND	GND

POWER			SWITCH			Spectrum/DSM Port		
Pin	Signal	Volt	Pin	Signal	Volt	Pin	Signal	Volt
1(red)	Vcc	+5v	1(red)	Vcc	+5v	1 (white)	Data	3.3v
2(blk)	Vcc	+5v						
3(blk)	CURRENT	up to+3.3v	2(blk) 2(blk)	!IO_LED_ SAFETY	GND	2(black)	GND	GND
4(blk)	VOLTAGE	up to+3.3v						
5(blk)	GND	GND	3(blk)	SAFETY	GND	3(red)	Vcc	+3.3v
6(blk)	GND	GND						

GPS port			Console Port(픽스호크)			Console Port(FTDI)		
Pin	Signal	Volt	Pin	Signal	Volt	Pin	Signal	Volt
1(red)	Vcc	+5v	1	+5v			N/C	
2(blk)	Tx(out)	+3.3v	2	Tx			N/C	
3(blk)	Rx(in)	+3.3v	3	Rx			N/C	
3(blk)	CAN2 Tx	+3.3v	4	Tx		5	Rx(yellow)	
4(blk)	CAN2 Rx	+3.3v	5	Rx		4	Tx(orange)	
5(blk)	GND	GND	6	GND		1	GND(black)	

2 # GCS 프로그램 설치

픽스호크를 설정하고 사용하기 위해서는 GCS용 프로그램이 반드시 필요하다. 본문에서는 그중 가장 오래되고 기능이 많은 미션 플래너를 통한 학습을 진행한다. 이 중 가장 접근이 쉬운 구글 검색을 통한 설치를 해본다.

 미션 플래너 설치 파일 획득 링크

http://firmware.ardupilot.org/Tools/MissionPlanner/MissionPlanner-latest.msi

QR 06_
미션 플래너 설치 링크

1 미션 플래너 설치

01 'mission planner download'를 검색한다.

02 붉은색 네모로 표시된 링크에 접속한다.

▲ 구글의 미션 플래너 검색 화면(2018년 6월 23일 기준)
　출처: https://www.google.com

03 붉은색 네모로 표시된 링크를 클릭해 다운로드를 시작한다.

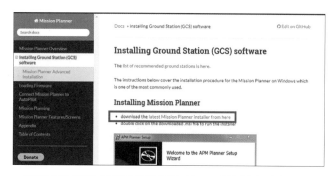

▲ 빨간색 표기 부분을 클릭하면 최신 버전을 다운로드해 설치할 수 있다.
　출처: http://ardupilot.org

04 왼쪽 아래의 다운로드 진행 상태를 확인한다.

다운로드 중

파일 설치 시 확인 사항

❶ 인터넷 연결 상태를 확인한다.

❷ 윈도우 버전을 확인한다.

❸ 윈도우 8 이상 버전 시 '드라이버 서명 적용 안 함'을 실행한다.

❹ 실행 후 10분 이상의 시간이 경과해도 설치가 마무리되지 않으면 화면을 확인해본다.

※ 미션 플래너는 설치 시 컴퓨터의 사양을 가리지 않지만 최초 설치 시 필요한 드라이버를 자동으로 설치하게 되는데 이때 인터넷이 연결돼 있어야 필요한 드라이버를 정상적으로 설치할 수 있다.

05 다운로드한 설치 파일을 클릭한다.

이곳을 클릭한다

06 실행(R) 을 클릭한다.

07 Next 를 클릭한다.

08 동의 후 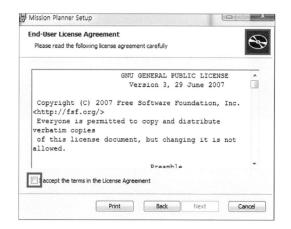 Next 를 클릭한다.

09 설치 위치를 지정한 후 Next 를 클릭한다.

10 설치를 하다 보면 다음과 같은 화면에서 멈추는 경우가 발생하는데, 이를 자세히 살펴보면 뒤쪽에 뭔가 가려진 화면을 볼 수 있다 (화면의 화살표 참고).

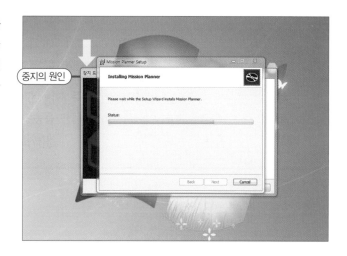

중지의 원인

11 장치 드라이버 설치 여부를 묻는 질문 창인데 이를 동의해 주지 않으면 미션 플래너 설치가 더 이상 진행되지 않으므로 다음(N) > 을 클릭한다.

12 드라이버 설치 후 마침 을 클릭한다.

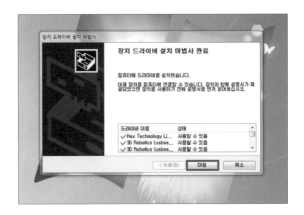

13 'Launch Mission Planner' 체크(√) 표시를 한 후 Finish 를 클릭해 설치를 종료한다.

14 최신 버전 실행 시 'Altitude Angle – Enable' 라는 정보를 사용 여부를 묻는 창이 나타난다. 'Altitude Angel'은 비행을 지원하는 프로그램이라 현재는 필요 없으므로 No 를 클릭한다.

15 Wizard 설정 메뉴 사용 여부를 확인하는 창이 나타나지만 현재는 필요 없으므로 No 를 클릭한다.

16 "위자드를 사용하려면 최초 설정 화면에서 위자드 아이콘을 클릭하시오."라는 다른 창이 나타나면 OK 를 클릭한다.

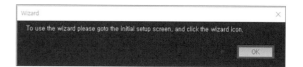

17 미션 플래너 설치가 완료된 화면이다.

② 정상 설치 확인 및 설정

미션 플래너 최초 설치가 끝나면 픽스호크와 정상적으로 연결이 되는지 반드시 확인해야 한다. 미션 플래너는 설치하면 자동으로 연결되는 DJI 계열의 프로그램과 달리 몇 가지 설정이 필요하다.

최초 연결 시 참고 사항

❶ 픽스호크를 물리적으로 연결하기 전 미션 플래너의 포트를 확인하고 별도로 적어둔다.
❷ 픽스호크의 포트가 모두 동일하지 않으므로 기기별 포트를 확인한다.
❸ 윈도우의 새로운 하드웨어 검색음을 듣기 위해 스피커 볼륨을 조절한다.
❹ 픽스호크와 컴퓨터를 연결하고 반드시 5초 이상 대기한 후 [Connect]를 클릭한다.

❶ 미션 플래너와 픽스호크의 연결

01 미션 플래너를 실행한다.

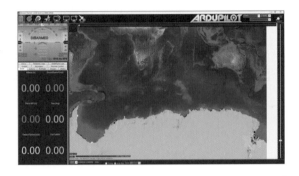

02 기본 통신 포트를 확인한다.

03 픽스호크 USB 연결 포트를 확인한다.

이곳에 USB케이블을 연결한다.

04 micro 5pin 케이블을 통해 컴퓨터와
연결한 후 노란색 LED가 점멸하는지
확인한다.

LED 점멸 확인

<u>05</u> 통신 속도를 '115200'으로 설정한다.

<u>06</u> 픽스호크와 연결한 후 새로 생성된 포트를 확인한다.

오른쪽 화면의 경우 COM3이 생성됐다.

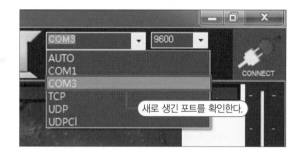

<u>07</u> [CONNECT]를 클릭해 연결한다.

<u>08</u> 매개변숫값이 업로드되면서 연결이 완료되는데, 이때 10초 이내로 연결되면서 다음과 같이 매개변숫값을 받아와야 한다.

<u>09</u> 정상적으로 연결이 완료되면 다음과 같은 화면이 출력된다.

10 픽스호크의 현재 펌웨어가 최신 버전이 아닐 때는 "새로운 펌웨어 사용이 가능합니다. APM: Copter V3.5.5로 업그레이드하세요."라는 내용의 팝업 창이 나타난다. <u>OK</u>를 클릭해도 펌웨어 업데이트는 이뤄지지 않으므로 <u>OK</u>를 클릭한다.

11 픽스호크의 자세에 따라 HUD 창이 함께 반응해야 한다.

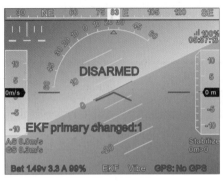 

❸ 미션 플래너 기본 설정

미션 플래너는 한글화가 진행되고 있지만 이는 기본적인 메뉴만 적용되며 세부 매개변수 등은 일부만 번역을 지원하고, 이마저도 오역이 많은 편이다. 또한 이 책의 내용은 기본적으로 선택 언어를 'English(United States)'로 서술했으며 픽스호크의 학습을 계속적으로 진행하게 되면 '구글'에서 영어 검색을 진행해야 다양한 자료를 볼 수 있으므로 조금 불편하더라도 'English(United States)' 설정 사용을 권장한다.

● 언어 설정

① 미션 플래너의 상단 메뉴 중 [CONFIG/TUNING] → [Planner]로 진입한다(그림 참고).

② 'UI Language' 항목을 'English(United States)'로 변경한다.

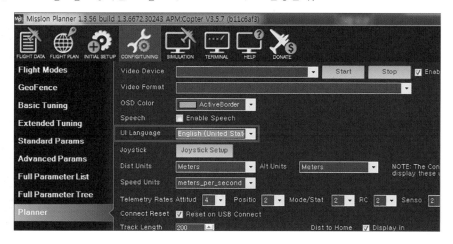

③ 안내에 따라 미션 플래너를 재실행한다.

● 경고음 설정

미션 플래너는 설정 중 또는 비행 중에 이벤트가 발생하면 HUD와 스피커를 통해 지속적인 경고를 해주는데 이를 사용하기 위해서는 'Speech' 기능이 활성화돼야 한다.

① 미션 플래너의 상단 메뉴 중 [CONFIG/TUNING] → [Planner]로 진입한다.

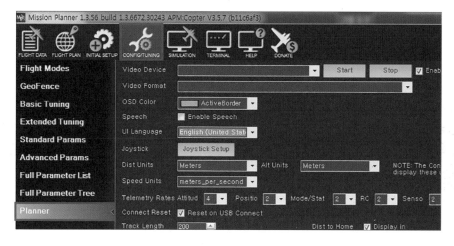

② 'Speech' 항목의 'Enable Speech'의 박스를 선택한다.

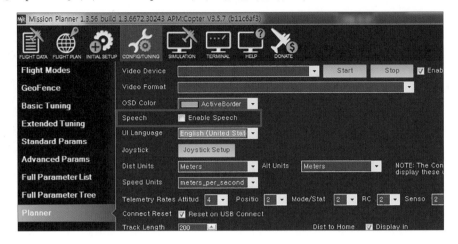

③ 'Speech' 항목을 활성화하면 나타나는 선택 창에서 'Mode'와 'Arm/Disarm'을 선택한다.

④ 안내 메시지가 출력되면   OK
를 클릭한다.

'Speech'가 활성화되면 미션 플래너는 지속적인 경고음을 울리는데, 경고음이 들리지 않으면 컴퓨터의 스피커 설정을 확인해야 한다.

● [Advanced] 메뉴 활성화

미션 플래너의 버전이 1.3.46 이상부터는 [Advanced] 메뉴를 설정할 수 있다. 이를 [Basic]으로 설정하면 화면과 기능이 다소 간단해지는 장점이 있지만, 세부 기능을 사용할 수 없으므로 학습을 위해서는 반드시 [Advanced] 메뉴를 활성화해야 한다.

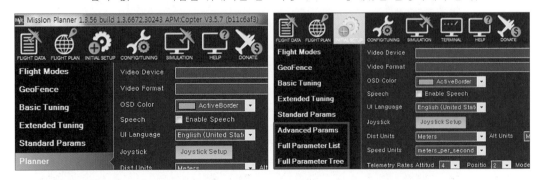

▲ 미션 플래너의 [Basic](왼쪽) 과 [Advanced](오른쪽) 세부 설정 메뉴가 활성화된다.

① 미션 플래너의 상단 메뉴 중 [CONFIG/TUNING] → [Planner]로 진입한다(그림 참고).

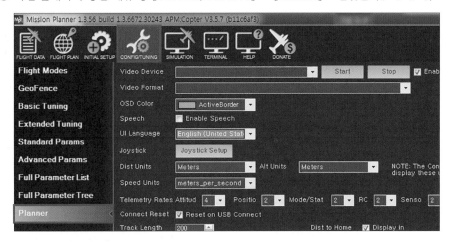

② 'Layout' 항목이 'Basic'으로 설정돼 있는지 확인한다.

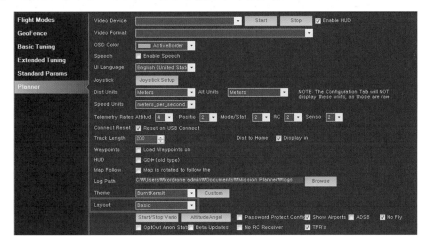

③ 'Basic'으로 설정돼 있다면 'Advanced'로 변경한다.

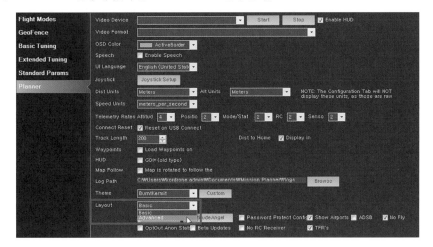

④ 미션 플래너의 아무 탭이나 클릭하면 메뉴가 바뀌는 것을 확인할 수 있다.

3 펌웨어 선택 및 업로드

미션 플래너의 설치가 끝나고 가장 먼저 할 일은 픽스호크를 연결하고 펌웨어를 올리는 것이다. 픽스호크는 기본적으로 처음 구입 시 랜덤으로 펌웨어가 올라가 있다. 이런 경우, 펌웨어를 그대로 쓸 수도 있지만 검증되지 않은 최신 펌웨어와 사용자 선택 펌웨어를 올려 처음 제작한 드론을 분실할 수도 있는 위험을 감수할 필요는 없다. 미션 플래너를 통해 펌웨어를 업로드하고 설정하는 방법을 알아보자.

tip

펌웨어 업로드 시 주의 사항

❶ 인터넷이 연결돼 있어야 한다.
❷ 배터리를 반드시 분리한 후에 진행한다(픽스호크가 재부팅되지 않는다).
❸ USB 데이터 케이블을 통해 연결한다.
❹ USB 데이터 케이블로 연결 시 통신 속도는 '115200'을 사용한다.
❺ 사용하려는 기체의 유형과 완전히 다른 유형의 펌웨어를 먼저 올려야 EPROM이 초기화된다.
❻ 최신 펌웨어보다는 'Stable(안정화)' 버전을 이용한다.
❼ 'Music Tune'을 기억해둔다.

1 미션 플래너를 통한 픽스호크 최신 펌웨어 업로드

01 미션 플래너를 실행한 후 픽스호크를 USB 케이블로 연결한다.

02 정상적으로 연결되면 오른쪽과 같은 화면이 나타난다.

03 현재 픽스호크의 펌웨어 유형과 버전을 확인한다.

　미션플래너 버전 1.3.77
펌웨어 버전 ArduCopter v4.1.5(1002fd6e) ▶

04 미션 플래너 메뉴 중 [INITIAL SETUP]을 클릭한다.

05 'Install Firmware' 탭을 클릭한다.

06 오른쪽 상단의 [DISCONNECT]를 클릭해 픽스호크와의 연결을 끊는다.

07 연결이 해제되면 업로드가 가능한 펌웨어 목록이 나열된다.

08 학습용 기체인 'F450'은 쿼드이므로 중앙에 있는 쿼드 아이콘을 클릭한다.

09 펌웨어(버전 번호) 업로드 여부를 묻는 메시지 창이 나타나면 [Yes] 버튼을 클릭한다.

10 픽스호크의 USB 연결을 물리적으로 해제한다.

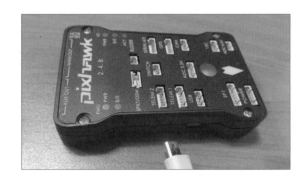

 픽스호크와 ChibiOS 펌웨어

2018년도부터 미션 플래너를 사용하여 펌웨어를 업로드할 때 이 OS의 사용 여부를 묻고 진행하도록 바뀌었다. ChibiOS는 NuttX를 대신하여 사용하도록 개발된 것으로 루프 속도가 빠르고 타이밍 지터(디지털 펄스 신호에서 원하는 이상적인 신호와 실제 신호 간의 시간 축에서의 차이)가 더 적어 펌웨어를 작고 빠르게 만들어낼 수 있는 점이 장점으로 꼽힌다. 그러나 픽스호크 펌웨어의 경우 ChibiOS 빌드는 테스트가 적고 몇 가지 기능의 누락과 복잡한 라이센스 문제뿐 아니라 호환성의 문제를 겪고 있다. 필자의 경우 안정화를 위해 NuttX 체제를 유지하고 있다.

▲ 2019년도 이후 출시되는 픽스호크의 경우 ChibiOS의 설치 여부를 물어보는 창이 추가되었다(ChibiOS 설명 참조).

11 "보드에서 플러그를 빼고 OK를 누른 뒤 다시 플러그를 끼우시오. 미션 플래너가 30초간 보드를 찾을 것입니다." 라는 메시지가 나타난다. OK 버튼을 클릭한다.

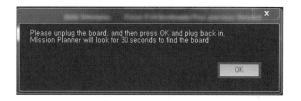

12 미션 플래너가 펌웨어를 자동으로 업로드한다.

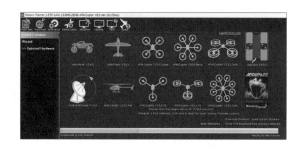

13 업로드가 완료되면 픽스호크의 'Buzzer'에서 부팅 때와 다른 음악이 울린다.

14 음악이 끝난 후 OK 버튼을 클릭한다.

15 업로드가 완료됐다는 메시지를 확인한다.

② 미션플래너를 통한 픽스호크 사용자 지정 펌웨어 업로드

<u>01</u>~<u>07</u>항까지의 절차는 미션플래너를 통한 픽스호크 최신 펌웨어 업로드와 동일하다.

https://firmware.ardupilot.org/Copter/로 접속하거나 다음 절차를 통해 미션플래너를 통해 접속하여 선택할 수 있다.

<u>01</u>　미션플래너의 'Setup' → 'Install Firmware Legacy' 화면에서 'Download firmwares'를 클릭하여 https://firmware.ardupilot.org/의 사용자 지정 펌웨어를 받을 수 있는 페이지로 이동한다.

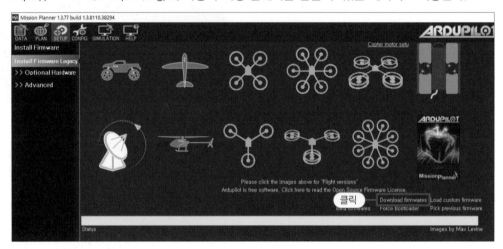

<u>02</u>　https://firmware.ardupilot.org/의 'Copter'를 클릭한다.

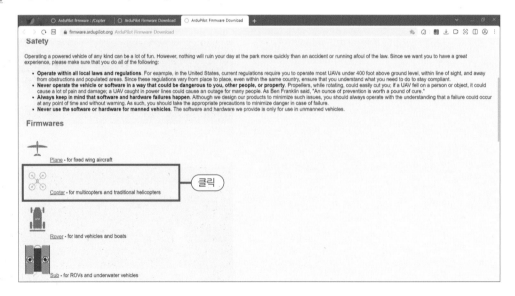

03 사용자가 원하는 파일 버전을 클릭한다. 이때 'stable|'의 경우 대부분 안정화된 펌웨어를 지칭한다. 하지만 펌웨어 버전에 따라 기체에 대한 비행 성능이 다를 수 있으며, 지원되는 옵션 하드웨어와 매개변수 설정 방법이 일부 다른 경우가 발생한다. 이러한 이유로 픽스호크와 펌웨어의 호환성이 중요하다.

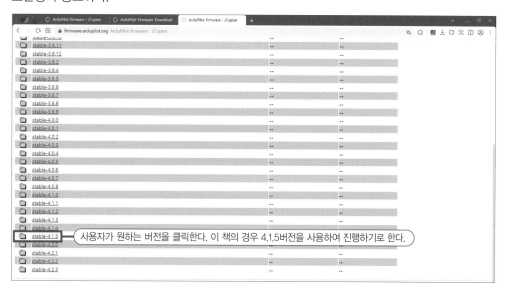

04 'stable 4.1.5' 폴더 내부의 'pixhawk1-1M'를 클릭한다. Pixhawk 2.4.8 하드웨어의 경우 메모리의 한계로 별도의 펌웨어를 제공한다. Pixhawk 2.4.8, 즉 '픽스호크 1'을 사용하는 사용자는 반드시 이 펌웨어를 선택해야 한다.

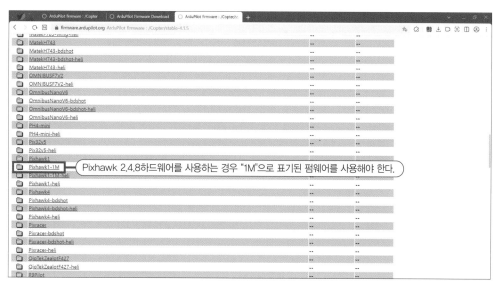

05 'arducopter.apj'를 선택한다.

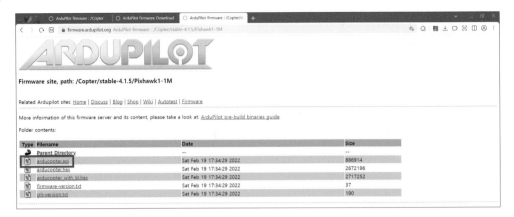

06 'arducopter.apj'를 선택하면 파일을 다운로드 할 수 있다. 이때 '다른 이름으로 저장'을 선택하여 폴더를 지정하면 파일의 위치를 모르거나 잘못된 파일을 업로드하는 것을 방지할 수 있다.

07 '바탕화면'을 선택하여 파일을 저장해 준다

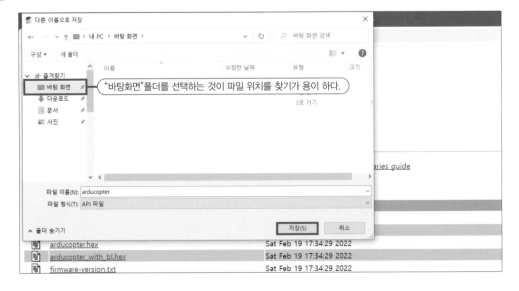

08 '미션플래너'의 'Load Custom firmwave'를 클릭하면 방금 저장한 사용자 지정 펌웨어를 업로드할 수 있다.

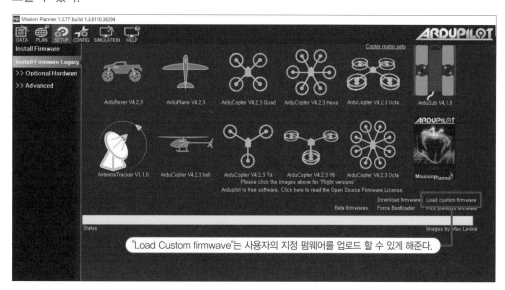

09 사용자가 선택하여 다운받은 펌웨어를 찾아 클릭을 한 후 [열기] 버튼을 클릭하여 펌웨어를 업로드 해준다.

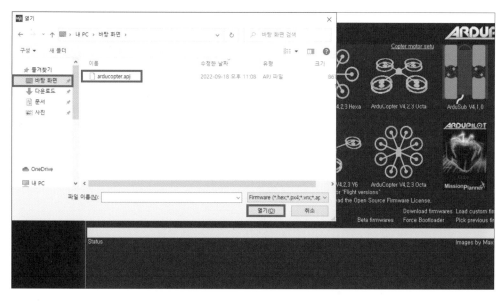

이 후 절차는 '최신 펌웨어 업로드' 절차와 동일하다.

3 픽스호크 펌웨어 정상 업로드 확인

픽스호크에 펌웨어가 올라간 후 자가 검출 기능을 활용해 펌웨어가 정상적으로 올라갔는지 뮤직 톤으로 다시 한번 확인할 수 있다.

01   안전 스위치를 누른 상태에서 픽스호크에 전원을 연결한다.

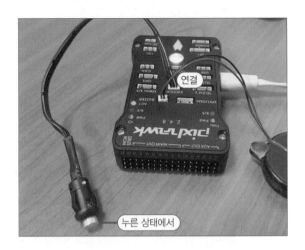

02   연결 후 정상 부팅음이 아닌 IO 보드 펌웨어 발견 뮤직 톤이 울리는 것을 확인한다.

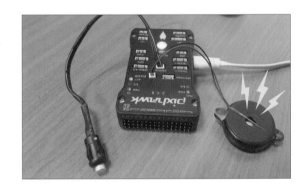

QR 07_펌웨어 정상 업로드 확인 부팅음

✦4 텔레메트리 연결

픽스호크는 마브링크를 텔레메트리로 한다. 이는 양방향이며 데이터를 원격으로 수집하고 모니터링하기 위한 자동화된 통신 프로세스다. 이를 통해 원격으로 기체와 GCS를 연결해 기본 설정 시 케이블 꼬임과 같은 불편 사항을 해결할 수 있으며, 더 나아가 GCS를 통해 원격으로 기체의 상태 모니터링 및 명령을 전달할 수 있다.

텔레메트리 연결 시 참고 사항

❶ USB를 통해 전원을 받을 수 없으므로 배터리를 연결한다.

❷ 통신 속도는 57600을 사용한다.

❸ TM 모듈의 LED 상태 창을 숙지한다(http://ardupilot.org/copter/docs/common-sik-telemetry-radio.html 참고).

❹ NetID나 주파수를 변경해 사용하는 것이 안전하다.

1 픽스호크와 텔레메트리 모듈 연결 및 미션 플래너 접속

<u>01</u> TELEM1 또는 TELEM2 포트에 TM 모듈을 연결한다.

▲ 픽스호크와 TM 모듈의 연결

<u>02</u> 파워 모듈을 통해 픽스호크에 전원을 공급한다.

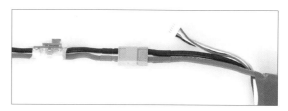

▲ USB를 통해 전력을 공급받을 수 없으므로 항상 '파워 모듈'을 통해 전력을 공급한다.

<u>03</u> 전원을 정상적으로 공급하면 텔레메트리 모듈에 적색과 녹색 LED가 점멸되는데 색에 따른 상태 메시지는 http://ardupilot.org/copter/docs/common-sik-telemetry-radio.html에 기술돼 있다(그림 및 링크 참고).

Status LEDs

The radios have 2 status LEDs, one red and one green. The meaning of the different LED states is:

- Green LED blinking - searching for another radio
- Green LED solid - link is established with another radio
- Red LED flashing - transmitting data
- Red LED solid - in firmware update mode

- 녹색 LED 점멸: 다른 무선 장치 검색 중
- 녹색 LED 점등: 다른 무선 장치와 연결됨
- 적색 LED 점멸: 데이터 전송 중
- 적색 LED 점등: 펌웨어 업데이트 모드

04 미션 플래너가 설치된 컴퓨터에 'Ground' 용 텔레메트리 모듈을 연결한다.

▲ USB 타입의 TM 모듈을 컴퓨터에 조립한 예

05 모듈을 연결한 후 미션 플래너의 오른쪽 상단에 새로 생성된 COM 포트를 확인한 후 통신 속도를 '57600'으로 설정한다.

06 [CONNECT]를 클릭해 미션 플래너와 접속을 시도한다.

07 'Mavlink Connecting' 메시지와 함께 미션 플래너가 접속을 시도한다. 이때 통신 속도가 '57600'으로 저하돼 있으므로 USB 케이블의 연결보다는 다소 느리게 매개변수를 불러온다.

08 정상적으로 연결되면 USB로 연결했을 때와 동일한 화면이 나타난다.

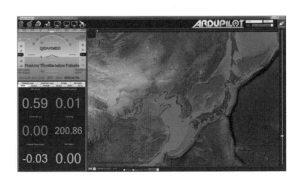

09 접속이 완료되면 픽스호크의 자세 변화에 따라 HUD 창의 기울기가 변하는지 확인한다.

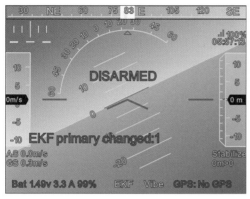 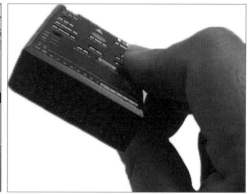

▲ 기체(픽스호크)를 움직였을 때 HUD의 기울기가 변화하는지 확인한다.

10 연결에 실패할 경우 오른쪽과 같은 메시지가 출력된다.

접속이 되지 않을 경우 확인 사항

❶ TM 모듈의 주파수가 동일 대역인지 확인한다.
❷ TM 모듈의 LED 상태를 확인한다.
❸ COM 포트를 변경해 가면서 접속을 시도한다.
❹ TM 모듈과 픽스호크의 거리를 좁혀본다.
❺ 배터리 전압을 확인해 저전압일 경우 교체한다.
❻ TM 모듈을 양쪽 모두 초기화해본다.

이로써 픽스호크를 학습하기 위한 기본 도구의 준비가 완료됐다고 볼 수 있다. 다음 장에서는 독자가 제작한 픽스호크 드론이 날기 위한 소프트웨어 설정을 진행해보자.

Chapter

2 기본 설정

픽스호크를 학습하기 위한 하드웨어 도구와 소프트웨어 준비를 마친 상태다. 지금부터는 픽스호크 드론을 이륙시키기 위한 기초 설정을 진행한다. 특히, 정확한 교정(Calibration)에 대한 지식 습득에 집중한다.

 1 프레임 클래스 및 유형 설정

픽스호크 펌웨어 중 3.5 버전 이상부터는 설정하면서 원하는 기체 유형을 정해 펌웨어를 받았다고 하더라도 세부적으로 'Frame Class'와 'Type'을 다시 한번 확인해야 한다. 그렇지 않으면 매개변수와 프레임 유형의 일치를 픽스호크가 확인할 수 없다고 판단하고 지속적으로 경고를 표시한다. 본문에서는 DJI F450을 조립했으므로 이에 맞는 설정을 진행해본다.

1 DJI F450 설정

01 미션 플래너에서 [INITIAL SETUP] → [Mandatory Hardware] → 'Frame Type' 탭 순으로 클릭하면 클래스 및 유형 설정 화면으로 진입한다.

02 클래스 설정에서 [Quad]를 선택하면 하위 메뉴가 활성화된다.

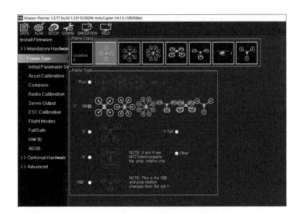

03 활성화된 타입 중 [X]를 선택한다.

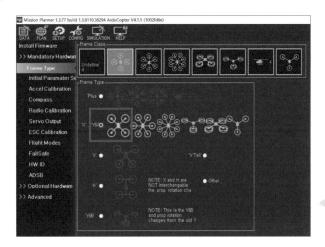

> 프레임 타입 및 프레임 클래스를 설정 후 반드시 Pixhawk를 재부팅해야 Servo Output 및 Flight Mode가 기본값으로 설정된다.

04 [INITIAL SETUP] → [Optional Hardware] → [Frame Type-Motor Test]를 클릭한다.

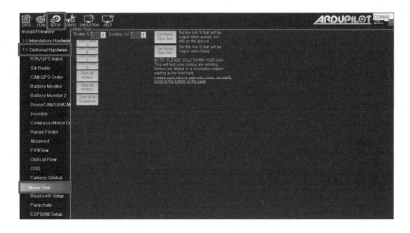

05 'Test Motor' 항목이 설정한 기체에 유형에 따라 표기돼야 정상적인 설정이다(圖 쿼드: A. B. C. D, 옥토: A. B. C. D. E. F. G)

② 초기 파라미터 설정(Initial Paramater Setup)

미션플래너의 최신 버전에 'Initial Paramater Setup' 기능이 추가되어 콥터의 프로펠러 인치를 기준으로 롤, 피치, 요에 대한 가속 값과 필터 등에 대한 매개변수를 자동으로 계산할 수 있다.

❶ 좌측 [Initial Parameter Setup]을 클릭한다.

❷ 'Airscrew size in inch'에 프로펠러의 인치를 입력한다.

❸ 'Battery cellcount'에 사용되는 배터리 셀을 입력한다.

❹ 'Battery cell fully charged voltage'에 1셀의 대한 완충전압을 입력한다.

❺ 'Battery cell fully discharged voltage'에 1셀의 대한 최대 사용전압을 입력한다.

❻ 'Battery Chemistry'에 사용되는 배터리의 종류를 선택한다.

❼ 'Calculate Initial Parameters'를 클릭한다.

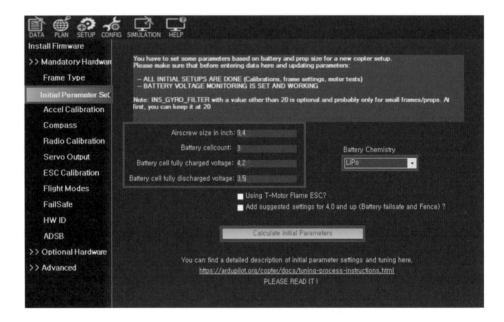

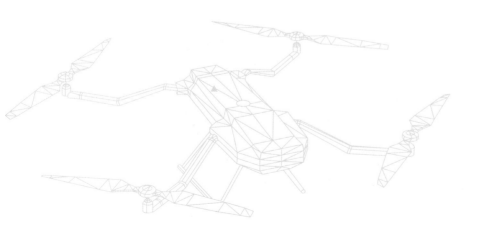

❽ ParamCompare 창에서 적용할 New Value 값을 확인 후 Use 체크 또는 해제를 한 뒤 아래 [Write to FC]를 클릭하여 저장한다.

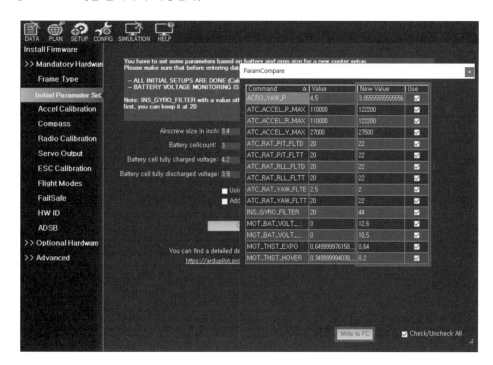

❾ 정상적으로 저장이 되면 [OK]를 선택해 설정을 확인한다.

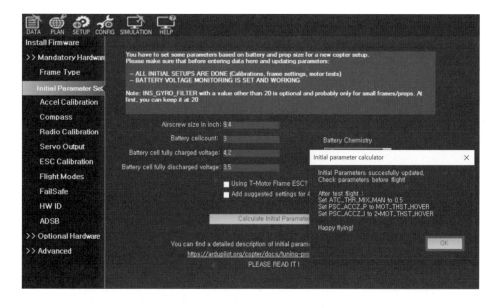

2 가속도계 교정

픽스호크는 펌웨어를 새로 올린 후 항상 가속도계를 다시 교정해야 하는데, 가속도계가 올바르게 교정되지 않으면 GPS를 사용하지 않는 비행 모드에서 특정 방향으로 계속 흐르는 현상이 발생하며, 교정을 완료하지 않으면 시동이 걸리지 않는다.

tip 가속도계 교정

❶ 원활한 교정을 위해 텔레메트리를 사용해 연결한다.
❷ 평평한 곳을 찾되 너무 집착하지 않는다. 책상 정도면 충분하다.
❸ 기체에 조립이 돼 있는 상태라도 상관없다.
❹ 물방울 수평계를 활용하면 더욱 좋은 교정을 할 수 있다.
❺ 정밀한 교정을 위해 한 가지 자세에서 시간을 너무 많이 지체하면 오히려 실패할 확률이 높다.
❻ 미션 플래너의 음성 안내 멘트에 주목하면서 진행한다.

◀ 필자가 실제 사용하는 수평계. 고가의 수평계를 준비할 필요는 없다.

1 가속도계 교정(Accelerometer Calibration) 방법

❶ 평평한 곳을 찾아 기체 또는 픽스호크를 올려둔다.

❷ 텔레메트리를 사용해 미션 플래너와 기체를 연결한다.

❸ 미션 플래너 메뉴 중 [SETUP] → [Mandatory Hardware] → [Accelerometer alibration]을 클릭해 교정 메뉴로 진입한다.

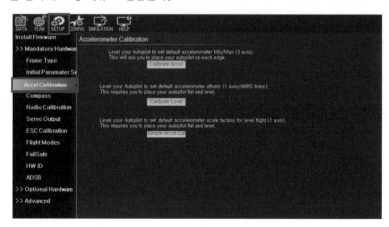

❹ [Accel Calibarate]을 클릭해 교정을 시작한다.

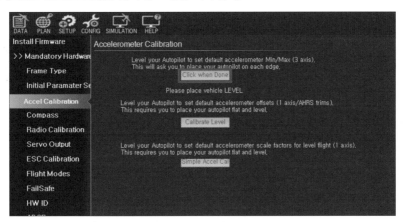

❺ 메뉴 하단의 텍스트 또는 안내 음성에 따라 교정을 진행한다.

<u>01</u>   기체 또는 픽스호크를 수평으로 두고 키보드의 아무 버튼이나 클릭한다.

<u>02</u>   기체 또는 픽스호크를 왼쪽으로 기울이고 키보드의 아무 버튼이나 클릭한다.

<u>03</u>   기체 또는 픽스호크를 오른쪽으로 기울이고 키보드의 아무 버튼이나 클릭한다.

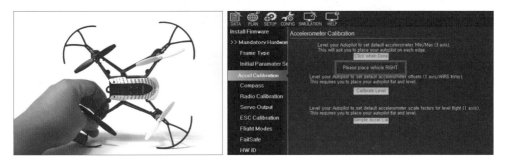

04 기체 또는 픽스호크의 전방을 아래로 향하게 놓고 키보드의 아무 버튼이나 클릭한다.

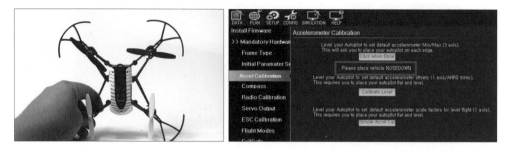

05 기체 또는 픽스호크의 전방을 위로 향하게 놓고 키보드의 아무 버튼이나 클릭한다.

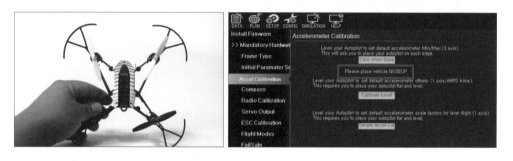

06 기체 또는 픽스호크를 뒤집어 놓고 키보드의 아무 버튼이나 클릭한다.

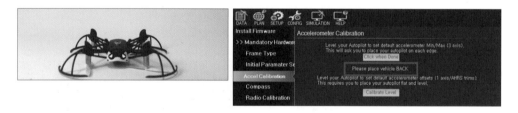

07 다음과 같은 문구가 출력되면 가속도계 교정을 완료한다.

QR 08_가속도계 교정

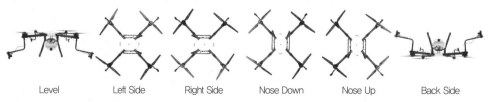

| Level | Left Side | Right Side | Nose Down | Nose Up | Back Side |

▲ 가속도계 교정 한눈에 보기

3 컴퍼스 교정

'Compass Calibration(컴퍼스교정)'은 지구 자기장을 활용해 방위를 구하는 작업으로, 이를 제대로 수행하지 않을 경우 비행체가 갑자기 엉뚱한 방향으로 돌진하거나 요(Yaw)축 사용 시 일명 토일렛 볼링(Toilet Bowling, 변기의 물처럼 빙글거리며 하강하는 현상) 현상이 발생한다. 또한 이륙 전 컴퍼스 교정에 문제가 발견될 경우 시동 자체가 걸리지 않는다. 또한 이를 수행하기 전 가속도계 교정을 반드시 완료하고 진행하는 것을 권장한다.

 컴퍼스 교정 준비

❶ 텔레메트리 모듈로 미션 플래너와 기체를 연결한다.
❷ 내부 컴퍼스보다는 GPS에 달린 외부 컴퍼스를 사용한다(Compass #1).
❸ 교정 전 자신의 몸에 있는 쇠붙이, 차량용 스마트키 등을 제거한다.
❹ 기체의 부착물은 모두 견고하게 고정한다.
❺ 실내보다는 실외에서 진행한다.
❻ 교정 후 오프셋 값의 합은 작을수록 좋다.

1 컴퍼스 교정 방법

01 정북 방향을 확인한 후 기수를 북쪽으로 향하게 한다.

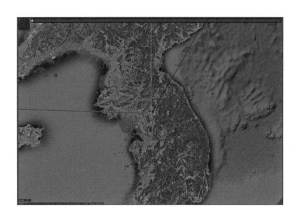

02 미션 플래너의 [INITIAL SETUP] → [Mandatory Hardware] → [Compass]로 이동한다.

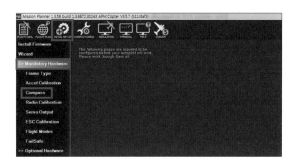

03 Compass #2, Compass #3의 탭을 선택
해제한다.

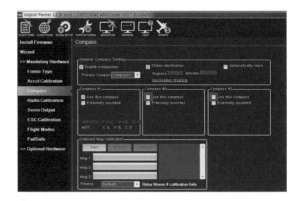

04 Compass #1의 'Externally Mounted'
항목을 선택한다.

05 [Onboard Mag Calibration] 의 [Fitness]를
[Strict]로 변경한다.

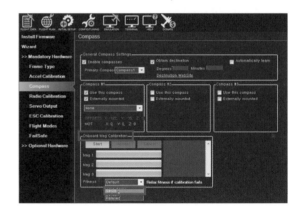

06 [Onboard Mag Calibration]의 Start 버튼을 클릭해 교정을 시작한다. 이때 짧은 경고음이 지속적
으로 발생하면 기체를 들고 각 자세당 오른쪽으로 두세 바퀴 정도 회전하며 교정을 진행한다.

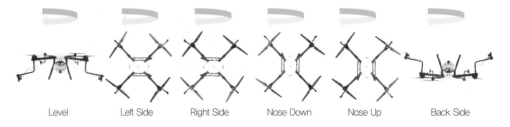

Level   Left Side   Right Side   Nose Down   Nose Up   Back Side

07 진행이 시작되면 'Onboard Mag Calibration'에 해당 컴퍼스의 교정 상태가 그래프와 수치로 표시되기 시작한다(그림 참고).

08 기체를 중심으로 각 축의 교정을 시작한다.

▲ 기체를 중심으로 축을 회전시키는 것이 중요하다.

09 진행이 완료되고 각 축의 오프셋 값이 표기되면 교정을 종료한다.

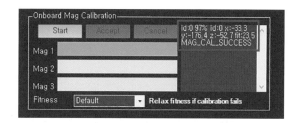

10 교정이 완료되면 픽스호크를 재부팅하라는 메시지가 나타난다. OK 버튼을 클릭한다.

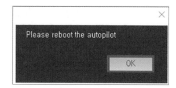

11 Ctrl + F 를 눌러 미션 플래너의 숨겨진 메뉴를 불러온 후 'reboot pixhawk'를 클릭해 재부팅한다.

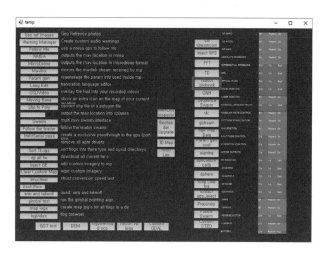

12 ⬛Yes⬛ 버튼을 클릭하면 픽스호크가 재부팅된다.

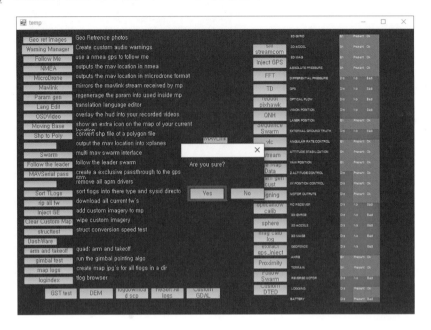

13 재부팅한 후 컴퍼스의 오프셋 값을 확인한다. 합이 600 미만인지 확인하고, 600 이상일 경우 장소를 바꿔 다시 처음부터 진행한다.

QR 09_지자계 교정

2 Large Vehicle MagCal 기능 사용법

앞서 언급한 'Compass Calibration' 방식은 여러 축에 대하여 직접 회전을 해야 하기에 대형 기체 등에 적용하기에는 무리가 있다. 최선의 방식은 FC와 지자계를 사전에 매칭하여, 기체에 장착하기 전 교정을 끝내는 것이 좋지만, 그렇지 못하는 경우가 발생한다. 이러한 경우를 'Large Vehicle MagCal'이라는 기능을 사용하여 기체를 직접 회전시키지 않고 보다 손쉽게 지자계 교정이 가능하다.

01 'Compass' 탭의 [Large Vehicle MagCal] 버튼을 클릭한다.

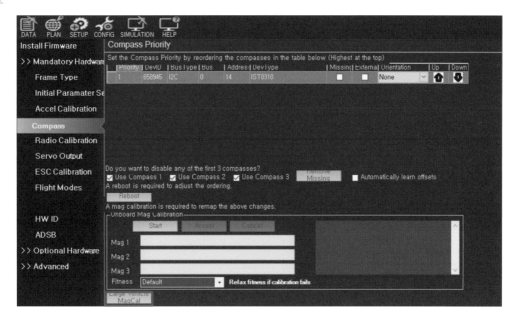

02 'MagCal Yaw' 창이 활성화되면 현재 지자계의 방위각을 수치로 입력 후 [OK] 버튼을 클릭하여 완료한다. 입력 수치는 스마트 폰이나, 전자 나침반 등을 활용하도록 한다.
이 때 주의할 것은 반드시 GPS가 충분히 수신된 '3D Fix' 이상의 상태가 되어 있어야 하며, FC 내부의 지자계와 교정하려는 외부 지자계의 의 정북 방향이 하드웨어적으로 일치해야 한다. 이를 지키지 않는다 하여도 입력이 불가능 한 것은 아니지만, 추후 비행 중 오류 발생의 소지가 있다.

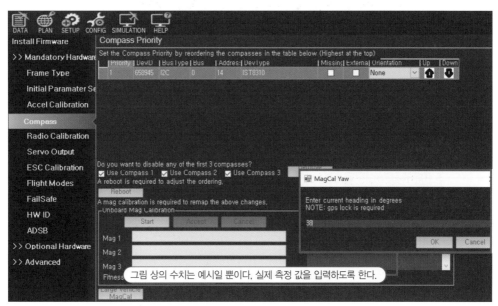

그림 상의 수치는 예시일 뿐이다, 실제 측정 값을 입력하도록 한다.

4 라디오 교정

픽스호크는 RC 송신기의 스틱을 사용해 시동을 'On' 또는 'Off'할 수 있다. 이때 라디오 교정 (Radio Calibration)이 정확히 되지 않으면 시동뿐 아니라 비행 모드 변경과 같은 기능들을 사용할 수 없다. 정확한 교정을 통해 픽스호크에 자신의 송신기 값을 알려주는 것이 중요하며, 조종사가 원하는 방향으로 기체를 움직이기 위해서는 교정이 필수다.

> **tip 라디오 교정 시 참고 사항**
>
> ❶ USB 케이블을 통해 미션 플래너와 연결한다(좀 더 빠른 교정이 가능).
> ❷ 송신기와 수신기를 미리 바인딩(Binding)한다.
> ❸ 송신기의 모든 값은 초기화 상태로 돌린다.
> ❹ 14개의 채널을 지원하므로 송신기의 메뉴에서 14ch의 기능을 활성화한다.
> ❺ 교정 후 최솟값은 '1100', 최댓값은 '1900±39'를 유지한다.

1 라디오 교정 방법

01 조종기의 전원을 'ON'한 상태에서 미션 플래너와 픽스호크를 연결한다.

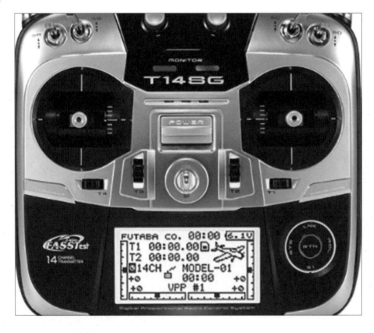

02 미션 플래너의 [INITIAL SETUP] → [Mandatory Hardware] → [Radio Calibration] 탭으로 이동한다.

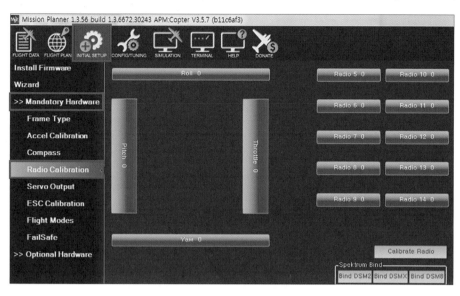

03 정상적으로 연결됐을 때는 다음과 같은 녹색 그래프 화면이 보인다.

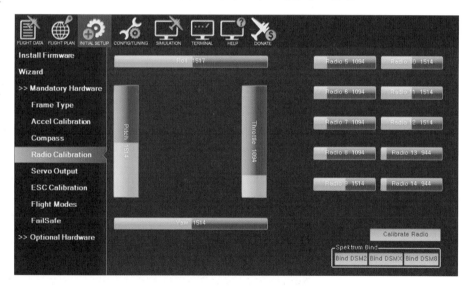

04 Calibrate Radio 버튼을 클릭해 교정을 시작한다.

05 다음과 같은 문구가 나타나면서 라디오 교정이 시작된다. ░OK░ 버튼을 클릭해 진행한다.

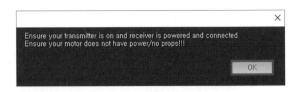

06 ░OK░ 를 클릭하고 모든 RC 스틱을 최대한 움직여 붉은색 선이 한계에 이르게 한다"라는 메시지가 나타난다. ░OK░ 를 클릭해 진행한다.

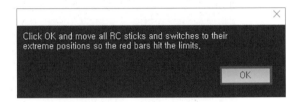

07 스틱을 너무 과도하게 밀지 말고, 스틱을 치는 것처럼 부드럽게 교정한다.

08 교정이 진행되는 채널은 빨간색 그래프가 움직이면서 최댓값과 최솟값을 표시한다.

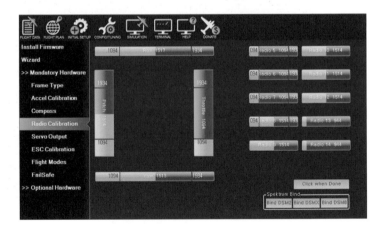

09 채널 교정이 모두 완료되면 우측 하단의 ░Click when Done░ 을 클릭한다.

10 "모든 스틱을 확실하게 중립에 놓고 스로틀은 아래로 위치시킨 뒤 ░OK░ 를 클릭해 계속 진행한다."라는 메시지가 나타난다. ░OK░ 를 클릭한다.

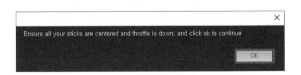

11 정상적인 교정이 완료되면 각 채널의 최솟값과 최댓값을 안내한다. 이를 확인한 후 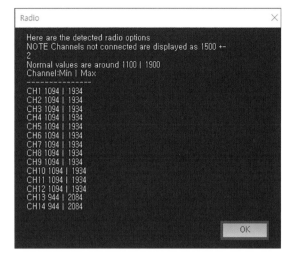 버튼을 클릭해 종료한다.

QR 10_라디오 교정

5 변속기 교정

드론뿐만 아니라 모든 RC(Radio Control)는 송·수신 장치의 최댓값과 최솟값을 모터 변속기 등과 일치시켜야 한다. 이 값이 정확히 인식되지 않으면 픽스호크는 스스로 이륙을 허가하지 않으며 이를 무시하고 강제적인 비행을 할 때에는 각종 사고의 위험성이 높아진다.

 변속기 교정 시 항상 프로펠러를 먼저 제거해야 한다
변속기 교정의 경우 정상 교정 여부를 스로틀(Throttle) 스틱을 최댓값까지 올리면서 확인해야 하므로 모터의 회전이 필수적이다. 가령 아무리 작은 300급 이하의 드론이라 하더라도 모터가 최대 속력으로 회전 시 프로펠러가 장착돼 있으면 성인 남성이 한손으로 통제할 수 없을 정도로 힘이 강하다. 필자는 이런 경우를 1미터(m)도 안 되는 가까운 거리에서 직접 목격했는데 당시 서너 명이 부상을 당할 수 있는 상황이었다. 아무리 작은 기체라도 프로펠러를 장착한 상태에서 교정을 시도하면 안 된다.

 변속기 교정 한눈에 보기

❶ 프로펠러 제거
❷ 스로틀 스틱을 최대로 올린 후 전원 연결
❸ 음성 메시지 확인한 후 전원 분리
❹ 전원 재연결
❺ 안전 스위치 3초 이상 길게 누르기
❻ 변속기 High 위치 인식 비프음 확인
❼ 스로틀 스틱을 최하로 내린 후 변속기 Low 위치 인식 비프음 확인
❽ 배터리 분리

1 변속기 교정 순서

01 컴퓨터의 스피커에서 소리가 나는지 확인한 후 미션 플래너와 기체를 연결한다.

02 송신기의 스로틀 스틱을 최대로 올린 상태로 픽스호크의 전원을 연결한다.

03 미션 플래너가 "ESC Calibration Restart Board"라는 안내 메시지를 음성으로 들려준다. 픽스호크의 한쪽 LED가 '적색, 청색, 녹색'으로 바뀌면서 점멸된다.

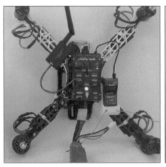

04 송신기의 스틱은 최대로 유지한 채 픽스호크의 전원을 분리한다.

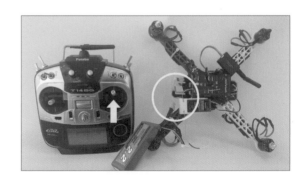

05 송신기의 스틱을 최대로 유지한 채 픽스
호크의 전원을 다시 연결한다.

06 안전 스위치의 버튼을 길게 클릭해 해제
한다.

07 안전 스위치 해제와 동시에 변속기에서
비프음이 들리면 스로틀 스틱을 최하
단부로 내린다.

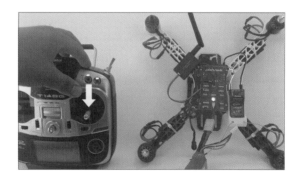

08 변속기의 Low 인식 비프음이 들리면 스
틱을 서서히 최대로 올려본다. 이때 모든
모터가 같은 속도로 반응해야 한다.

09 모터의 반응이 모두 같으면 전원을 분리한다.

QR 11_ESC 교정

---

6 모터 배열 및 회전 방향 확인

픽스호크는 클래스 및 프레임 유형별 고유 모터 번호와 회전 방향이 있다. 이는 매개변수와 맞물려 기체를 통제하는 데 매우 중요한 역할을 한다. 모터의 회전 방향과 순서 중 하나라도 바뀔 경우 기체는 이륙하지 못하고 전복되거나 추락할 수 있으므로 꼼꼼하게 확인해야 한다.

> **tip**
>
> **모터 배열 확인**
>
> ❶ 시작 전 항상 프로펠러를 제거해야 한다.
> ❷ 텔레메트리를 사용해 미션 플래너와 연결한다.
> ❸ 픽스호크는 오른쪽 또는 전방이 항상 Test Motor A이다.
> ❹ A를 기준으로 항상 시계 방향의 순서를 가진다(A, B, C, D).
> ❺ 프레임 타입별로 ABCD가 나와야 한다(예 쿼드: ABCD, 옥토: ABCDEFG).
> ❻ 본인의 모터 수량보다 많은 알파벳이 보일 경우, 프레임 설정이 잘못된 것이다.
> ❼ 'Mandatory Hardware' 탭을 닫은 후 [Optional Hardware]를 열어야 'Motor Test' 항목이 보인다(저해상도 모니터의 경우).

1 모터 배열 확인

확인 전 반드시 프로펠러를 제거해야 한다.

01 기체의 프로펠러를 모두 제거한 후 텔레메트리를 사용해 미션 플래너와 연결한다.

02 [INITIAL SETUP] → [Optional Hardware] → [Motor Test] 순으로 클릭한다.

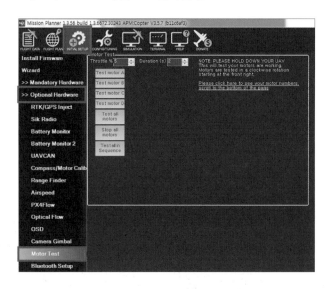

03 현재 쿼드 프레임으로 선택한 상태이므로 A, B, C, D까지 보이는지 확인한다.

04 Throttle %를 '10'까지 올린다.

05 A, B, C, D 순으로 클릭하면서 배열을 확인한다. 이때 회전 방향은 무시한다.

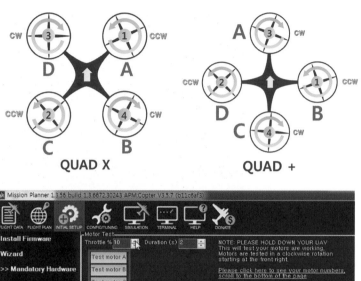

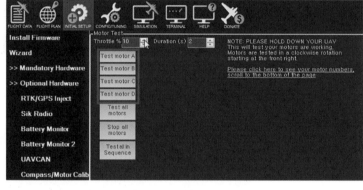

06 배열이 맞지 않는 경우 그림을 참고해 다시 서보 레일의 순서를 맞춘다.

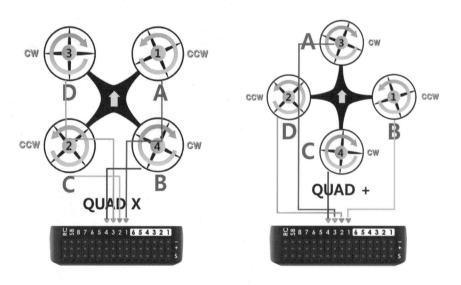

❷ 모터 회전 방향 확인

모터 테스트를 통해 모터의 회전 방향을 확인했는데 방향이 맞지 않는다면 모터와 변속기(ESC)를 연결하는 선을 바꾸면서 회전 방향을 맞춰야 한다.

회전 방향 수정 및 확인

❶ 무(無)브러시 모터의 경우, 3선 중 2선만 배열이 바뀌어도 회전 방향이 바뀐다.

❷ 변경 후에는 반드시 다시 회전 방향을 확인해야 한다.

❸ 프로펠러 대신 얇은 종이테이프 등을 붙여놓으면 방향을 더 쉽게 확인할 수 있다.

01 프로펠러를 제거한 모터에 종이테이프 등을 붙인다.

PART

2

02 A, B, C, D 순으로 모터의 회전 방향을 확인한다.

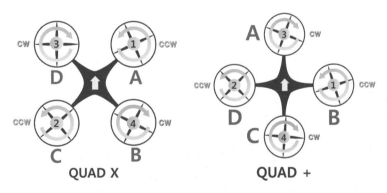

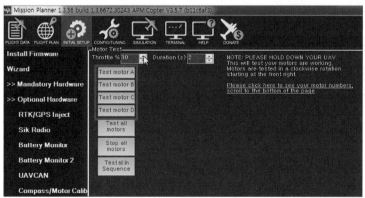

03 회전 방향이 맞지 않을 경우, 해당 모터의 변속기 연결선 중 두 가닥을 분리한다.

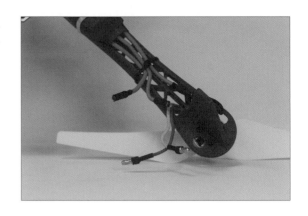

04 두 가닥의 선을 서로 교차해 연결한다.

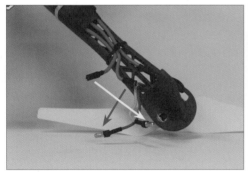 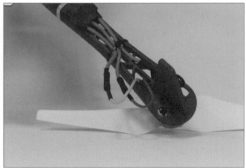

05 다시 `Test motor A` 버튼을 클릭해 모터의 회전 방향이 정확한지 확인한다.

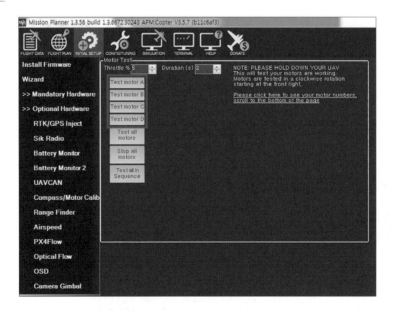

3 세부 설정

Chapter 2의 기본 설정이 픽스호크의 이륙에 필요한 최소 요건 설정이었다면 이 장에서는 필수가 아닌 제작 목적에 따른 추가 기능의 설정에 대해 다룬다. 필수 기능이 아니더라도 안전한 비행을 위해 반드시 숙지해야 하며 이러한 설정을 통해 픽스호크가 고가의 다른 FC에 버금가는 뛰어난 확장성을 갖추게 된다.

1 파워 모듈 전압 보정

픽스호크는 파워 모듈을 통해 전압 및 전류를 측정할 수 있다. 이는 비행 시 상당한 도움이 되는데, 올바르게 설정되면 안전한 비행은 물론 조종사의 실수를 줄여 추락 위험을 낮출 수 있다.

파워 모듈 기능 정리

❶ 픽스호크에 5.27~5.37V와 2.25A의 안정화된 전원을 공급한다.

❷ 배터리 전압(V) 및 전류(A)를 모니터링할 수 있다.

❸ 비행 중 소비되는 전력을 모니터링할 수 있다.

❹ 위의 정보로 배터리의 용량을 확인해 자동 복귀할 수 있다.

❺ 동력원에 의한 컴퍼스 간섭을 정확하게 교정할 수 있다.

❻ 동력원의 전력 변화에 따른 RPM을 보정하면 좀 더 안정적인 고도를 유지할 수 있다.

① 설정을 위한 재료 준비

01 전압 측정용 테스터나 와트미터(Watt Meter)를 준비한다.

02 각기 다른 전압의 배터리 2개를 준비한다.

❷ 전압의 보정

01 기체를 텔레메트리를 통해 미션 플래너와 연결한다.

02 미션 플래너의 [INITIAL SETUP] → [Optional Hardware] → [Battery Monitor] 순으로 클릭한다.

03 'Monitor' 항목을 'Battery Volts'로 변경한다.

04 'APM' 항목을 'The Cube or Pixhawk'로 변경한다.

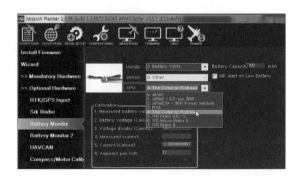

05 설정값의 저장이 확인되면 배터리를
분리해 픽스호크를 재부팅한다.

06 다시 배터리를 결합한 후 'Flight
Data' 탭으로 이동해 'HUD' 창에 'Bat
00.00v'가 표시되는지 확인한다.

07 [Battery Monitor] 메뉴로 돌아가 설정
값이 저장됐는지 확인한다.

08 각기 다른 전압의 배터리 2개를 준비해 정확도가 인정되는 측정 장치로 각 배터리의 전압을 측
정한다.

09 다시 기체에 전원을 연결한 후 미션 플래너의 [INITIAL SETUP] → [Optional Hardware] → [Battery Monitor] 순으로 이동해 'Battery voltage(Calced)'의 전압을 확인한다.

10 이를 센서가 감지하는 데 시간이 걸릴 수 있으므로 5 ~ 10분 정도 연결 상태를 유지하며 전압 변화를 지켜본다.

11 'Battery voltage(Calced)'의 전압이 테스터기의 측정 전압과 0.1V 이상 차이가 발생할 경우 'Measured battery voltage' 항목에 테스터기의 측정치를 입력한다.

12 측정치를 입력한 후 'Calibration' 창의 4~6번 중 하나를 클릭하면 'Battery voltage(Calced)'의 값이 변화한다.

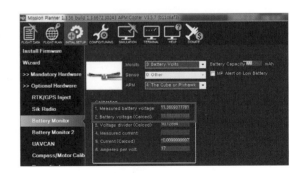

13 미션 플래너의 'Flight DATA' 탭을 클릭해 HUD 창의 전압이 테스터기의 측정 전압과 0.2V 이상 차이가 나는지 확인한다.

 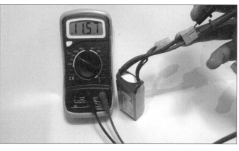

14 정상 동작 여부를 확인하기 전 연결된 배터리를 분리한 후 준비된 다른 전압의 배터리를 연결해 'HUD' 창의 전압이 배터리와 일치하는지 확인한다.

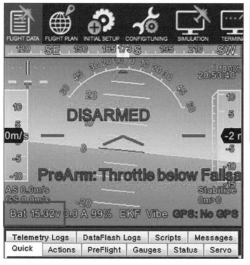 

15 정확한 전압이 확인되면 전압 교정을 종료한다.

2 파워 모듈 전류 교정

전류 교정에서는 어떤 방식으로든 부하를 걸어 최소 3A 이상의 전류가 흘러야 교정이 가능하고 10A 이상에서 교정해야 가장 정확한 교정을 할 수 있다. 일반적으로 큰 기체도 모터를 돌리지 않으면 10A 이상의 전류 흐름이 불가능하다. 보다 안전한 작업을 위해 드론을 지면에 단단히 고정시키거나 프로펠러를 뒤집어 장착해 이륙을 방지한 상태에서 부하를 적용해야 한다. 본문에서는 프로펠러를 뒤집어 장착하고 부하를 적용하는 방법을 설명한다.

▲ 전류 교정용 'RC 와트미터'

 안전한 전류 교정

❶ 텔레메트리를 사용해 미션 플래너와 연결한다.

❷ 프로펠러를 목재나 연성 재질로 준비한다.

❸ 프로펠러를 교차한 후 뒤집어 장착해 양력과 추력이 역으로 발생하도록 한다.

❹ 실내에서 진행할 경우 'Arm Check' 항목의 'all'을 선택 해제한다.

❺ 'STB' 모드에서 진행한다.

❻ 스로틀 스틱을 조금씩 움직여 10A 이상으로만 유지한다.

1 전류 교정

01 양력과 추력이 위로 발생하도록 프로펠러를 좌우로 교차해 역방향으로 결합한 후 기체를 바닥에 단단히 고정한다.

02 '와트미터'를 통해 전원을 공급하고 LCD 창의 정보를 확인한다.

03 미션 플래너 연결 후 'FLIGHT DATA' 탭으로 이동해 'HUD' 창의 비행 모드가 'Stabilize' 모드인지 확인한다.

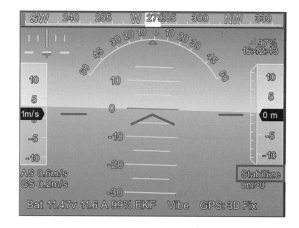

04 [INITIAL SETUP] → [Optional Hardware] → [Battery Monitor] 탭으로 이동한다.

05 'Monitor' 항목의 내림 버튼을 '4. Voltage and Current'로 변경한다.

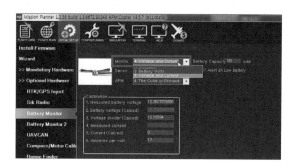

06 배터리를 분리/재결합해 픽스호크를
재부팅한다.

07 미션 플래너의 [INITIAL SETUP] → [Op-
tional Hardware] → [Battery Monitor] 항목
을 열어 **06**번 항의 'Amperes per volt' 수
치를 확인한다.

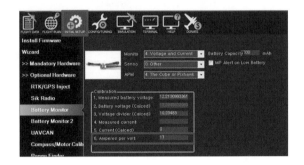

08 미션 플래너의 'FLIGHT DATA'와 HUD 창에서 표시되는 A(Ampere)의 수치와 '와트미터'의 현
재 수치와 비교해보면 일치하지 않는다는 것을 알 수 있다. 앞서 언급한 바와 같이 10A 이하 전
류에서는 그 수치가 정확하지 않기 때문에 부하를 적용해야 한다.

09 안전 스위치를 길게 클릭해 시동 준비
를 한다.

10 스로틀 스틱을 최하단으로 내린 상태에서 요(Yaw)를 오른쪽으로 끝까지 5초 이상 밀어 시동을 건다.

▲ Mode 1(시동)

▲ Mode 2(시동)

11 '삐~' 하는 비프음과 함께 시동(Arm) 상태가 되며 프로펠러가 회전하기 시작하면 '와트미터'에
전류가 10A 이상이 되도록 스로틀 스틱을 올린다.

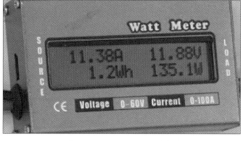

12 미션 플래너의 [INITIAL SETUP] →
[Optional Hardware] → [Battery
Monitor] 항목을 열어 5번 항의 'Current'
수치를 계측된 A(Amere)와 비교한다.

13 측정값이 낮으면 'Amperes per volt'를 높이고, 높으면 'Amperes per volt'를 낮추면서 교정을
진행한다. 이때 소수점 둘째 자리까지 설정하면서 그 값을 세밀하게 조절하고 다시 확인하는 것
을 반복한다.

14 'Amperes per volt'의 수치를 조절한 후에는 반드시 '[FLIGHT DATA] → [Status]' 탭의
'Current' 수치를 확인한다.

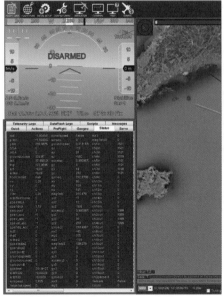
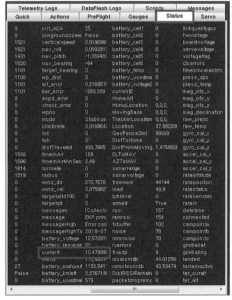

15 13, 14의 과정을 계속 반복하면서 계측기와 미션 플래너의 측정값을 일치시킨다.

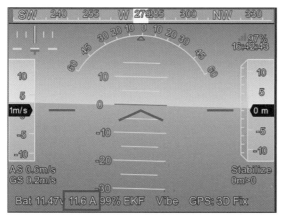

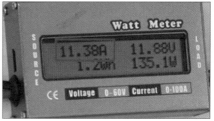

16 교정이 완료되면 스로틀 스틱을 최하단으로 내린 상태에서 요(Yaw)를 왼쪽으로 끝까지 2초 이상 밀어 시동을 끈다.

▲ Mode 1(시동 정지)

▲ Mode 2(시동 정지)

17 배터리 분리 후 프로펠러를 정확하게 재장착한다.

3 비행 모드 설정

픽스호크는 매우 다양한 비행 모드를 지원하며 이는 기체의 형태별로 구분된다. 이중 멀티콥터용 비행 모드는 20가지 정도이며 현재도 계속 개발 및 추가되고 있다. 미션 플래너를 통한 비행 모드 설정 및 실비행을 해본다.

 픽스호크 멀티콥터 비행 모드

GPS 비행 모드	Non-GPS 비행 모드	세팅 및 보조 모드
Loiter	Stabilize	AutoTune
RTL(Return-to-Launch)	Alt Hold	Brake
Auto	Acro	Simple and Super Simple
Guided	Sport	Smart RTL(Return-to-Launch)
Drift	Land	Save trim
PosHold	Flip	Fence
Follow Me		Sprayer
Circle		Motor Emergency Stop
Smart RTL(Return-to-Launch)		Gripper
Throw		Motor Interlock
Brake		Save trim

1 조종기의 비행 모드 설정

01 미션 플래너의 [INITIAL SETUP] → [Radio Calibration] 탭으로 이동해 Ch5번이 송신기의 어느 키에 할당돼 있는지 확인한다.

02 [CONFIG/TUNING] → [Flight Modes] 탭을 클릭한다.

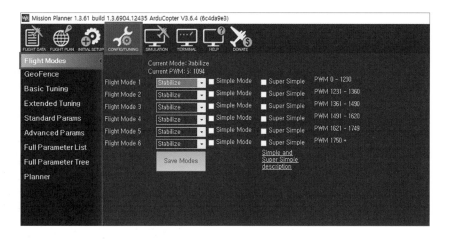

03 송신기의 Ch5를 움직여 보면서 설정 위치를 확인한다.

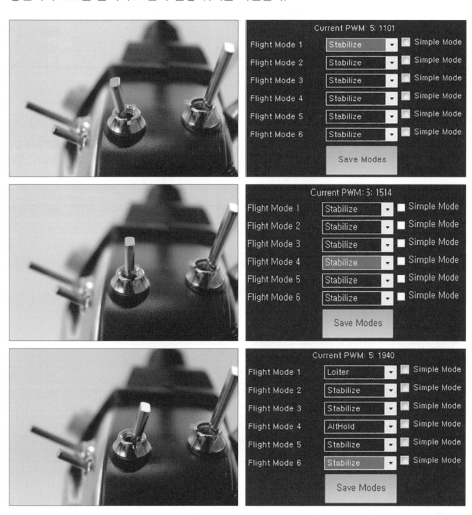

04 확인된 위치를 다음과 같은 모드로 각각 변경한다.

- Loiter(위치 고정 모드)
- AltHold(고도 유지 모드)
- Land(착륙 모드)

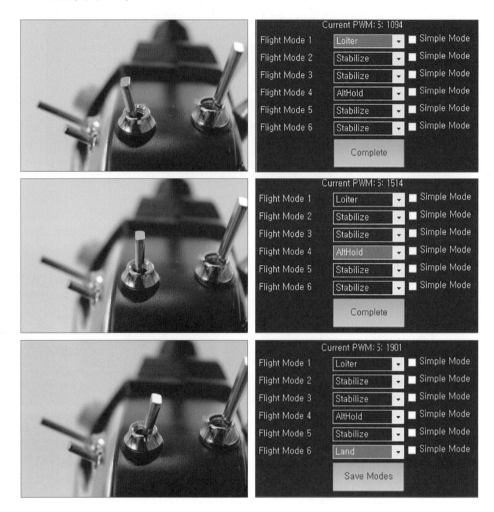

05 Save Modes 를 클릭해 저장한다.

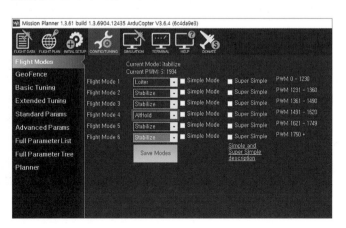

<u>06</u> 'Complete'으로 변경되며 모드가 저장된 후 모드 변경이 정상적으로 수행됐는지를 확인하기 위해 조종기의 토글 스위치를 조작해본다. 정상적으로 설정된 경우 픽스호크 스피커에서 "삐~" 하는 짧은 비프음이 나면서 모드가 변경되며 미션 플래너에서 "Mode change ~"라는 안내 음성이 나온다.

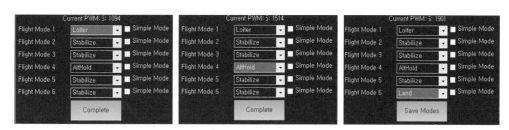

4 라디오 페일세이프 설정 방식

픽스호크는 비행 시 돌발 상황으로 인한 추락 및 파손을 방지하기 위해 소프트웨어적인 안전장치를 제공한다. 이는 비상 상황 발생 시 기체를 안전하게 출발 위치로 복귀시킬 수 있는 최후의 수단이므로 항상 기능을 활성화하고 비행을 시도해야 한다.

1 라디오 페일세이프 설정

라디오 페일세이프는 크게 두 가지 방식으로 나뉜다.

❶ PWM 신호 중 '스로틀' 최솟값을 활용한 설정
❷ PWM 신호를 이용한 '비행 모드' 변경에 의한 설정

이 방식 중 ❷번 방식을 사용하려면 RC 수신기(Receiver)가 반드시 페일세이프를 지원해야 한다.

페일세이프 조건 성립 시 수행 조건 항목 설명

❶ Enabled always RTL: 조건이 성립되면 항상 RTL을 실행한다.
❷ Enabled Continue With Mission in: 미션이 수행 중이라면 미션을 계속 수행한다.
❸ Enabled Always Land: 조건이 성립되면 항상 그 자리에 착륙한다.

❶ '스로틀' 값을 이용한 페일세이프 설정

<u>01</u> 텔레메트리를 사용해 기체와 미션 플래너를 연결한다.

02 송신기의 전원을 'ON' 상태에서 미션 플래너의 [INITIAL SETUP] → [Mandatory Hardware] → [FailSafe] 탭으로 진입한다.

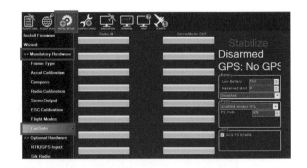

03 'FS Pwm'의 수치를 확인한다. 기본값은 '975'다. 이는 스로틀의 PWM 신호가 '975' 이하일 때 페일세이프를 동작시킨다는 의미다.

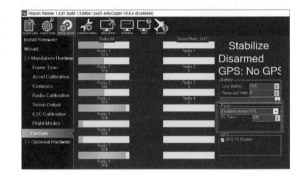

04 'Disabled'를 자신이 원하는 항목으로 변경한다.

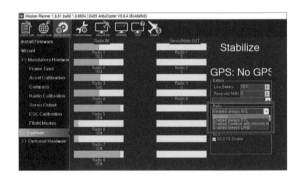

05 'FLIGHT DATA' 탭으로 이동해 HUD 창을 확인한다.

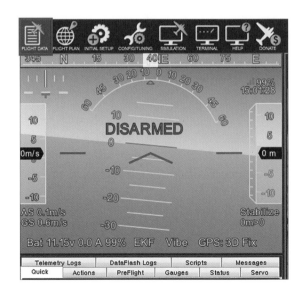

06 픽스호크의 수신기 연결선을 분리한다.

07 'No RC Receiver', 'FAILSAFE'라는 경고가
나타나면 설정이 완료된 것이다.

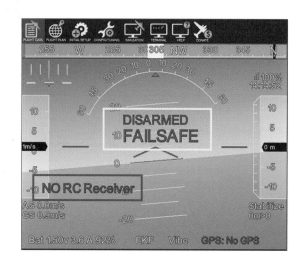

❷ **RC 송신기 고장 시 '페일세이프' 기능 활성화**(7008SB, 14SG 기준)

비행 중 RC 송신기가 고장 나거나 전파 수신 범위를 벗어나더라도 RC 수신기는 일정 값 이상의 신
호를 FC에 전달한다. 이때 수신기가 페일세이프 상황임을 FC에 알려주지 않으면 기체는 페일세이
프 기능을 수행하지 못하는데, 이를 방지하기 위한 설정이다.

01 조종기 메뉴 중 'Fail Safe'로 진입한다.

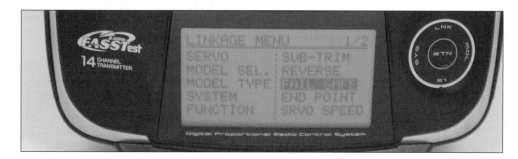

02 미션 플래너의 [INITIAL SETUP] → [Mandatory Hardware] → [FailSafe]로 진입해 Ch3의 PWM 신호값을 확인한다. 이때 스로틀 스틱은 최하단으로 내려야 한다.

03 조종기의 스로틀 스틱을 최하단으로 내린 상태에서 트림 스위치를 내리면 'Radio 3'의 수치가 변하는 것을 볼 수 있다. 이 값이 'FS Pm'의 수치보다 '10' 이상 내려올 때까지 트림을 조정한다.

04 기본값은 '975'이므로 이 값보다 적은 수치가 나올 때까지 조정한다. 이때 트림을 다 내려도 'Radio 3'의 수치가 '975'보다 클 경우 'Fs Pwm' 항목의 값을 올려 조정한다.

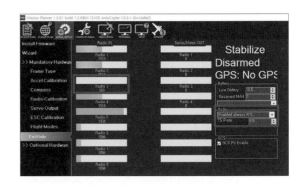

05 송신기의 'RTN'을 1초 이상 눌러 '페일 세이프' 값을 저장한다.

06 트림을 조정해 송신기의 스로틀 스틱 을 다시 중립에 위치시킨다.

07 'Radio 3' 미션 플래너의 'Radio 3'의 수치가 회복됐는지 확인한다.

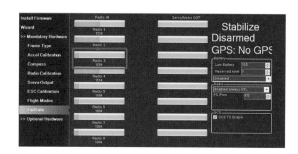

08 송신기의 전원을 끄고 'Radio 3'의 수치가 설정값으로 변경되면 HUD 창에 경고가 나타나는지 확인한다.

배터리 페일세이프 설정

3.4.6v 이후 생성된 펌웨어의 경우 어찌된 일인지 배터리 페일세이프를 지원하지 않는다. 이는 기능이 완전히 사라진 것은 아니다. 최신 미션 플래너와 최신 펌웨어를 사용하는 경우에도 기능은 지원하나 행동에 대한 패턴을 정할 수 없게 되어 있다. 일시적 오류인지 고의적 삭제인지는 파악이 되지 않고 있다. 배터리 페일세이프는 3.4.6v까지만 사용이 가능하며 최신 펌웨어에서는 이를 지원하지 않음을 명심하자.

 배터리 페일세이프 더 안전하게 설정하기

❶ 사용하는 배터리의 용량을 정확히 알고 있어야 한다.

❷ 파워 모듈은 정밀하게 교정해야 한다.　　❸ 항상 복귀할 거리를 계산해 새로 설정해야 한다.

1 배터리 전압으로 페일세이프 설정하기

01 미션 플래너의 [INITIAL SETUP] → [Mandatory Hardware] → [FailSafe] 탭으로 변경한다.

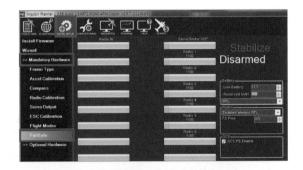

02 'Battery' 항목 중 'Disabled' 항목을 클릭해 'RTL'로 변경한다.

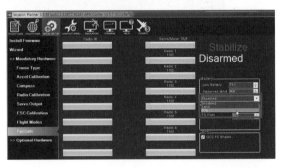

03 'Low Battery' 항목에 배터리 종지 전압을 11.1v로 설정한다.

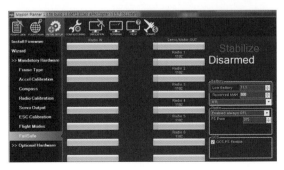

04 아무 탭이나 클릭하면 저장된다.

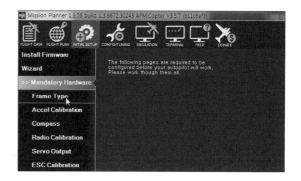

05 'FailSafe' 탭으로 다시 이동해 설정값
이 저장됐는지 확인한다.

2 배터리 용량으로 페일세이프 설정하기

01 미션 플래너의 [INITIAL SETUP] →
[Mandatory Hardware] → [FailSafe]로
이동한다.

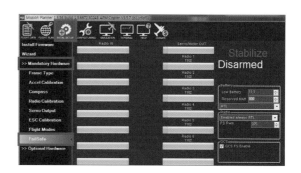

02 'Reserved MAH' 항목에 배터리 용
량의 20% 정도의 수치를 계산해 입
력한다(예: 2,000mah 배터리의 경우
400mah). 이 수치는 비행 목적에 따
라 항상 새로 설정하는 것이 좋다.

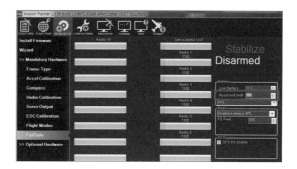

03 아무 탭이나 클릭하면 저장된다.

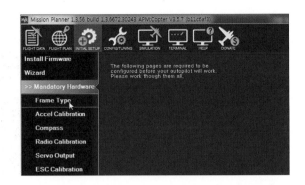

04 'FailSafe' 탭으로 다시 이동해 설정값이
저장됐는지 확인한다.

배터리 페일세이프가 활성화되면

❶ Low Battery 메시지가 GCS의 HUD 창에 표시된다(TM 모듈로 연결돼야 한다).
❷ 픽스호크의 스피커가 설치돼 있다면 큰소리로 버저음("삐삐삐삐삐삐")이 울린다.
❸ LED가 장착돼 있는 경우는 노란색 LED가 빠르게 점멸된다.

 GCS 페일세이프 설정

픽스호크는 RC 송·수신기를 사용하지 않고 '3DR Radio(텔레메트리) + GCS'의 조합으로 비행할
수 있다. 이때 라디오에 대한 'Failsafe'는 설정할 수 없다. 이런 경우 'GCS 페일세이프'를 설정하면
TM 모듈의 연결 상태에 따라 페일세이프를 활성화시킬 수 있다.

GCS 페일세이프의 활성화 조건

❶ TM 모듈을 통해 GCS와 기체가 연결돼 있어야 한다.
❷ GCS와 TM 모듈의 송·수신이 5초 이상 되지 않을 경우 활성화된다.

1 미션 플래너의 GCS 페일세이프 활성화

01 미션 플래너의 [INITIAL SETUP] →
[Mandatory Hardware] → [FailSafe]
메뉴 중 'GCS' 항목의 'GCS FS Enable'
항목을 선택한다.

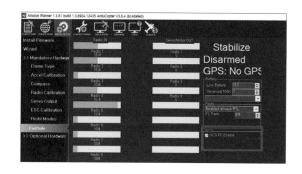

02 GCS 페일세이프 활성 시 행동 조건은
미션 플래너의 고급 매개변수 목록에
서 FS_GCS_ENABLE의 값을 바꿔 조
절할 수 있다(그림 참고).

> 0: 사용 안 함, 1: 항상 RTL을 실행, 2: AUTO
> 모드에서 미션이 수행 중일 때는 계속 미션
> 을 수행

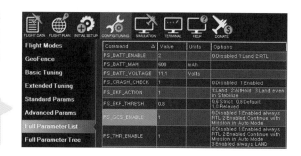

---

7 시험 비행

이제 기본적인 하드웨어와 소프트웨어 설정이 마무리됐다. 이제부터는 직접 비행하면서 세부적
인 설정을 해야 한다. 첫 비행은 초보자 입장에서는 가장 떨리고 신나는 순간이지만 이때가 가장
위험한 순간임을 명심하고 안전에 각별히 주의해야 한다.

tip

성공적인 첫 비행을 위해서는

❶ 지면 효과를 받는 높이(약 1.2m) 이상에서 비행을 실시한다.

❷ 자신 있는 모드에서 비행을 시작한다(픽스호크는 STAB 모드에서의 이륙을 추천하지만 3.4 이후 버전부터는
GPS 사용 모드에서도 이륙할 수 있다).

❸ 바람이 없는 날에 비행한다(일반적으로 오전 5~8시 사이가 가장 좋다).

❹ 송신기 트림은 언제나 중립이어야 한다.

❺ 기체에 배터리를 연결한 후 픽스호크의 부팅이 끝날 때까지는 수평 상태로 움직임이 없어야 한다(FC 및 자
이로를 사용하는 모든 비행체의 기본 조건이다).

❻ 홈 위치로 지정하고자 하는 위치에서 시동을 건다(멀티콥터 펌웨어의 경우 HDOP의 수치가 2.0 이하일 때
이륙한 장소가 'RTL' 장소로 인식된다).

1 이륙 전 준비

❶ 하드웨어 확인

- 조종기 배터리 충전 상태 확인

- 비행체 배터리 확인

- GCS 컴퓨터의 배터리 확인

- 모터의 회전 방향과 프로펠러 방향 확인

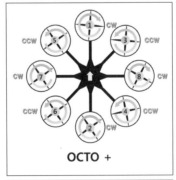

OCTO +

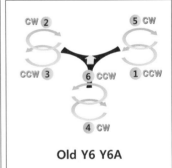

Old Y6 Y6A

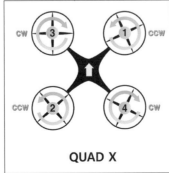

QUAD X

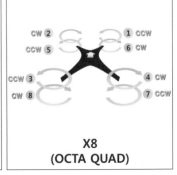

X8
(OCTA QUAD)

❷ 소프트웨어 확인

● 텔레메트리 모듈을 통한 GCS와 기체 연결

당연한 얘기이지만 비행 중 USB케이블을 사용한 기체 상태 모니터링은 불가능하다. 송신기는 기체를 통제하는 역할만 수행하지만 GCS와 연결하면 기체의 상태를 모두 모니터링할 수 있으며 이를 통해 세부적인 튜닝도 가능하므로 반드시 TM 모듈로 컴퓨터와 연결한다. 안드로이드나 태블릿은 모니터는 가능하지만 변숫값을 설정할 수 없기 때문에 첫 단계에서는 반드시 컴퓨터 사용을 권장한다.

● 미션 플래너 HUD 수평계 확인

기체를 평평한 곳에 두고 수평계의 상태를 확인한다. 이때 기체는 어느 정도 평평한 곳에 올라가 있는데 HUD 창의 기울기가 심하게(30° ~ 40° 이상) 기울어 있거나 뒤집혀 있다면 가속도계 교정을 다시 진행해야 한다.

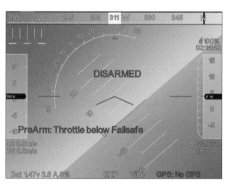

● 페일세이프 확인

① **송신기 페일세이프**: 송신기의 전원을 껐을 때 HUD에 'PreArm: Throttle below Failsafe'라는 문구가 나타나야 한다.

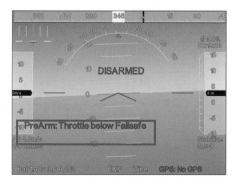

② **배터리 페일세이프**: HUD 창의 'Bat' 항목에 V(전압)과 A(전류)가 표시되는지 그리고 'Battery Failsafe'가 선택돼 있는지 확인한다.

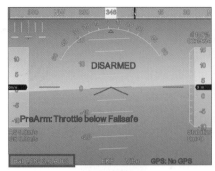
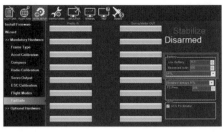

③ 'GCS 페일세이프' 항목이 선택돼 있는지 확인한다.

- GPS 수신율 확인

   ① 'FLIGHT DATA' 오른쪽 하단의 'Sats'(GPS 위성의 개수)를 확인한다.

   ② 'FLIGHT DATA' 오른쪽 하단의 'HDOP'(Horizontal Dilution Of Precision)[1]를 확인한다.

---

[1] HDOP: GPS 천구상의 배치 상태에 따른 정도. 열화를 표시하는 계수로서 수평 측위 결과 정확도를 표시한다. 수신되는 GPS 신호의 수가 아무리 많아도 이 수치가 높으면 위치값을 신뢰할 수 없다는 의미다. 픽스호크는 이 수치가 2.0 이하일 때 이륙해야 'RTL'이 가능하다.

③ 'FLIGHT DATA' 왼쪽 하단의 'Status' 탭을 클릭해 'gpsstatus' 수치가 1 이상인지 확인한다.

이 수치의 최댓값은 3이다.

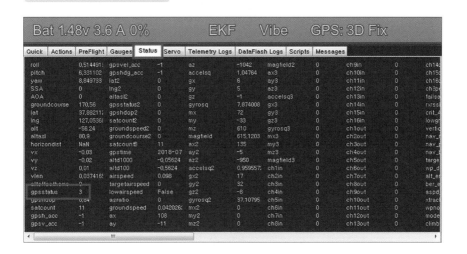

④ HUD 창의 GPS 상태가 '3D Fix'인지 확인한다.

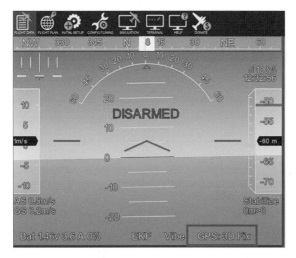

☑ 시동/시동 정지

❶ LED 확인

- 픽스호크 메인 LED가 녹색으로 점멸 중이어야 한다.
- 페일세이프 스위치의 LED는 붉은색으로 느리게 점멸 중이어야 한다.

자체 검사가 실패하면 LED가 노란색으로 점멸한다.

❷ 세이프티 스위치 해제

● 세이프티 스위치를 2초 이상 길게 클릭한다. LED가 붉은색으로 점등돼야 한다.

❸ 시동

● 스로틀 스틱을 최하단으로 내린 상태에서 요(Yaw)를 오른쪽으로 끝까지 5초 이상 밀어준다. 이 때 너무 오래(15초 이상) 밀면 Auto Trim으로 진입한다.

● "삐~" 하는 비프음과 함께 시동 상태가 되며 프로펠러가 회전하기 시작한다.

● 시동 후 15초 안에 스로틀 스틱을 올려주지 않으면 시동이 멈춘다.

▲ Mode 1(시동)

▲ Mode 2(시동)

- 'Main LED'와 'Safety Switch LED'가 점멸에서 점등으로 바뀐다.

- GCS의 스피커에서 'ARMED'라는 음성 안내가 나오고 HUD 화면에 메시지가 나타난다.

❹ 시동 정지

- 스로틀을 최하단으로 내린 상태에서 요(Yaw)를 왼쪽으로 끝까지 2초 이상 밀어준다.

▲ Mode 1 (시동 정지)

▲ Mode 2 (시동 정지)

- 'Main LED'와 'Safety Switch LED'는 녹색 점등에서 점멸로 바뀐다.

③ 이륙

① 시동 후 스로틀 스틱을 중립 이상 올려주면 기체가 상승한다.

② 'Loiter' 모드와 같은 고도 자동 제어 모드는 다음과 같은 상승 하강 구간이 있다.

▲ Mode 1 기준

 기체 반응의 참고 사항

❶ 이륙 시 약간의 요(Yaw) 회전이 있을 수 있다. 약 30° 이내는 문제가 없지만 30° 이상 요(Yaw) 회전이 발생할 경우 비행체의 물리적 결함(모터의 균형, 기체의 균형 등) 여부를 확인한다. 30° 이내의 요(Yaw) 회전은 미션 플래너상의 [Tuning] 메뉴의 'PID' 수정을 통해 교정할 수 있는 범위다(※ 이 부분은 고급 과정에서 다룬다.)

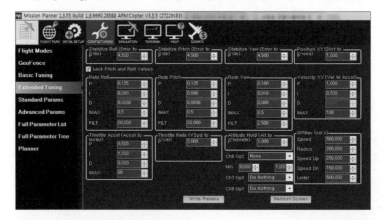

❷ (바람이 없다는 가정하에) 비행체가 일정 고도 이상 올라가면 안정적인 수평 상태를 유지해야 한다. 약간의 흐름은 있을 수 있고, 이를 보정하기 위해 송신기의 'Trim'을 사용해서는 안 되며 'Auto Trim' 기능이나 [Save Trim] 메뉴를 통해 보정해야 한다.

❸ 비행체의 자세가 안정적이어야 고급 모드를 사용할 수 있다.

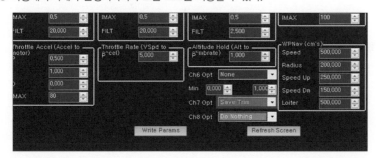

4 이륙 후 점검(Mode 1 기준)

① 방향타 점검

- Throttle

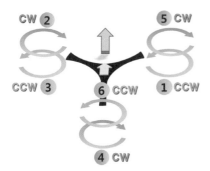 

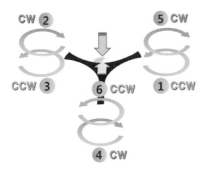 

- Roll

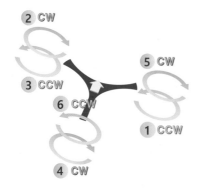 

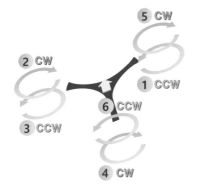 

● Pitch

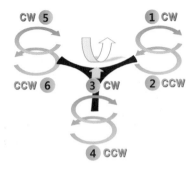 

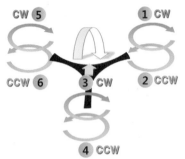 

● Yaw

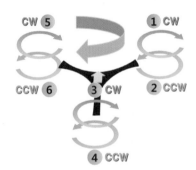 

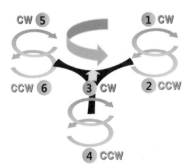 

이때 방향타 중 어느 하나라도 반대로 움직이거나, 통제되지 않을 경우 토글키에 입력한 'Land' 모드를 사용해 착륙한다. 방향타가 반대로 움직일 경우 아무리 능숙한 조종사라도 위험한 상황을 겪을 수 있으므로 FC에 미리 입력한 명령으로 착륙하는 것이 안전하다.

5 시동 시 문제 해결

만약 앞에서 설명된 과정을 정상적으로 이행했음에도 시동이 걸리지 않으면 미션 플래너에는 반드시 시동이 걸리지 않는 원인을 HUD 창에 표시하며, 'Enable Speech'가 활성화된 경우 음성 안내도 나온다.

 메시지별 해결책

- **RC not calibrated:** 무선 교정이 수행되지 않았다. RC3_MIN 및 RC3_MAX는 기본값(1,100 및 1,950)에서 변경해야 하며 채널 1 ~ 4의 경우 MIN은 1,070~1,300, MAX은 1,700~1,950이 돼야 한다.

- **RC '...' calibrated:** 특정 채널의 교정값이 기본값의 범주를 벗어난 경우다. 특히, 호환용 수신기 사용 시 나타나는 증상으로, 이때는 송신기 메뉴 중 [End Point] 등의 서보 타각량 감소 메뉴를 통해 타각량을 기본값에 맞게 설정한 후 다시 교정을 시도한다.

- **Baro not healthy:** 기압계가 정상 작동하지 않는 경우다. 이는 일반적으로 하드웨어 오류일 가능성이 높다. 이 증상이 반복적으로 나타나면 FC를 교체한다.

- **Alt disparity:** 기압계의 고도는 관성 항법(즉, Barometer + Accelerometer) 고도와 약 2m 정도 차이난다. 이 메시지는 일반적으로 처음 전원을 입력했을 때 순간적으로 나타날 수 있다. 만약 이 오류 메시지가 지속될 경우 가속도계 교정을 실시한다. 기압계의 오류일 경우 교정이나 교체를 통해 해결할 수 있다.

- **Compass not healthy:** 컴퍼스의 하드웨어적 오류 징후다. 자주 발생될 경우 FC 교체를 권장한다.

- **Compass not calibrated:** 컴퍼스가 교정되지 않았다는 의미다. COMPASS_OFS_X, Y, Z 매개변수가 0이거나 마지막 컴퍼스 교정이 수행된 이후 연결된 컴퍼스의 개수 또는 유형이 변경된 것이다. 자주 발생될 경우 FC 교체를 권장한다.

- **Compass offsets too high:** 주 컴퍼스의 오프셋 범위(즉, $sqrt(x^2 + y^2 + z^2)$)가 500보다 클 경우다. 이는 금속 물체가 컴퍼스에 너무 가까이 위치해 발생할 수 있다. 내부 컴퍼스만 사용 중일 경우(권장하지 않음) 보드의 금속이 옵셋의 원인일 수 있지만 실제로 큰 문제는 아니다. 이 경우 컴퍼스 검사를 비활성화할 수 있다.

- **Check mag field:** 해당 지역의 감지된 자기장이 예상값보다 35% 높거나 낮다는 의미다. 예상 범위는 530이므로 874 또는 185보다 큰 값이다. 지자계의 강도는 전 세계적으로 지역마다 차이가 있지만 이러한 한계 초과의 경우 컴퍼스 교정을 다시 실시해야 한다.

- **Compass inconsistent:** 내부 및 외부 컴퍼스가 서로 다른 방향을 가리키고 있다는 의미다(45° 이상 벗어남). 이는 일반적으로 외부 컴퍼스 방향(예: COMPASS_ORIENT 매개변수)이 잘못 설정됐을 때 발생한다. 일반적으로 내부 컴퍼스 사용을 해제하면 해결된다.

- **GPS glitch:** GPS 수신이 불량하거나 지오펜스(GeoFence)의 서클펜스(circle fence)가 활성화돼 있다는 의미다.

- **Need 3d fix:** 위와 같음.

- **Bad velocity:** 멀티콥터의 속도(관성 항법 체계에 따름)가 50cm/s 이상이라는 의미다. 그 원인은 콥터가 실제로 움직이거나 잘못된 가속도계 교정 또는 GPS가 5hz 이하로 업데이트되는 경우다.

- **High GPS HDOP:** GPS의 HDOP 값(위치 정확도의 척도)이 2.0 이상이거나 지오펜스가 활성화돼 있다는 의미다. 이것은 잠시 기다리거나 위치를 이동시키면 해소되며, 또한 GPS 간섭 원인(예: FPV 장비 등)을 GPS에서 멀리 이격시키면 해결할 수 있다. 또는 GPS_HDOP_GOOD 매개변수를 2.2 또는 2.5로 증가시켜 자체 점검을 완화시켜도 된다.

- **INS not calibrated:** 가속도계의 오프셋 중 일부 또는 전부가 0이라는 의미다. 가속도계를 재교정한다. 자주 나타나면 FC 교체를 권장한다.

- **Acceler not healthy:** 하드웨어 문제일 수 있다. 펌웨어 업데이트 직후 보드 재부팅 전에 발생할 수도 있다. 문제가 계속 발생하면 FC를 교체한다.

- **Accels inconsistent:** 가속도계 오차가 최소 1m/s/s인 경우다. 가속도계를 재교정한다. 하드웨어 문제일 수도 있다.

- **Gyros not healthy:** 하드웨어 문제일 가능성이 높고, 펌웨어 업데이트 직후 보드 재부팅 전에 발생할 수도 있다.

- **Gyro cal failed:** 자이로 교정에서 오프셋을 확보하지 못한 경우다. 이는 자이로 교정 중 멀티콥터가 움직일 경우(빨간색과 파란색 등이 깜박이는 경우)에 발생한다. 이 경우 전원을 제거한 후 다시 연결하면 된다. 그러나 센서 하드웨어 오류로 인해 발생할 수도 있다.

- **Gyro inconsistent:** 2개의 자이로스코프 간의 각도가 20°/sec 이상 차이나는 멀티콥터의 회전 속도를 나타낸다. 이는 하드웨어 고장이거나 부정확한 자이로 교정으로 인한 것일 수 있다.

- **Check board voltage:** 보드의 내부 전압은 4.3V 이상이거나 5.8V 미만이어야 한다.

- **Check firmware of frame class:** 프레임 유형과 등급이 설정되지 않았거나 잘못 선택된 경우다. 일반적으로 커스텀 펌웨어를 적용했을 경우에 많이 나타나는 증상으로 3.5 버전 이상의 펌웨어를 사용할 때는 해당 프레임에 맞는 펌웨어를 선택해 업로드했다 하더라도 프레임 유형과 등급 설정을 해야 한다. 문제가 지속되면 펌웨어를 새로 업로드하고 모든 설정 과정을 처음부터 다시 진행해야 한다.

- **Ch7 & Ch8 Opt cannot be same:** 보조 기능 스위치는 동일한 비행 모드를 설정할 수 없다는 의미다. 보조 기능의 비행 모드를 변경해야 한다.

- **Check FS_THR_VALUE:** 라디오 페일세이프 PWM 값이 스로틀 최솟값에 너무 가깝다는 의미다. 'FailSafe' 항목에서 'FS Pwm' 값을 10 정도 내린다.

- **Check ANGLE_MAX:** 멀티콥터의 최대 경사 각도를 제어하는 ANGLE_MAX 매개변수가 10도 이하(예: 1000) 또는 80도(즉, 8000) 이상으로 설정됐다는 의미다.

- **ACRO_BAL_ROLL / PITCH:** ACRO_BAL_ROLL/ACRO_BAL_PITCH 매개변수가 Stabilize Roll P/Stabilize Pitch P 값보다 크다는 의미다. Acro Trainer stabilization이 조종사의 조종값을 압도하기 때문에 조종사가 ACRO 모드에서 경사 각도를 제어하지 못할 수도 있다.

> 대부분의 문제는 앞서 언급된 방법으로 해결되지만 새로운 문제가 발생할 경우 구글 검색 창에 "Pixhawk(해당 오류 메시지)"를 입력 후 검색하면 동일 증상 해결 경험이 있는 전 세계 사용자의 조언을 확인할 수 있다.

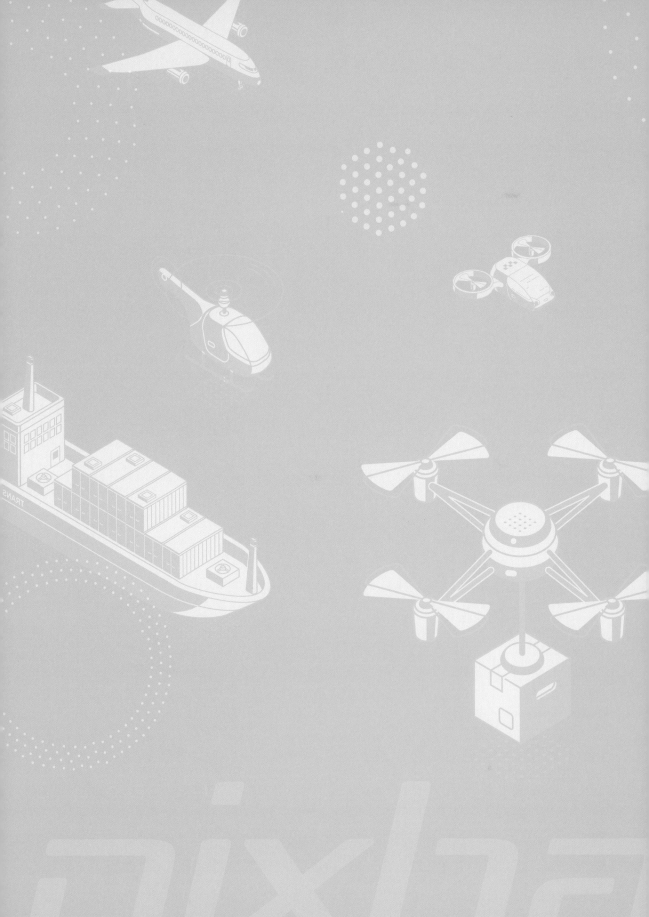

PART 3
픽스호크 이해하기

PART 1과 2를 정확히 따라한 독자라면 이미 픽스호크를 기반
으로 하는 드론을 조종하고 있을 것이다. PART 3부터는 좀 더
세밀한 설정을 통해 픽스호크의 능력을 최대로 활용한 나만의
드론을 제작해본다.

튜닝의 기능과 구성

픽스호크의 최대 장점은 고가의 FC에서도 찾아보기 힘든 PID 값 수정 기능이다. 이를 통해 기체의 좀 더 정확한 반응성과 비행 성능을 확보할 수 있다. PID 값 수정은 대부분 'TUNING' 탭에서 이뤄진다. 그 기능과 의미를 잘 이해해야 한다.

기본 튜닝(Basic Tuning)의 기능과 구성

튜닝 사용 전 준비 사항

튜닝은 픽스호크 성능의 가장 핵심이라고 할 수 있다. 이 항목의 PID 값을 어떻게 조정하느냐에 따라 기체의 반응은 현저히 달라진다. 이 메뉴 사용 전 다음과 같은 두 가지 조건을 갖춰야 한다.

- PID에 대한 기본적 이해(위키디피아의 PID 내용 참고)

  https://en.wikipedia.org/wiki/Integral
- 'ACRO' 모드에서 비행을 완벽히 숙달한다. 불가능하다면 최소 'STAB'는 가능해야 한다.

  완벽한 'ACRO', 'STAB' 비행이 가능하다는 말은 기체의 수평 상태를 조종사가 정확하게 감지할 수 있다는 의미이자 FC의 도움 없이 비행이 가능하다는 뜻이다. 아무리 좋은 FC라 하더라도 조종사가 기본적으로 자신의 손가락을 통해 기체의 상태를 정확히 감지할 수 없다면 정밀한 세팅은 어렵다. 또한 PID 튜닝을 시도한다는 말은 기체의 상태를 안정화시킬 수도 있지만 반대로 불안정하게 만들 수도 있다는 의미다. 이때 조종사가 FC의 도움을 받지 않고 비행할 수 없다면 필시 추락으로 이어질 수 있다.

QR 12_PID와 멀티콥터의 반응

1 TUNING(Basic, Extended) **탭의 의미와 기능 이해**

픽스호크의 기본 PID만으로도 거의 모든 비행체에서 양호한 비행 성능을 얻을 수 있다. 하지만 보편적인 데이터를 사용해 기본값을 만들었기 때문에 기체 유형 및 크기별로 최적값을 설정해

46** PART 3 • 픽스호크 이해하기

야 비행체의 제성능을 이끌어낼 수 있다. 이를 위해 미션 플래너의 [Basic Tuning] 과 [Extended Tuning] 메뉴를 통해 PID 수치를 조정함으로써 세부 설정 및 최적값 도출이 가능하다.

❶ Basic Tuning(기본 튜닝)

이 탭에서는 롤, 피치, 스로틀만 지원한다. 요(Yaw)의 경우 [Extended Tuning]에서만 설정할 수 있다. 기본 튜닝 전에 비행하면서 다음 세 가지 사항을 확인한다.

① Roll/Pitch와 RC 송신기 반응 속도는 어떤가? 반응 속도가 느린지 빠른지 확인한다.

② Roll/Pitch의 수평 회복 반응이 부드럽게 나타나는지, 아니면 끊어지듯 나타나는지 확인한다.

③ 스로틀(고도) 스틱의 동작 반응은 느린지 빠른지 확인한다.

이상의 반응들을 확인한 후 [Basic Tuning] 메뉴로 들어간다. 이때 'Flight' Mode가 GPS를 사용하는 모드라면 반응값의 변화를 확인하기 어렵기 때문에 'STAB' 또는 'AltHold'와 같은 모드를 사용해야 한다.

01 픽스호크와 미션 플래너를 연결한 후 [CONFIG/TUNING] → [Basic Tuning] 탭을 클릭한다.

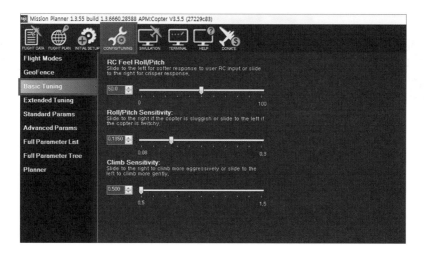

PART 3

02 RC Feel Roll/Pitch는 RC 송신기 반응 속도를 조절할 수 있다.
RC 송신기의 롤(Roll)과 피치(Pitch) 스틱을 조작할 때 그 반응이 너무 빠르면 값을 낮추고, 너무 느리면 높인다.

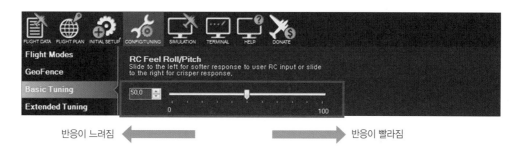

반응이 느려짐 ⟵   ⟶ 반응이 빨라짐

03 Roll/Pitch Sensitivity(민감도)는 기체의 수평 회복 반응 감도를 조정한다. 이 값이 너무 높게 설정되면 '헌팅'(기체의 해당 축을 움직였을 때 떨리는 현상)이라는 증상이 나타난다. 기본값은 0.135이며, 최소 0.08~0.3까지 조절할 수 있지만, 가능한 한 0.2 이상을 넘지 않도록 한다. 송신기 스틱의 중립을 기준으로 움직임이 너무 빠르고 민감하다는 느낌이 들면 값을 줄이고, 너무 무르면 올린다.

04 Climb Sensitivity(민감도)는 스로틀 스틱의 반응을 조절한다. 상승 시도 시 속도가 빠르면 값을 줄이고, 느리면 높인다. 이 값은 일반적으로 조절이 불필요하다.

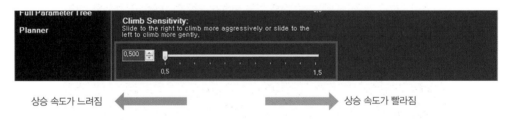

05 픽스호크의 Basic Tuning 기능은 DJI의 'Gain' 기능과 거의 유사하다고 볼 수 있다.

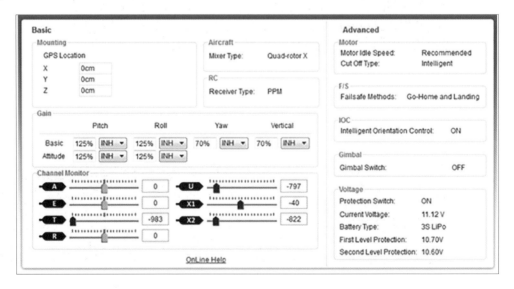

확장 튜닝(Extended Tuning) 기능과 구성

기본 튜닝(Basic Tuning)을 이용해 기본 비행 성능을 조절할 수 있지만 기체의 특성에 정확하게 맞추기는 어렵다. 기체의 특성에 맞춘 정밀한 세팅을 위해서는 좀 더 복잡한 확장 튜닝(Extended Tuning) 탭을 사용해야 한다. 확장 튜닝의 기능과 구성을 알아보자.

❶ [CONFIG/TUNING] → [Extended Tuning] 탭을 클릭한다.

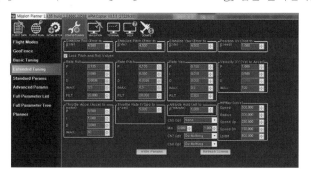

❷ Roll/Pitch PID 설정을 할 수 있다. 이때 가장 중요한 변수는 'Rate Roll P'다. 이 값은 기본적으로 고정돼 있으며, 그 반응은 [Basic Tuning]의 [Roll/Pitch Sensitivity] 값에 영향을 미친다. 기본값은 0.135이며, 최소 0.08, 최대 0.2 범위 내에서 조절하는 것이 좋다.

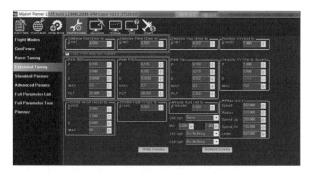

❸ 요(Yaw) PID 설정이 가능한 메뉴다. 이때 가장 중요한 값은 'Stabilize Yaw' 및 'Rate Yaw'다. 이 값이 너무 높으면 요(Yaw) 조작 시 '헌팅' 현상이 나타나고, 너무 낮으면 원하는 만큼 회전하지 못하고 밀려나가거나 고도 상승 및 하강 시 요(Yaw)축이 고정되지 않는 현상이 발생한다.

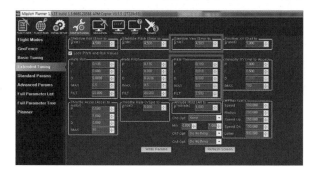

❸ 'Altitude Tuning'에서는 모든 비행 모드에서 원하는 고도값을 유지하는 성능과 고도값에 대한 반응 속도를 조절할 수 있다.

이와 관련해 원문에서는 다음과 같이 설명하고 있다.

'Altitude Hold P'는 고도 오차(원하는 고도와 실제 고도의 차이)를 원하는 상승 또는 하강 속도로 변환하는 데 사용된다. 이 속도가 높아질수록 더 적극적으로 고도를 유지하려고 하지만 지나치게 높게 설정하면 스로틀 반응이 요동치듯 나타날 수 있다.

The Altitude Hold P is used to convert the altitude error (the difference between the desired altitude and the actual altitude) to a desired climb or descent rate. A higher rate will make it more aggressively attempt to maintain it's altitude but if set too high leads to a jerky throttle response.

'Throttle Rate'(일반적으로 튜닝 불필요)는 원하는 상승 또는 하강 속도를 원하는 가속도의 증가 또는 감소로 변환한다.

The Throttle Rate (which normally requires no tuning) converts the desired climb or descent rate into a desired acceleration up or down.

'Throttle Accel PID' 획득값은 가속도 오차(즉, 원하는 가속도와 실제 가속도의 차이)를 모터 출력으로 변환한다. 이 매개변수를 수정하면 P 대 I의 1:2 비율(즉, I는 P의 두 배 크기)을 유지해야 한다. 이러한 값들은 증가하면 안 되는데 매우 강력한 기체의 경우 둘 다 50%(즉, P에서 0.5, I에서 1.0까지)를 줄여서 더 나은 반응을 얻을 수 있다.

The Throttle Accel PID gains convert the acceleration error (i.e the difference between the desired acceleration and the actual acceleration) into a motor output. The 1:2 ratio of P to I (i.e. I is twice the size of P) should be maintained if you modify these parameters. These values should never be increased but for very powerful copters you may get better response by reducing both by 50% (i.e P to 0.5, I to 1.0).

▲ 출처: http://ardupilot.org/copter/docs/tuning.html

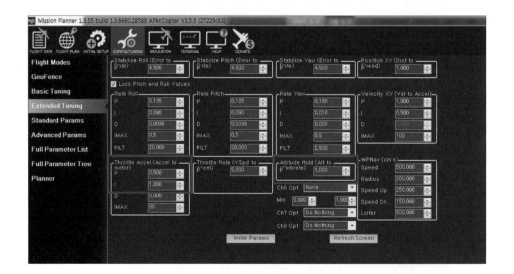

❺ 실제 비행에서 고도 편차는 이 값의 영향을 받지만 이 값의 설정 오류로 편차가 발생했는지 여부는 수많은 검증 과정이 필요하다. 기본적으로 픽스호크는 고도를 기압계(Barometer) 값을 바탕으로 유지한다. 이 값의 조정에서는 픽스호크의 기압계 고도와 실제 고도를 일치시킨다는 데 의미를 둔다. 하지만 실비행 장소의 기압 불안정이나 기압계 자체 불량의 경우 아무런 소용이 없다. 비행 중 고도 편차가 심할 경우 이 값을 조정하기 전 'LOG' 항목 중 'CTUN'의 'BarAlt'(기압계 고도), 'DAlt'(원하는 고도), 'RelAlt'(관성항법 추정 고도) 분석을 통해 정확한 원인을 파악한 후에 시도해야 한다.

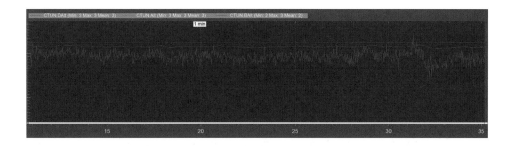

❻ Loiter Tuning

'Flight Mode' 중 'Loiter Mode'를 사용할 때 비행 성능에 관여하는 값이다. 일반적으로 Pitch/Roll이 적절하게 설정돼 있고 GPS의 수신 상태가 양호하다면 이 탭에서 크게 설정할 수 있는 사항은 없으며 'Full Parameter List' 탭을 통해 접근할 수 있는 'WPNAV_LOIT_****'를 적절히 조정함으로써 좀 더 좋은 성능을 이끌어낼 수 있다.

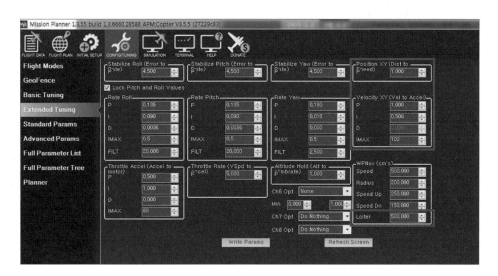

이 설정 수행 전 다음과 같은 몇 가지 조건을 갖춰야 높은 수준의 설정이 가능하다.

- Roll/Pitch/Yaw 값이 기체 조건에 맞게 설정돼야 한다.
- GPS 수신율이 일정 값 이상 유지돼야 한다.
- 'Acro'와 'STAB' CG의 점이 일치해야 한다(기체의 무게중심을 FC가 억지로 잡고 있는 상태가 아니어야 한다는 뜻이다).

- 진동이 정상 허용 범위 안에 있어야 한다(HUD의 'Vibe'로 확인할 수 있다).
- 컴퍼스에 영향을 미치는 값이 허용값 안에 있어야 한다(로그 분석을 통해 확인한다).

실제로 위의 조건들이 맞을 때 가장 안정적인 설정이 가능했다. 이는 원문에서 설명하는 조건은 아니다. 하지만 필자가 직접 수행한 수백 번 이상의 실비행 경험과 그 결과를 바탕으로 자신 있게 말할 수 있는 부분이다.

❼ Adlight modes(추가 비행 모드 설정)

픽스호크는 기본 비행을 위한 모드도 지원하지만 세부 설정을 위한 추가 비행 모드도 지원한다. 기본적으로 Ch6, 7, 8을 추가할 수 있으며 그 세부 항목은 해당 'Opt'란을 클릭해 확인할 수 있다.

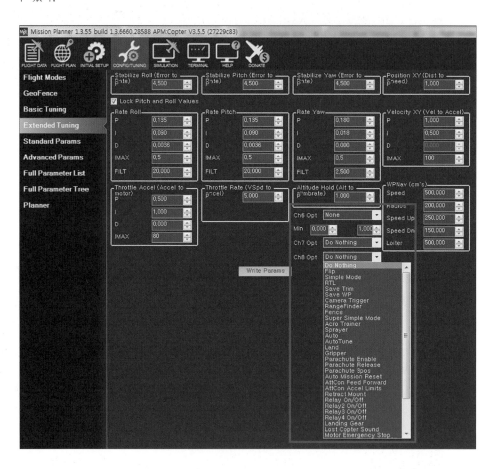

❽ 오토튠

픽스호크의 최대 강점 중의 하나인 '오토튠(AutoTune)'은 수백만 원이 넘는 FC에도 없는 스스로 PID 값을 찾아내는 기능이다. 이 기능을 잘 활용하면 어떤 기체를 제작해도 최적의 PID 값을 찾을 수 있다.

❾ 오토튠을 위한 'Flight Mode' 설정

01   [CONFIG/TUNING] → [Flight Modes] 순으로 이동한다.

02   비행 모드를 'Stabilize', 'AltHold', 'Loiter' 순으로 설정한다.

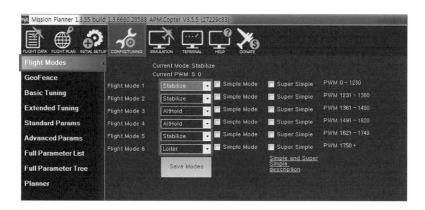

03   [CONFIG/TUNING] → [Extended Tuning] 탭에서 'Ch7 Opt'를 'AutoTune'으로 설정한다.

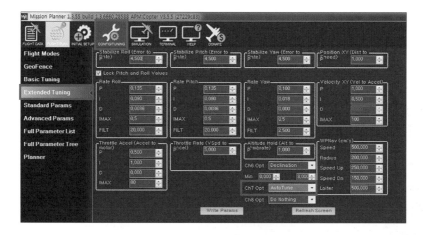

04   'FLIGHT DATA' 탭의 'HUD'에서 'Flight Mode'가 정상적으로 반영되는지 확인한다.

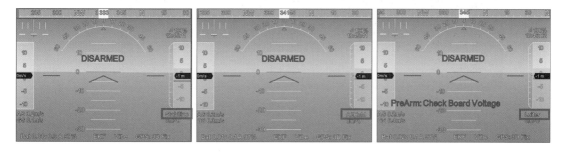

3 'Rate Roll/Pitch kP'를 활용한 롤과 피치의 설정

픽스호크는 펌웨어의 기본 세팅만으로도 소형(5kg 미만)에서 대형(12kg 이상) 기체까지도 롤(Roll) 축과 피치(Pitch) 축의 성능과 반응성이 좋은 편이지만, 사용자의 성향이나 상황에 따라 반응을 조절할 필요가 있다. 예를 들어 좋은 영상을 얻기 위해서는 기체의 움직임이 부드러운 것이 좋다. 이때 PID를 미션 플래너의 메뉴에서 수치로 변화시키면서 대응하기에는 상당한 불편과 위험이 따른다. 'Rate Roll/Pitch kP' 기능을 사용하면 PID 수치가 비례적으로 변하며 비행 중에도 즉각적인 반응을 얻을 수 있다.

Rate Roll/Pitch kP 요약

❶ Max는 0.2, Min은 0.08로 설정한다(특별한 경우가 아니면 대부분 이 수치를 초과하지 않는다).
❷ GPS를 사용하지 않는 모드에서 감도를 조절한다(STAB, AltHold 등).
❸ Ch6의 기능을 RC 송신기의 노브 다이얼에 지정한다.
❹ 감도는 값이 감소하면 둔해지고 값이 증가하면 민감해진다.
❺ 반응성이 민감해지면 배터리의 소모율도 증가한다.

01 'Ch6 Opt' 항목을 클릭해 'Rate Roll/Pitch kP'로 설정한다.

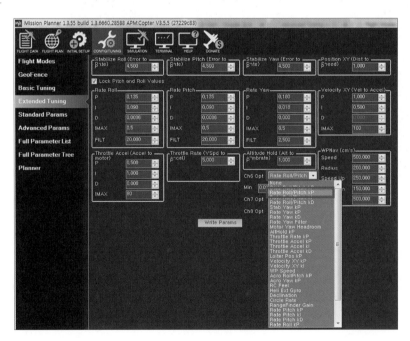

02 'Min' 항목의 값을 '0.08'과 '0.2'로 각각 설정한다.

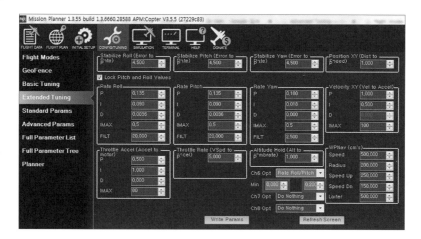

03 'Write Params'를 클릭해 설정값을 저장한다.

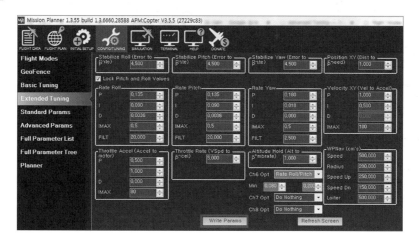

04 송신기의 Ch6을 확인해 '노브(knob)' 또는 '다이얼(dial)'과 같은 미세 조정이 가능한 스위치로 변경한다. 이는 값을 세밀하게 변화시키기 위함이다. 'Futaba'의 경우 [Linkage Menu] → [Function]에서 변경할 수 있다.

05 송신기의 Ch6에 해당하는 노브를 하단으로 끝까지 내린 후 Refresh Screen 을 클릭한다.

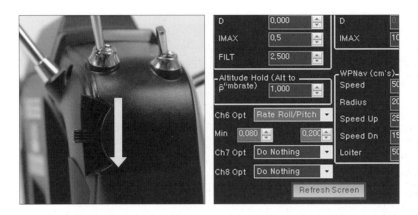

06 Rate Roll/Pitch의 값이 0.08로 변했는지 확인한다.

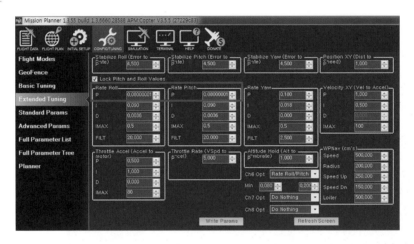

07 노브를 중간에 위치시키고 다시 Refresh Screen 을 클릭한다.

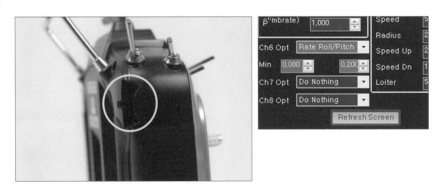

08 Rate Roll/Pitch의 값이 올라갔는지 확인한다. 0.137~0.150이면 정상이다.

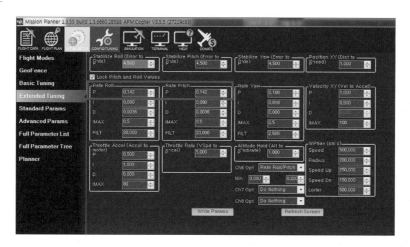

09 기체를 'AltHold' 모드로 이륙시킨 후 다이얼을 조정하면서 'Roll/Pitch' 반응을 조절한다. 이때 기체의 반응이 너무 민감하면 값을 줄이고 반대로 너무 무른 느낌이 들면 값을 높여주면서 롤과 피치의 감도를 조절한다.

10 원하는 감도로 설정되면 착륙 후 값을 확인한다.

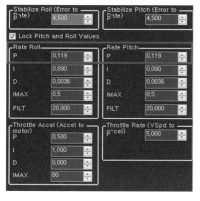

<u>11</u>　'Write Params'를 클릭해 값을 저장한 후 'Ch6 Opt' 항목을 클릭해 'None'으로 설정한다. 현재 상태는 다이얼의 위치에 따라 매개변숫값이 변하는 설정이다. 이 설정을 유지하면 특정 상황에 맞춰 감도를 조절할 수 있다. 다만, 실수로 다이얼을 돌릴 경우 값이 변해버리는 단점이 있다.

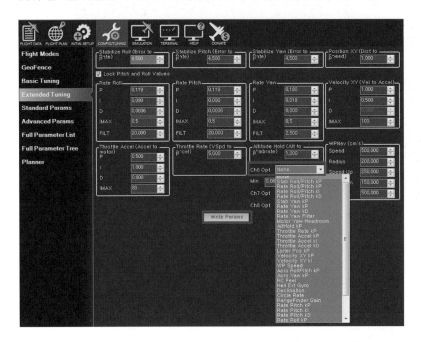

이상의 과정을 통해 거의 모든 기체의(중량 1kg 이상부터 12kg 미만까지)의 'Roll/Pitch'를 확실하게 '내 것'으로 만들 수 있다. 만약 그래도 기체의 PID 값이 마음에 들지 않는다면 'Auto Tune' 기능을 사용해야 한다.

 오토튠을 활용한 요(Yaw)축의 설정

　　요(Yaw)축의 경우 대부분의 기체에서 기본값으로는 안정적 성능이 나오지 않는다. 요(Yaw)의 PID 값이 적절하지 못한 상태의 기체는 고도 편차가 심해지며 기체가 커질수록 기동에서의 불안정 성이 많이 나타난다. 요(Yaw)축의 값이 너무 낮으면 편향과 편류 현상을 보이며 반대로 너무 높으면 민감해지면서 Roll과 Pitch 축까지 영향을 미친다. 미션 플래너의 수치상으로 조절이 가능하지만 PID에 대한 이해가 부족한 경우 위험한 상황이 종종 발생한다. 이런 경우 '오토튠'을 사용해 PID 값을 찾아내는 것이 가장 좋은 방법이다.

 오토튠 사용 전 점검 사항

❶ 'AltHold'의 비행 상태가 어느 정도 안정화돼야 한다.

❷ 기체의 부착물이나 장착물 중 흔들리거나 낙하할 수 있는 것은 제거한다(예: 카메라 짐벌 등).

❸ PID 이득의 배터리 전압 스케일링을 활성화하면 더 정확한 튜닝이 가능하다.

01 [CONFIG/TUNING] → [Flight Modes] 탭을 클릭한다.

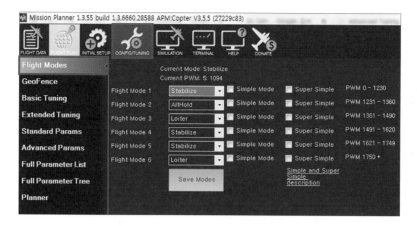

02 [Flight Mode]를 'Stabilize', 'AltHold', 'Loiter' 순으로 설정하고 저장한다.

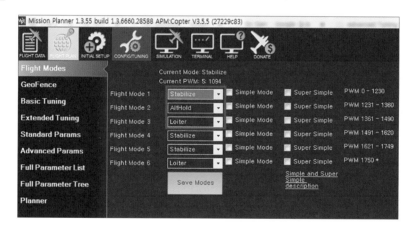

03 [CONFIG/TUNING] → [Extended Tuning] 탭으로 이동해 Ch7 opt를 'AutoTune'으로 선택한 후 Write Params 를 클릭해 저장한다.

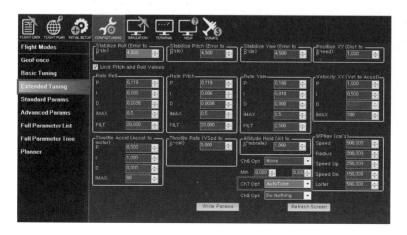

04 [CONFIG/TUNING] → [Standard Params] 탭으로 이동해 [Find]를 클릭한다.

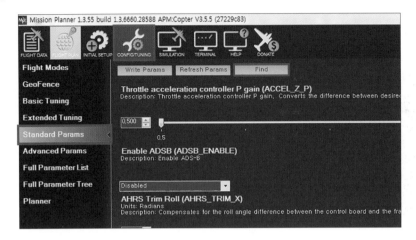

05 'auto'를 검색한 후 [OK]를 클릭한다.

06 'Autotune axis bitmask(AUTOTUNE_AXES)' 항목의 'Roll'과 'Pitch'를 선택 해제한다. 이는 Autotune을 요(Yaw) 축에 대해서만 진행하겠다는 의미다. 기본값은 모두 선택이며 기본값으로 진행 시 Roll → Pitch → Yaw 순으로 '오토튠'을 모두 진행한다.

07 선택이 완료되면 반드시 [Write Params]를 클릭해 값을 저장한다.

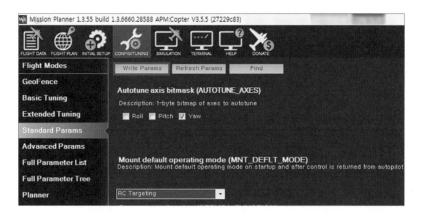

08 [CONFIG/TUNING] → [Full Parameter List] 탭으로 이동해 'Search'란에 'AUTO'를 입력한다.

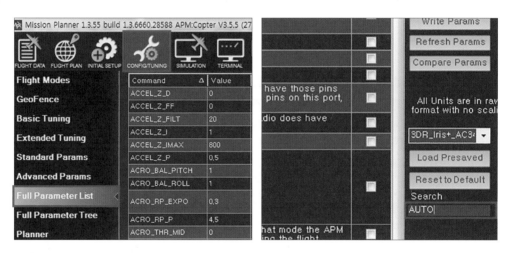

09 검색된 값 중 'AUTOTUNE_AGGR' 항목의 값을 '0.1'에서 '0.075'로 변경한다. 이는 튜닝의 강도 조절로 기본값의 반응 정도가 매우 강하기 때문이다. 이렇게 반응 정도가 너무 강해지면 기체를 통제하기 어려울 뿐만 아니라 첫 튜닝의 경우 추락 위험이 높아진다. 튜닝을 최소 5회 이상 하고 0.1로 진행할 것을 권장한다. 이 값의 최소는 '0.05'이며 최대가 '0.1'이다.

10 [INITIAL SETUP] → [Radio Calibration] 탭으로 이동한 후 Ch7의 스위치를 확인하고 값 변화를 확인한다. 이 스위치로 '오토튠'을 'On/Off'할 수 있다.

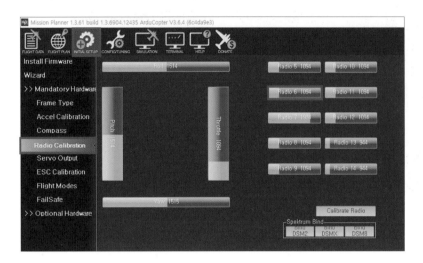

11 기체의 크기에 따라 다르지만 최소 지름 20m 이상의 공간을 찾아 비행을 준비한다.

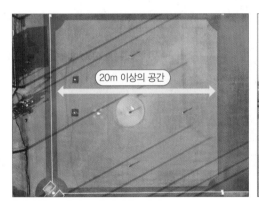

12 'Stabilize' 또는 'AltHold' 모드로 이륙한다. 이때 GCS와의 연결이 끊어지면 안 된다.

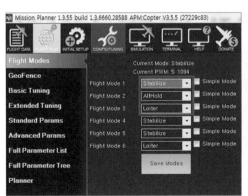

13 바람의 방향을 확인하고 바람이 불어오는 방향으로 기수를 둔(정풍) 상태에서 'Loiter' 모드로 전환한 후 '오토튠'을 실행한다. 이때 기체와의 안전 거리는 최소 5m 이상 유지해야 한다.

14 '오토튠'이 시작되면 기체가 반응한다. 이때 반응 정도는 미리 설정한 'AUTOTUNE_AGGR' 값에 따라 달라지며 현재는 '요(Yaw)'만 선택한 상태이므로 '요(Yaw)' 튜닝만 실행한다. 이때 기체는 'Loiter' 상태이므로 시작점을 중심으로 지름 5m 이내에서 스스로 튜닝한다. 튜닝 간 5m 이상 벗어날 경우 기체는 시작점으로 복귀한 후 다시 튜닝을 실시한다.

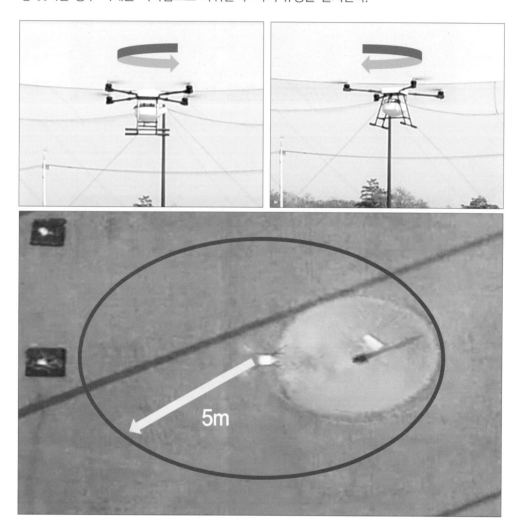

15 튜닝이 완료되면 '삐-삐-삐'하는 버저음과 함께 기체가 멈춘다. 착륙 후 미션 플래너를 통해 값을 확인한다.

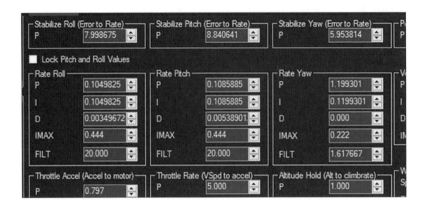

16 비행을 다시 실시한 후 해당 축 반응이 적절하다고 판단되면 Write Params 를 클릭해 저장한다.

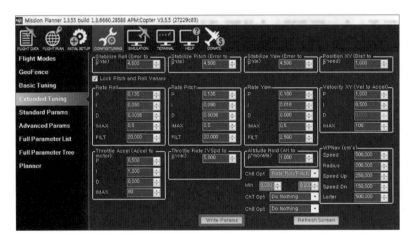

요(Yaw)축 튜닝 시 참고 사항

❶ 원문에서 '오토튠'은 여러 번 시도할수록 더 빨리 종료되고 더 정확하다고 설명하고 있다. 하지만 대형 기체의 경우에는 오히려 초깃값에서 한 번의 튜닝으로 더 정확한 값을 찾을 수 있는 경우가 더 많다.

❷ 작은 기체의 경우 반복적 튜닝을 통해 그 누적된 값을 찾아내고 10kg이 넘는 대형 기체의 요는 기본값에서 튜닝을 시도한 원하는 비행 성능이 나오지 않을 경우 초깃값으로 설정해 다시 시도할 것을 권장한다.

어드밴스 튜닝
(Advance Tuning)

이 장에서는 미션 플래너가 제공하는 다양한 매개변수를 활용해 멀티콥터의 비행성을 좀 더 세밀하게 조절하는 방법을 살펴본다. 이를 위해서는 로그(Log)를 분석하고 읽을 수 있어야 하며, 분석한 데이터에 따라 알맞은 메뉴를 사용해 멀티콥터의 행동 패턴을 개선할 수 있다.

1 로그다운 및 분석

픽스호크는 비행기의 블랙박스처럼 비행 데이터를 온보드 데이터 플래시 메모리에 저장해 비행 후 여러 가지 방법으로 데이터를 받아 분석할 수 있다. 이는 개발자들에게 상당히 매력적인 기능인데 추락을 하거나 이상 증상을 보인 기체를 분석해 원인을 파악하고 개선할 수 있게 해주는 중요한 기능이다. 멀티콥터류의 경우 시동(ARM) 후에 자동으로 생성되며 각 정보를 사용해 기체의 전반적인 상태를 점검할 수 있다. 픽스호크의 경우 TM 모듈을 사용해 비행하면 픽스호크에 저장되는 데이터 이외에도 'Tlog'가 생성된다. 이는 픽스호크에 저장되는 데이터와 비슷해 보이지만 훨씬 적은 데이터의 구성으로 비행에 필요한 최소한의 정보만을 보유하고 있다. 정밀한 분석을 위해서는 반드시 픽스호크의 내부의 로그 데이터를 분석해야 한다.

1 로그다운

01 픽스호크와 컴퓨터를 반드시 USB 케이블을 통해 연결한 후 [FLIGHT DATA] 탭의 **DataFlash Logs** 를 클릭한다.

> TM 모듈을 통해서도 가능하지만 속도 등의 문제로 정상적으로 다운로드되지 않는 경우가 많으며 용량이 많을 경우 시간이 굉장히 오래 걸린다.

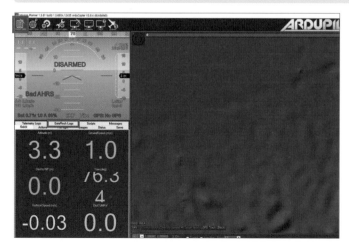

02 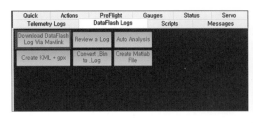 탭을 클릭한다.

한 번도 비행을 하지 않았거나 초기화한 경우, ▷
로그 파일이 검색되지 않는다.

03 전체 파일 중 원하는 파일을 선택
후 Download Selected Logs 를 선택해 파
일을 다운로드한다.

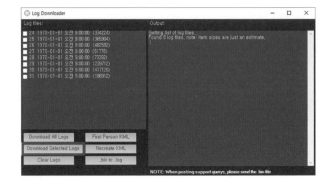

04 파일 전송 화면이 표시되면서 파
일이 다운로드되기 시작된다.

05 전송이 완료되면 'Download com-
plete'라는 문구가 표기된다.

<u>06</u> 전송이 완료된 파일은 일반적으로 [Mission planner] → [Logs] → [기체 타입]으로 저장된다.

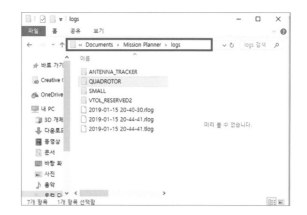

② 자동 분석

픽스호크의 로그 파일은 많은 양의 데이터를 저장하고 기체 분석의 유용한 정보를 보유하고 있지만, 데이터를 분석하는 것은 많은 시간과 정보가 필요하다. 미션 플래너는 이를 간단히 분석할 수 있는 기능을 제공한다.

<u>01</u> 로그를 다운로드한 후 미션 플래너의 'DataFlash Log' 탭의 Auto Analysis 를 선택한다.

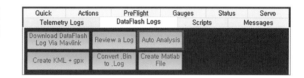

<u>02</u> 로그가 저장된 폴더를 찾아 분석을 원하는 'Bin' 파일을 선택한다.

<u>03</u> 'Downloading LogAnalyzer'라는 문구가 나타나면 잠시 대기한다.

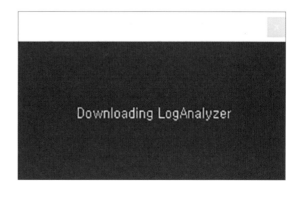

04 미션 플래너가 전체적인 로그를 분석한다. 기본적인 기능에 대해서만 분석해주지만 이 중 'Good'이 아닌 'Fail'로 표시되는 항목은 원인을 확인해야 한다.

3 Create KML + gpx

저장된 로그를 시각화해볼 수 있는 기능을 제공한다. 이는 구글 어스가 기본적으로 설치돼 있어야 한다.

01 [DataFlash Logs]의 Create KML + gpx 를 선택한다.

02 변환을 원하는 'Bin' 파일을 선택해 실행한다.

03 변환된 파일 중 구글 어스 모양의 파일을 클릭하면 구글 어스가 자동으로 실행된다.

04 일반적으로 구글 어스는 데이터가 있는 근처까지 자동으로 이동한다.

05 실행한 파일명의 로그를 클릭하면 비행 데이터를 그래프화해볼 수 있으며 자신이 비행한 비행 패턴과 실제 고도 등을 비교, 분석할 수 있다.

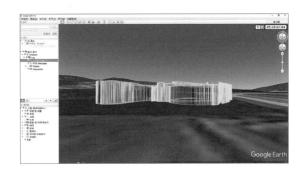

2 Save Trim, Auto Trim, Calibrate Level(편류 보정)

'Loiter' 또는 'PosHold'와 같은 GPS를 사용하는 비행 모드의 경우 기체의 CG 점이 정확한지 알 수 없다. 이는 기체의 위치를 FC가 통제하고 있기 때문이다. 'AltHold'나 'STAB'처럼 GPS를 사용하지 않는 비행 모드에서는 대부분의 기체가 편류 현상을 나타낸다. 이를 보정하기 위해 'Accel Calibration'을 다시 시도할 수도 있지만 'Save Trim'이나 'Auto Trim' 기능을 사용해 보정할 수 있다. 그러나 모든 기체의 'Trim' 값은 송신기를 기준으로 5 클릭 이내의 보정이 바람직하다. 기체는 양호한 물리적 수평을 견고하게 유지한 상태에서 'FC'의 통제를 받아야 한다.

'Trim'을 사용하기 전 점검해야 할 항목

❶ 편류를 확인할 때는 무풍 상태에서 하는 것이 좋다.
❷ 비행 전 기체의 'CG'가 정확한지 확인한다.
❸ Esc 교정이 정확한지 확인한다.
❹ 각 축의 모터와 프로펠러가 모두 수평인지 확인한다.
❺ 프레임의 유격과 비틀림 여부를 확인한다.
❻ 송신기의 'Trim'이 모두 중앙에 있는지 확인한다.

위의 모든 항목을 확인한 후 'Save Trim' 기능을 사용한다.

1 Save Trim

01 미션 플래너에서 [INITIAL SETUP] → [Mandatory Hardware] → [Radio Calibration] 탭 순으로 들어가 Ch7의 수치가 '1800' 이상인지 확인한다.

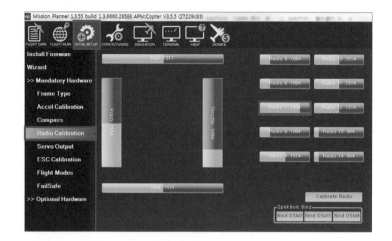

02 [CONFIG/TUNING] → [Extended Tuning] 탭의 Ch7을 'Save Trim'으로 설정한다.

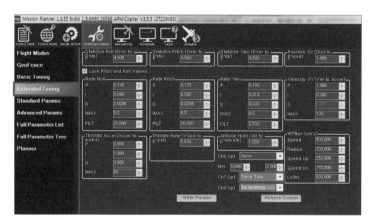

03 [CONFIG/TUNING] → [Flight Modes]에서 [Flight Mode] 중 하나를 'Stabilize'로 설정한다.

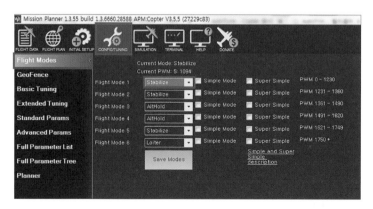

04 반드시 'Stabilize'로 비행하면서 송신기의 'Trim' 스위치를 조절해 'Roll/Pitch'의 수평 상태를 조정한다. 이때 바람은 무풍 상태에 가까울수록 좋고 '지면 효과(Ground Effect)'의 영향을 받지 않기 위해 고도를 2m 이상 유지해야 한다.

05 기체의 수평이 정확하다고 판단되면 착륙 후 송신기의 'Trim' 값을 확인한다. 이때 'Trim'의 범위는 ±5 클릭 이내가 바람직하다. 'Trim' 값이 과하다고 판단되면 기체의 물리적인 수평 상태를 확인한다. 적정 범위 안에 있다고 판단되면 Ch7의 스위치를 1초 이상 'High'로 유지한 후 다시 전환한다.

06 송신기의 'Trim'을 0으로 돌린 후 다시 이륙시켜 기체의 수평을 확인한다.

07 정확한 수평이 아니라고 판단되면 01 ~ 06의 과정을 반복해 설정한다.

② Auto Trim

'AutoTrim'은 안정화된 상태의 'Roll/Pitch'의 'Trim'을 획득하는 방식으로 'FC' 스스로 중립점을 찾아나간다. 이는 수동 설정보다 정확도가 낮고 'Trim' 값이 얼마나 수정됐는지 알 수 없기 때문에 권장하지 않는 방법이다.

01 픽스호크의 LED가 '빨강, 파랑, 노랑' 순으로 점멸될 때까지 스로틀은 0인 상태에서 요(Yaw)를 오른쪽으로 15초 이상 밀어준다.

▲ Mode 1 ▲ Mode 2

02 반드시 'Stabilize' 모드로 25초 이상 비행한다. 이때 한 지점에서의 비행 유지를 권장한다.

03 착륙한 후 스로틀을 0으로 설정하고 최소 30초 이상 대기한다.

04 다시 이륙시켜 기체의 수평 상태를 확인한다. 이때 수평 상태가 불량하다고 판단되면 01~03 의 과정을 반복한다.

❸ Calibrate Level

'Trim' 교정 시도 시 'Trim' 값이 과도하다고 판단되면 [Accel Calibration]을 다시 시도해볼 수 있는데 이때 수평 상태에 대한 보정만을 실시하는 메뉴가 **Calibrate Level** 이다. 이 기능은 기체의 물리적 수평이 정확하고 단순히 자이로 보정만 문제된다고 판단될 경우에 사용할 수 있다.

01 기체를 평탄한 장소에 올려둔 상태에서 미션 플래너의 [INITIAL SETUP] → [Mandatory Hardware] → [Accel Calibration] 탭 순으로 이동한다.

02 **Calibrate Level** 을 클릭해 값을 보정한다.

3 기체 편향 보정(Compass Declination)

기체의 수평과 'Trim'이 정확한데도 기체의 직진성이 확보되지 않는다면 GPS의 방향을 돌려주는 등의 물리적인 수정을 통해 편향을 보정할 수 있지만, 이것이 불가능하다면 미션 플래너를 통해 보정할 수 있다. 이때는 다음 사항들을 먼저 확인해야 한다.

◀ GPS 마운트를 사용하면 편향을 물리적으로 수정할 수 있다.

Declination 사용 전 점검 사항

❶ 기체의 편향인지 조종사 착시에 의한 편향인지 확인한다.

헬기나 고정익 항공기의 경우 기체 형태에 따른 기수 정면의 개념이 확실하지만, 멀티콥터류는 그 특성상 정면의 개념이 불명확하다. 이런 경우 기체의 방향이 조금만 틀어져도 편향과의 구별이 어려워진다.

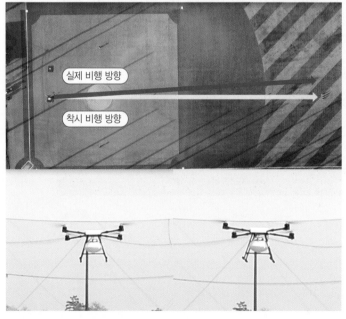

실제 비행 방향

착시 비행 방향

▲ 조종사의 시각에서의 멀티콥터

❷ 조종사의 키 조작 습관에 의한 편향인지 확인한다.

조종기를 다루는 사람의 손은 스틱을 정확히 한 방향으로 조작하기는 어려우며 스틱의 범위를 끝까지 사용하는 경우는 더욱 그러하다. 이를 조종기상에서 보정해주는 기능인 'EXP(Exponential)'의 값이 '0'(보정 없음)인 상태라면 더욱 힘들 수밖에 없다. 자신의 키 조작 습관에 의한 편향을 확인하려면 미션 플래너상의 [Radio Calibration] 메뉴를 보면서 송신기 스틱을 조작해보면 확실하게 확인할 수 있다.

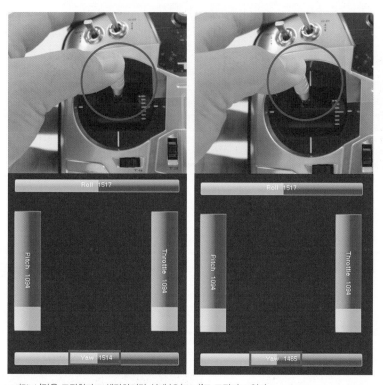

▲ 'Pitch'만을 조작한다고 생각하지만 실제 '요(Yaw)'도 조작되고 있다.

❸ 기체의 유격이나 부조화에 따른 편향인지 확인한다.

위의 항목을 모두 검토했음에도 편향이라고 판단되면 'Declination'을 통해 보정한다.

01 [CONFIG/TUNING] → [Extended Tuning] 탭 순으로 클릭해 'Ch6' 설정을 'Declination'으로 선택한다.

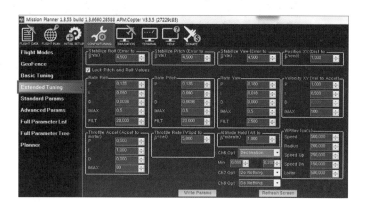

PART

3

02 'Ch6 Opt'를 'Min'은 '0.0', 'Max'는 '3.0'으로 설정한다. 이는 ±30도의 범위 내에서 조정하는 설정이며 −20°에서 +20°까지 조정하려면 'Max'를 '2.0'으로 설정하면 된다. 설정한 후 Write Params 를 클릭해 저장한다.

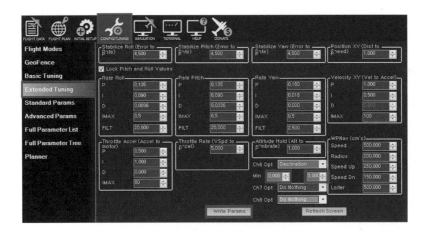

03 송신기의 Ch6을 노브나 다이얼에 설정하고 중립을 맞춘다.

04 [CONFIG/TUNING] → [Standard Params] 탭 순으로 클릭해 Find 버튼을 누른 뒤 'Search For' 창에 'Compass'를 입력한다.

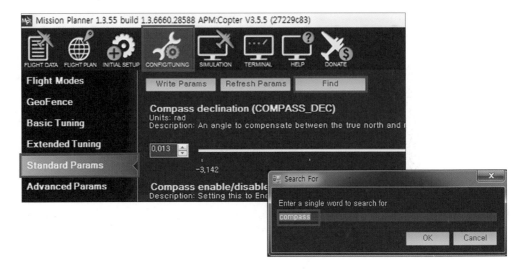

05 'Ch6'에 설정된 노브나 다이얼을 돌리면서 'Compass declination'의 값이 변경되는지 확인한다. 이때 계속 Refresh Params 버튼을 클릭해야 한다.

06 설정이 완료되면 GPS를 사용하는 모드(Loiter, PosHold 등)로 비행하면서 편향을 수정한다. 이때 기준점을 두고 비행 거리를 길게 해주면 도움이 된다.

07 수정해야 할 각도가 20°를 초과할 경우 'Primary Compass'의 물리적인 방향을 수정한다. 외부 컴퍼스(GPS 내부에 있는 컴퍼스)를 사용하면 마운트로 편향을 수정할 수 있다.

PART
3

호버링 자동 학습

Copter-3.4 이상 버전은 '호버링 정지 구간(Hover Throttle)'에 대한 스틱 위치 자동 학습 기능이 있다. 이 기능이 없었던 이전 펌웨어들에서는 수동으로 그 구간을 설정해야만 했다. 이러한 경우에는 각 비행 모드별로 호버링 포인트 구간이 다르기 때문에 모드 변경 시 갑작스런 상승이나 하강 현상이 나타날 수 있지만, 현재 이 기능은 기본값(Default)이 '사용함'으로 설정돼 있으며 픽스호크는 스스로 지속적인 학습을 통해 최적의 값을 찾아내기 때문에 사용자가 고민할 필요는 없다. 단, 이 구간이 정상적으로 설정돼 있는지 로그 분석을 통해 확인해야 한다.

> **tip** **스로틀 포지션을 통한 추력의 검증**
>
> 40~60% 범위 내에서 호버링 스로틀 구간이 구현되면 이상적이지만 이 구간을 벗어나면 기체 중량 대비 추력 등이 맞지 않는 경우이므로 동력원(모터, 변속기, 프로펠러의 인치 피치 등)의 교체 또는 기체 총 중량의 가감을 검토한다.

1 호버 스로틀(Hover Throttle) 구간 설정

❶ 'Stabilize' 또는 'Acro'를 제외한 모드로 이륙시켜 일정 고도를 계속 유지한다.

❷ 이때 스로틀 스틱은 40~60% 안에서 유지해야 한다.

❸ 10분 이상 비행 후 착륙한다.

❹ 위 ❶~❸의 과정을 2회 반복한다.

2 호버 스로틀(Hover Throttle) 구간 확인

미션 플래너의 로그를 통해 'Hover Throttle' 구간 설정이 정확한지 확인할 수 있다.

01 비행 후 생성된 플래시 로그 파일을 다운로드하고 'Bin' 파일을 더블클릭한다.

02 미션 플래너가 시작되고 로그 분석 화면이 나올 때까지 기다린다.

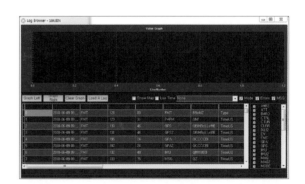

03 'CTUN' 항목의 'ThO', 'ThH'를 선택한다.

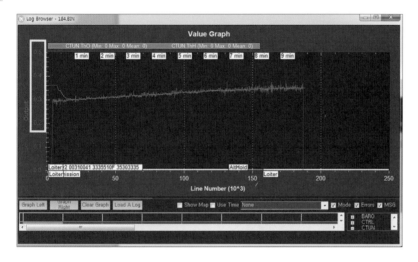

04 ThO와 ThH의 그래프가 0.2에서 0.8 사이에 있다면 정상적으로 학습된 상태다.

5 센서 오프셋 값 조정

이 기능은 Copter-3.5 이상의 펌웨어에서 가능하다. IMU(Inertial Measurement Unit, 관성 측정 장치)나 GPS와 같이 비행에 직접적인 영향을 미치는 센서는 반드시 CG에 설치하기를 권장한다. 픽스호크는 컴퍼스나 GPS 센서의 경우 외부 모듈 사용을 권장하지만 IMU는 추가를 하지 않는 이상 내부 모듈을 사용하게 돼 있기 때문에 부득이 CG점을 벗어나 설치할 수밖에 없을 경우 미션 플래너상의 매개변수를 수정하는 방식으로 위치에 대한 보정값을 인식시킬 수 있다.

매개변수의 오프셋 값 단위와 해석

① IMU 오프셋 보상 매개변수 목록, 오프셋 단위: M(미터)

- INS_POS1_X , INS_POS1_Y , INS_POS1_Z 'CG'점에서 첫 번째 IMU 위치
- INS_POS2_X , INS_POS2_Y , INS_POS2_Z 'CG'점에서 두 번째 IMU 위치
- INS_POS3_X , INS_POS3_Y , INS_POS3_Z 'CG'점에서 세 번째 IMU 위치

② GPS 오프셋 보상 매개변수 목록, 오프셋 단위: M(미터)

- GPS_POS1_X, GPS_POS1_Y, GPS_POS1_Z 'IMU' 또는 'CG'점에서의 첫 번째 GPS 위치
- GPS_POS2_X, GPS_POS2_Y, GPS_POS2_Z 'IMU' 또는 'CG'점에서의 두 번째 GPS 위치

> IMU나 GPS의 위치는 중앙이 이상적이지만 이것이 불가능할 경우, 오프셋값을 조정한다.

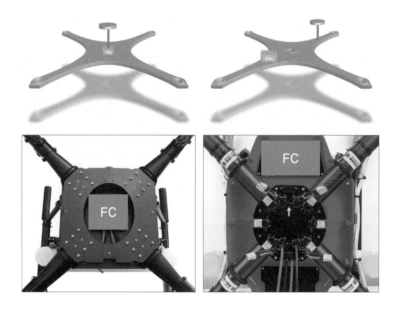

1 오프셋 값 설정 방법

① 해당 장치의 위치를 'CG'로부터 거리로 측정한다. 이때 X, Y, Z축은 다음과 같다.

❷ [CONFIG/TUNING] → [Full Parameter List] 탭 순으로 이동해 'Search' 항목에 'INS_POS' 또는 'GPS_POS'를 검색한다.

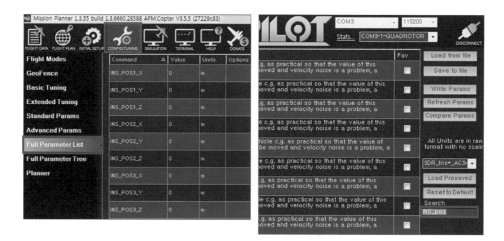

❸ 해당 단위를 M(Meter)으로 환산해 값을 입력한 후 저장한다.

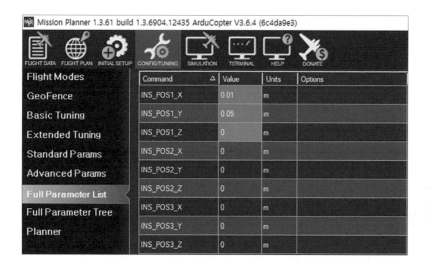

6 **전류 제한 및 전압 스케일링**

　Copter-3.3 이상 버전에는 배터리가 소모됨에 따른 전압 강하 보상 및 기체의 PID 이득값 조절 기능과 배터리 보호를 위한 전류 제한 기능이 포함된다. 이 두 가지 기능 모두 기체에 PM 모듈이 설치돼 있어야 정상적으로 활성화할 수 있으며 'Autotune'을 사용하기 전에 활성화시키면 배터리 문제에 따른 멀티콥터의 성능을 조절할 수 있다.

1 전류 제한

　기체에서 과도한 전류를 요청하면 이를 제한하기 위해 스로틀을 60%까지 자동으로 낮춤으로써 배터리를 보호한다. 이는 두 가지 변수로 조정된다.

- MOT_Bat_CURR_MAX 0~200A 단위로 설정
  - ① 설정된 A(전류)를 초과하면 스로틀을 60%까지 제한한다.
  - ② 값이 0일 경우 비활성화된다.
- MOT_Bat_CURR_TC 0~5(초) 단위로 설정
  - ① 초과하는 시간을 설정한다. 설정 시간 이상일 경우에 작동한다.
  - ② 값이 0일 경우 비활성화된다.

❶ [CONFIG/TUNING] → [Full Parameter List] 탭 순으로 이동해 'MOT_'를 검색한 후 해당 변수에 값을 입력한다.

2 전압 제한

　기체에서 과도한 전압을 요청하면 이를 제한하기 위해 스로틀을 60%까지 자동으로 내려준다. 배터리 보호에 유용하다. 이는 두 가지 변수로 조절한다.

- MOT_BAT_VOLT_MAX 6~35V까지 설정
  - ① 사용하는 배터리의 만충전 전압을 입력한다.
  - ② 값이 0일 경우 비활성화된다.
- MOT_BAT_VOLT_MIN 6~35V까지 설정
  - ① 사용하는 배터리의 만충전 전압을 입력한다. 보통 '페일세이프' 전압으로 설정한다.
  - ② 값이 0일 경우 비활성화된다.

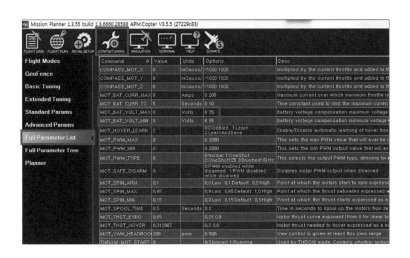

7 진동 측정

Copter-3.3 이상 버전 펌웨어에서 가능하다.

픽스호크를 포함한 모든 FC의 가속도계는 진동에 매우 민감하다. 그뿐만 아니라 과도한 진동은 기체의 전반적인 모든 기능을 저하시킨다. 진동이 심한 경우 기체가 공중에서 분해되는 최악의 경우가 발생하기도 하며, 가속도계의 데이터는 GPS와 기압계 데이터와 함께 기체의 위치 측정에 사용되기 때문에 과도한 진동은 정확한 위치 계산이 필요한 비행 모드(AltHold, Loiter, RTL 등)에서의 성능을 저하시킨다. 픽스호크는 진동을 확인해 기체 상태를 점검하고 성능을 향상시킬 수 있다.

진동을 측정하려면

❶ 안전한 측정을 위해 2명이 함께 진행한다.
❷ 비행 중 TM 모듈을 통해 기체와 미션 플래너가 항상 연결돼 있어야 한다.

1 미션 플래너를 활용한 실시간 진동 확인

01 미션 플래너의 'FLIGHT DATA' 탭을 클릭한 후 'HUD'의 'Vibe'를 클릭한다.

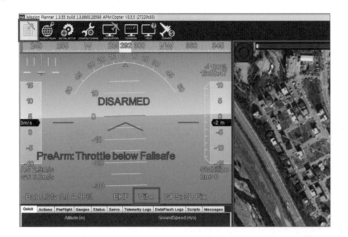

02 'Vibration' 창이 활성화된다.

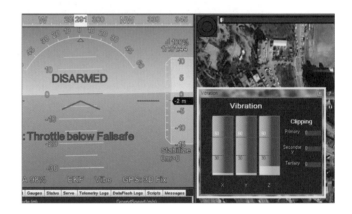

03 허용 범위 안에서 최대한 과격하게 비행하면서 진동 계수를 확인한다. 이때 값이 첫 번째 빨간 선(30)을 넘지 않으면 이상적이며 만약 두 번째 빨간 선(60)을 넘을 경우 기체를 점검해야 한다. 진동 측정은 각 축에 대해 수행한다.

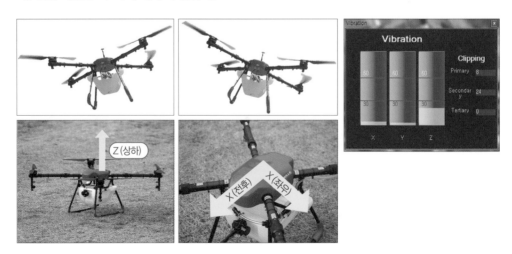

04 'FLIGHT DATA' 탭 지도 화면 하단의 'Tuning'을 클릭하면 그래프가 활성화된다.

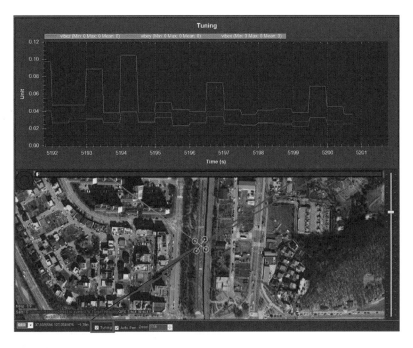

05 활성화된 'Tuning' 창을 더블클릭해 세부 항목으로 진입한 후 vibex, vibey, vibez를 선택하면 진동 데이터가 그래프로 활성화된다.

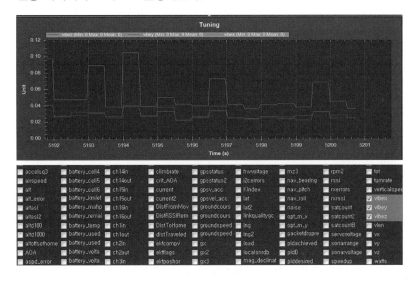

2 로그 분석을 통한 진동 확인

픽스호크는 로그 분석을 통해 진동을 확인할 수 있다. 진동은 'BarAlt', 'DAlt', 'Alt' 항목으로 저장된다.

<u>01</u>　비행 후 생성되는 'Bin' 파일을 다운로드한 후 더블클릭한다.

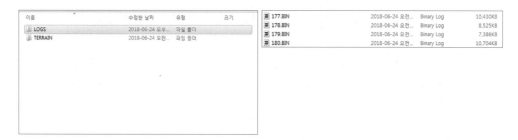

<u>02</u>　미션 플래너가 시작되고 로그 분석 화면이 나올 때까지 기다린다.

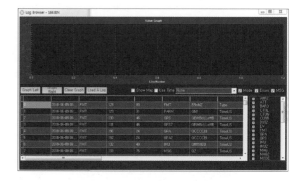

<u>03</u>　'Vibe' 항목의 'VibeX, VibeY, VibeZ'를 선택한다.

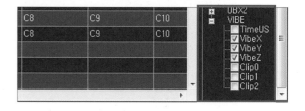

<u>04</u>　다음 그림은 가장 양호한 진동의 예를 보여준다(전동 RC인 X4-10 비행 로그).

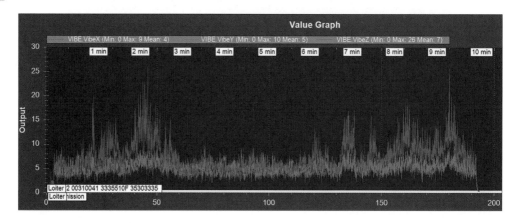

진동 측정 참고 사항

❶ 가속도계의 출력 단위는 m/s/s이다.

❷ 위 그림은 전동 RC(X4-10)의 실제 로그다. 12kg급의 기체이지만 댐퍼 플로팅 방식의 설계로 15m/s/s보다 현저히 낮은 수준의 진동을 나타내고 있다. 최고값도 허용 기준인 30m/s/s를 초과하지 않는다. 60m/s/s를 초과할 경우 FC에 전달되는 진동 문제는 심각한 수준으로 고려된다.

❸ 진동이 심한 기체의 경우 오른쪽 그림과 같은 그래프를 나타낸다. 실제 90 이상을 나타낼 수 있으며 평균값은 50m/s/s 정도를 나타낸다.

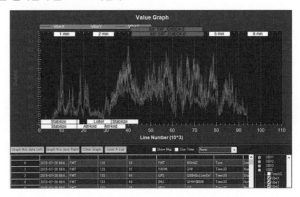

▲ 출처: http://ardupilot.org/copter/docs/common-measuring-vibration.html

05 'Clip0, Clip1, Clip2'를 클릭한다. 이 값은 가속도계가 최대 한계값(16G)에 도달할 때마다 기록된다. 이 값은 다음(그림 하단)과 같이 전체적으로 '0'을 기록해야 하지만 로그를 통해 증가가 발견되면(그림 상단) 진동 문제를 해결해야 한다.

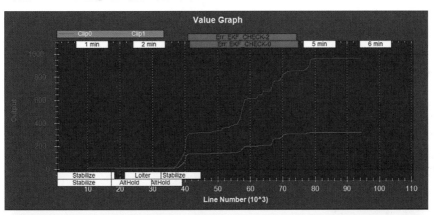

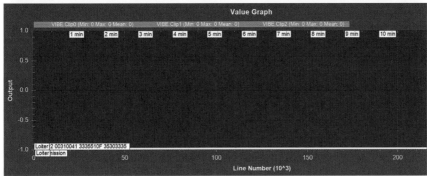

3 항목별 중요성 및 세부 사항의 이해

지금까지 우리는 기본 설정과 세부 설정 방법 및 메뉴를 학습했다. 하지만 픽스호크의 기능을 모두 이해하기에는 다소 부족함이 있다. 픽스호크를 응용하기 위해서는 각 부품의 중요성을 인지하고 설정 항목이 말하고자 하는 세부적인 내용을 이해해야 한다.

1 텔레메트리(TM)

픽스호크는 2개의 텔레메트리(Telemetry, TM) 직렬 포트를 제공한다. 2개의 포트는 마브링크 통신용이라는 점에서는 유사하지만 고출력 장치의 경우 'Telem1' 포트를 사용해야 한다. APM(Ardupilot Mega)에서는 1개의 포트만 지원해 주변 기기(OSD 등)를 연결할 때 불편함이 있었지만 픽스호크는 이를 물리적으로 해결했을 뿐만 아니라 포트의 기능을 좀 더 세분화했으며, 미션 플래너를 통해 설정할 수 있다.

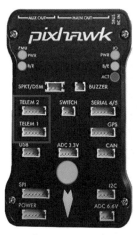 

▲ APM(우)은 1개의 TM포트를 제공했지만, 픽스호크(좌)는 2개의 TM포트를 제공한다.

가속도계(좌), 컴퍼스 교정(우) 수행 시 픽스호크를 360°로 몇 바퀴 돌려주거나 6면을 전부 수평으로 맞추기 위해 돌려가며 수평을 맞춰야 하는 경우가 생기는데, 이때 USB 케이블을 통해 진행하면 매우 불편하다.

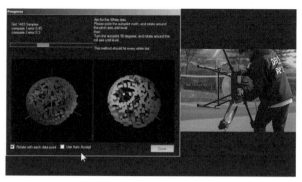

▲ 픽스호크 Calibrate Compass(컴퍼스 교정): 텔레메트리(Telemetry)를 사용해야 선 꼬임 등의 불편함이 없다.

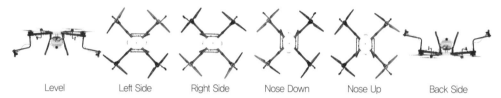

| Level | Left Side | Right Side | Nose Down | Nose Up | Back Side |

▲ 픽스호크 IMU 교정 시에도 텔레메트리를 사용해야 불편함이 없다.

PART

3

일반적으로 TM 모듈은 Air용과 Ground용이 존재하는데, 두 모듈이 바뀌어도 사용에는 아무런 지장이 없다. 단지, Air 모듈은 픽스호크에 연결하기 위해 몰렉스(Molex) 계열의 단자 작업이 돼 있는 경우이며, Ground 모듈은 컴퓨터나 스마트폰에 연결하기 위해 USB 또는 OTG 케이블로 출시되는 경우가 많다.

▲ Air용과 Ground용이 구분돼 있는 TM 모듈. Ground용은 USB 단자로 돼 있다.
▲ 출처: www.foxtech.kr

▲ Air용과 Ground용이 구분돼 있지 않은 TM 모듈
▲ 출처: www.foxtech.kr

TM 모듈 구매 시에는 USB와 몰렉스 단자를 모두 지원하는 모듈 구매를 권장한다. 100mW급도 간단한 안테나 개조를 통해 2~3km까지 데이터 수신이 가능하므로 지나치게 높은 mW의 모듈은 권장하지 않는다.

또한 해외 직구의 경우 같은 모양이더라도 OTG(태블릿 장비 지원 케이블)를 지원하지 않는 모듈의 경우 스마트폰 인식이 불가하므로 구매 전 OTG 지원 여부를 반드시 확인해야 한다(그림 참고).

▲ 출처: www.foxtech.kr

또한 픽스호크의 단자로 사용되는 몰렉스의 경우 작업이 까다롭고 사용자가 직접 만들기에는 그 품질을 보증할 수 없기 때문에 픽스호크와 TM 모듈을 따로 구매할 경우 단자가 미세하게 맞지 않을 수도 있으므로 구매 시 항상 판매자에게 먼저 확인하고 구매하기를 권장한다.

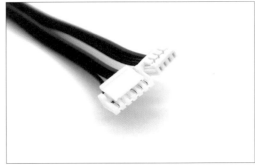

▲ 픽스호크에 사용되는 몰렉스 케이블(그림 참고)
▲ 출처: www.foxtech.kr

텔레메트리 요약

❶ TM 모듈인 Air용 모듈과 Ground용 모듈의 사양은 완벽하게 일치해야 한다. 특히, 주파수의 경우 MAX와 MIN 값이 정확히 일치해야 한다.

❷ 통신 속도는 기본이 64다. 이 속도를 높이면 정보 수신이 빨라지지만 비행 중 통신이 자주 끊어진다.

❸ 출력은 200이 최댓값(Max)인데 이는 100mW이며 이는 모듈의 기본 mW에 비례해 제어된다.
  ※ 100mW 모듈의 경우 20 = 100mW, 500mW 모듈의 경우 20 = 500mW이다.

❹ NET ID와 주파수를 바꿔 본인만의 조합으로 운용하는 것이 안전하다.

1 미션 플래너상의 텔레메트리 정보 확인

01 [INITIAL SETUP] → [Optional Hardware] → [Sik Radio] 순으로 탭을 클릭한다.

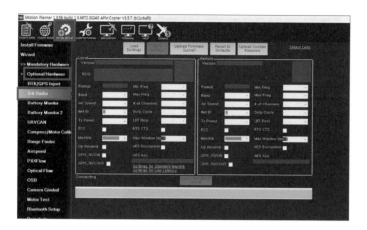

02 [Load Settings]를 클릭해 픽스호크에 연결된 텔레메트리 정보를 확인한다.

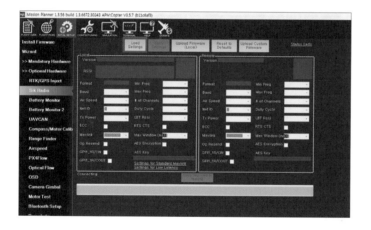

03 'Connecting' 문구가 왼쪽 하단에 표시되면 기다린다.

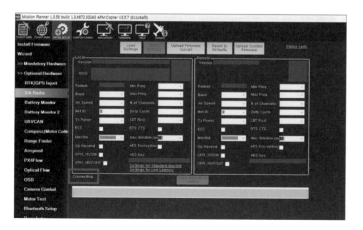

04 'Done'이라는 문구와 함께 본인의 Air용 모듈 정보가 표기된다.

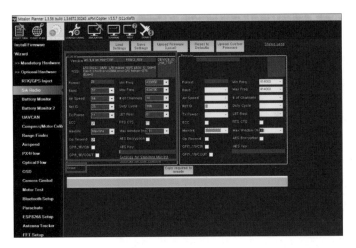

2 Sik Radio 각 항의 의미(원문 번역)

❶ Baud

> 보(기본값 57): 미션 플래너 또는 비행체가 지역 라디오와 통신하는 속도. 57은 57,600bps를 의미한다.
> Baud (default 57): the rate at which the mission planner or vehicle communicates with the local radio. '57' = 57600 bits per second.

❷ Air Speed

> 대기 속도(기본값 64): 2개의 라디오가 서로 통신하는 속도. '64'는 64kbps를 의미한다. 속도를 낮게 설정하면 무선 범위가 늘어나지만 링크상의 전송 데이터 속도(즉, 주어진 시간 안에 전송할 수 있는 데이터양)가 줄어든다.
> Air Speed(default 64): the rate at which the two radios will communicate with each other. '64' = 64kbps (kilobits per second). Setting a lower rate will increase the range of the radio but reduce the rate of data (i.e. the amount of data that can be sent in a given time) across the link.

❸ ECC

> ECC(기본값은 'ON'): 오류 수정 활성화 여부를 제어한다. 활성화(on)되면 '12/24 Golay 오류 수정 코드'가 사용되는데 이를 통해 부적절한 데이터의 제거를 보장하기 위해 16bit CRC byte가 데이터와 함께 전송된다. 안타깝게도 이때문에 링크 전반에 걸쳐 데이터 전송 속도가 반으로 줄어들지만, 특히 비행체가 출발지에서 멀리 간 경우에는 ECC를 활성화 상태로 두는 것을 권장하며 그 이유는 전송 오류가 거리에 따라 상당히 많이 증가하기 때문이다.

ECC(default is 'on'): controls whether error correction is on or off. When on '12/24 Golay error correcting code' is used which involves sending a 16 bit CRC byte along with the data to ensure that bad data is thrown away. Unfortunately this also halves the data rate across the link but it is recommended to leave ECC on especially when the vehicle is far from home base because transmission errors increase greatly with distance.

❹ MAVLink

마브링크(기본값 'MAVLink'): 이것은 MAVLink 패킷에 대한 전송 최적화 여부를 제어한다. 조이스틱 또는 안드로이드 태블릿 가상 조이스틱을 사용해 비행체를 수동 조종할 경우 'Low Latency'로 설정한다. 이 매개변수가 그 기본값인 'MAVLink'로 설정된 경우에만 무선 신호 강도 정보(RSSI) 및 오류율이 전송된다는 점에 유의한다.

MAVlink (default is 'MAVLink'): this controls whether the transmission is optimised for MAVLink packets or not. Set to 'Low Latency' if using a joystick or an 안드로이드 tablet's virtual joystick to manually fly the vehicle. Note that information on the radio signal strength (rssi) and error rate is only sent if this parameter is set to it's default, 'MAVLink'.

❺ TX Power

TX Power(기본값 20): 1 = 1.3milliWats, 2 = 1.5mW, 5 = 3.2mW, 8 = 6.3mW, 11 = 12.5mW, 14 = 25mW, 17 = 50mW, 20 = 100mW 일 때의 전송 출력. 이는 해당 지역 규정을 준수해 설정해야 한다. 일부 국가별 정보는 여기에 있는 링크를 참고한다.

Tx Power (default 20): the transmission power where 1=1.3mW, 2=1.5mW, 5=3.2mW, 8=6.3mW,11=12.5mW, 14=25mW, 17=50mW, 20=100mW. This should be set to conform with your local regulations. Some per-country information is linked here.

❻ Duty Cycle

Duty Cycle(기본값 100)[2]: 라디오가 패킷을 전송하는 최대 시간 백분율. 듀티 사이클이 주어진 한계 값 이하인 경우 일부 국가에서는 더 높은 송신 출력이나 더 많은 주파수를 허용한다. 예컨대, 유럽에서는 듀티 사이클이 10% 미만인 경우 433 대역의 넓은 범위 주파수로 전송할 수 있다. 텔레메트리 트래픽이 상당히 '폭발적'이어서 평균 전송 시간은 대체로 높지 않다. 듀티 사이클을 100% 미만으로 설정하면 사용 가능한 대역폭이 줄어들므로 더 높은 대기 속도에서만 제기능을 발휘한다는 사실을 알게 될 것이다. 라디오는 듀티 사이클을 0으로 설정해야만 수신을 설정할 수 있다.

---

[2] 특정 신호가 살아 있는 기간의 백분율 표기법 – 옮긴이

PART

3

Duty Cycle (default 100): the maximum percentage of time that the radio will transmit packets. Some regions of the world allow for higher transmit power or more frequencies if you have a duty cycle below a given threshold. So for example in Europe you can transmit on a wider range of frequencies in the 433 band if your duty cycle is below 10%. Telemetry traffic is quite 'bursty', so the average transmit time is not generally high. When you set a duty cycle below 100% then your available bandwidth will be reduced, so you will find it will only work well for telemetry at higher air speeds. A radio can be set to receive only by setting it's Duty Cycle to zero.

⑦ Max Window

Max Window(기본값 33): GCS가 33msec에 비행체로 패킷을 보낼 수 있도록 보장한다. 'MAVLink' 설정이 'Low Latency'일 때 이것은 낮은 수(예: 33)로 유지돼야 한다.

Max Window(default 33): ensure the GCS can send a packet to the vehicle ever 33msec. This should be kept as a low number (like 33) when the 'MAVLink' setting is 'Low Latency'

⑧ LBT Rssi

LBT Rssi(기본값 0): 일부 국가의 규제 요건을 충족할 수 있도록 '선점 주파수 파악 후 필요 시 대체 주파수 선정 방식'에 사용되는 한계값을 유지한다. 0이 아니면 라디오는 전송하기 전 다른 라디오의 신호가 있는지 무신호 시간을 확인한다. 이 매개변수는 수신기 신호 강도를 유지한다. 이때 해당 신호 강도에 미치지 못할 경우 전파 신호는 '없음'으로 간주된다. 이 매개변수가 0으로 설정되면 LBT는 불능 상태가 된다. 이것을 25(최솟값)로 설정하면 −121dBm이 된다. 25 이상으로 증가시킬 때마다 한계값이 약 0.5dB씩 높아지는데, 예컨대 40은 7.5dB의 신호 강도와 같다. 전체 공식은 다음과 같다.

signal_dBm = (RSSI / 1.9) − 127

라디오의 LBT 구현은 최소 5ms의 청취 시간과 유럽의 9.2.2.2 규정에 따른 무작위 청취 시간을 사용한다. 많은 지역에서 AFA(Adaptive Frequency Agility)와 함께 LBT를 구현해야 한다는 점에 유의한다. NUM_CHANNELS를 1보다 큰 값으로 설정하면 라디오에 AFA를 구현한다.

LBT Rssi (default 0): holds the threshold used for 'listen before talk' which allows it to comply with some country's regulatory requirements. When non-zero the radio listens for quiet period of time where no signals from other radios are received before transmitting. This parameter holds the receiver signal strength below which the airwaves are considered 'quiet'. If this parameter is set to zero then LBT is disabled. Setting this to 25 (the min) is −121 dBm. Each increment above 25 raises the threshold by about 0.5dB so for example 40 equals a signal strength of 7.5dB. The full formula is:

signal_dBm = (RSSI / 1.9) − 127

The LBT implementation in the radio uses a minimum listen time of 5ms, plus randomised listen time as per the European 9.2.2.2 rules. Note that in many regions you need to implement LBT in conjunction with AFA (Adaptive Frequency Agility). The radio implements AFA as long as you have NUM_CHANNELS set to more than 1.

❾ RTS CTS

2 프레임 유형

여기에서 얘기하는 유형별 장단점은 일반적 사항일 뿐 특정 유형에 대해 특정 장단점이 반드시 일치한다는 의미가 아니라는 점에 유의한다. 기술이 발달함에 따라 드론의 효율성은 상당 부분 개선되고 있으며 이런 측면에서 본 픽스호크 매뉴얼의 학습 목표는 독자 여러분이 상식을 뛰어넘는 안목을 갖출 수 있도록 지식을 전달하고 지원하는 데 있다.

❶ 트라이콥터

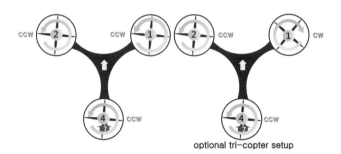

optional tri-copter setup

❶ **동력원 구성:** 3개소

❷ **유형: Y**

❸ **예비 동력원:** 없음

❹ **장단점:** 트라이콥터(Tricopter)는 서보와 함께 3대의 모터/프로펠러를 사용해 불리한 편주를 보상하거나 진행 방향을 정할 수 있다. 이는 빠른 요 동작을 가능하게 해주는 요소기도 하다. 트라이콥터는 초기에 브러시리스(Brushless: 無브러시) 모터/프로펠러 등의 부품이 비싼 경우 인기가 있었지만, 추락 시 서보 파손이 잦고 비행 중에도 파손되는 경우가 있어 현재에는 사용되는 경우가 상대적으로 적다. 또한 구성품 중 하나라도 이상 발생 시 그에 대한 보상이 불가능해 자유 낙하를 한다는 단점도 있다.

② Y6

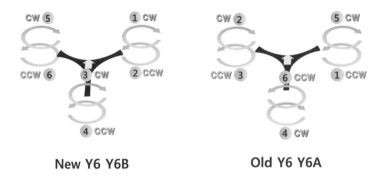

New Y6 Y6B   **Old Y6 Y6A**

❶ **동력원 구성:** 6개소

❷ **유형: Y**

❸ **장단점:** 트라이콥터의 단점을 보완하고 장점을 활용한 설계 방식이다. 트라이콥터의 최대 장점은 요(Yaw) 동작의 반응 속도가 헬기에 버금갈 만큼 빠르다는 것이다. 반면 예비 동력원이 없고 직결 방식 서보가 추락과 비행 시 위험하다는 단점이 있다. Y6는 이런 트라이콥터의 단점을 한 번에 해결한 방식이다. 우리나라에서도 한때 '전주Y6'라는 기체가 유행했는데 짧은 체공 시간이 단점이었다.

③ 쿼드콥터(Quadcopter: X, H, ➕ 유형)

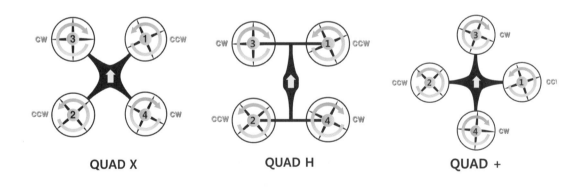

QUAD X   **QUAD H**   **QUAD +**

❶ **동력원 구성:** 4개소

❷ **유형: X, H** 또는 ➕

❸ **예비 동력원:** 없음

❹ **장단점:** 기본 유형은 X 형태로 지정돼 있지만 ➕ 유형도 구성할 수 있다. 트라이콥터와 같이 동력원 중 어느 하나라도 이상이 생기면 전복되는(뒤집어지는) 단점이 있지만 비교적 체공 시간이 길고 구성이 간단하다는 장점이 있다. 또한 X형의 경우 카메라 등을 전방에 장착하기 쉽고 많은 드론 제작사에서 소형 기체용으로 선호하는 유형이다.

④ 헥사콥터

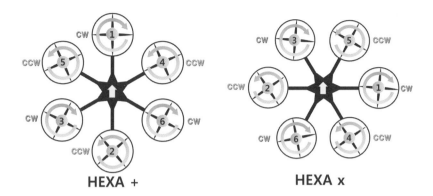

HEXA +   HEXA x

❶ **동력원 구성:** 6개소

❷ **유형:** +, X

❸ **예비 동력원:** 1개소

❹ **장단점:** 기본 유형은 ✱ 형태로 지정돼 있으며 트라이콥터나 쿼드콥터와 달리 동력원의 문제 발생 시 1개의 예비 동력원 확보가 가능하다. 실제 문제 발생 시 즉, 6개의 모터/프로펠러 중 1개가 문제를 일으킬 경우 나머지 5개의 모터/프로펠러가 추력을 분담하는 형태가 돼 한 방향으로 돌지만 추락하지는 않는 장점이 있다. 이때 훈련이 잘된 조종사가 아니라면 AUTO 모드 복귀를 권장한다.

또한 트라이콥터나 쿼드콥터에 비해 늘어난 동력원은 예비의 개념뿐 아니라 그만큼 늘어난 에너지 소모로 인해 체공 시간이 줄어든다.

⑤ 옥토콥터(Octocopter)

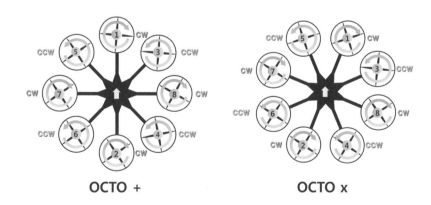

OCTO +   OCTO x

❶ **동력원 구성:** 8개

❷ **유형:** X 또는 +,

❸ **예비 동력원:** 2개소

❹ 장단점: 옥토콥터의 경우 1개의 모터/프로펠러에서 문제가 발생하는 경우, 다른 7개의 모터/프로펠러가 추력을 분담해 안정적인 자세를 유지할 수 있는 장점이 있다. 쿼드콥터에 비해 상대적으로 많은 모터/프로펠러로 인해 전력 소모가 심해 체공 시간이 짧다는 단점이 있다. 고가의 탑재 장비 운용이나 위험 지역 비행의 경우 기체 보호보다는 탑재 장비의 보호를 위해 안정성 우선의 차원에서 고려되는 기체 유형이다.

⑥ X8

X8
(OCTA QUAD)

❶ 동력원 구성: 8개

❷ 유형: X

❸ 예비 동력원: 2개소

❹ 장단점: X4 형태의 쿼드콥터와 유사한 기체이지만 옥토콥터의 장점을 갖고 있고 그만큼 추력이 좋아 비행 성능이 뛰어나며 바람 저항성이 강하다. 또한 암(Arm) 하나에 2개의 모터가 달려 있어 정비 소요는 줄어드는 반면 동력원이 늘어난 만큼 에너지 소모도 증가해 체공 시간 감소를 피할 수 없는 유형이다.

❼ 프레임 유형별 모터 방향 및 프로펠러 설정

픽스호크 모터 배치 참고

❶ 픽스호크는 기체의 등급 및 유형별로 모터의 방향과 순서를 설정한다.
❷ 모터 회전 방향: CW(시계 방향), CCW(반시계 방향) 등으로 표기
❸ 서보 핀 순서: 1, 2, 3, 4
❹ 모터 확인 순서: A, B, C, D

이는 선택한 등급/유형별로 이미 정해져 있지만 변경도 가능하다. 단, 변경 시 프로펠러의 방향 및 모터의 회전 방향뿐만 아니라 기체의 방향도 변경될 수 있으므로 정확하게 이해하고 작업에 임해야 한다.

8 픽스호크와 ESC 신호선 연결

❶ 픽스호크의 상단에는 'MAIN OUT'과 'AUX OUT'이 있다(그림 참고).

❷ 'MAIN OUT'에 ESC 신호선을 연결하도록 돼 있고, 극성과 순서는 다음 그림과 같다.

❸ 각 슬롯에 연결하는 ESC 신호선 순서는 기체 전방을 기준으로 설정되며 위 그림의 번호와 MAIN OUT 핀 번호를 일치시킨다.

● 트라이콥터

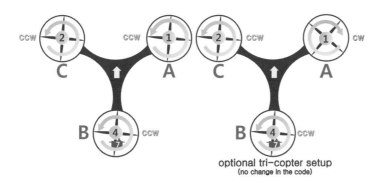

optional tri-copter setup
(no change in the code)

● 쿼드콥터

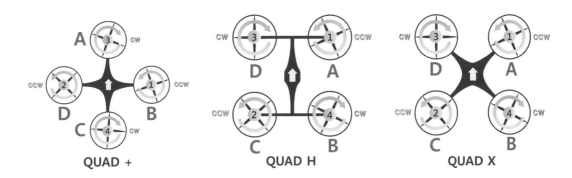

QUAD +   QUAD H   QUAD X

● 헥사콥터(Hexacopter)

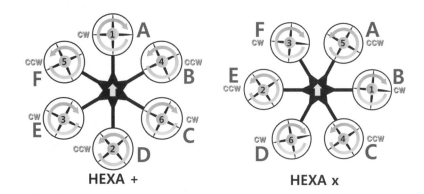

HEXA +

HEXA x

● 옥토콥터(Octocopter)

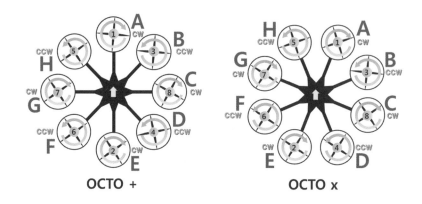

OCTO +

OCTO x

● Y6

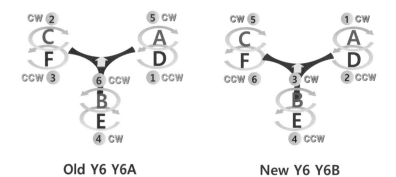

Old Y6 Y6A

New Y6 Y6B

● X8

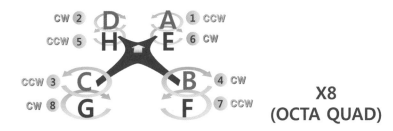

X8
(OCTA QUAD)

9 모터 회전 방향 및 배선 확인

픽스호크와 ESC의 정확한 결선 여부는 미션 플래너의 [Motor Test] 메뉴를 통해 보다 확실하게 확인할 수 있다.

❶ 픽스호크와 ESC에 전원을 넣고 TM 모듈을 통해 미션 플래너와 연결한다. 이때 송신기를 'ON' 상태로 둔다. 송신기를 연결하지 않고 TM 모듈만으로도 확인할 수 있지만 안전을 위해 반드시 송신기를 사용한다.

❷ [INITIAL SETUP] → [Optional Hardware] → [Motor Test] 탭 순으로 이동한다.

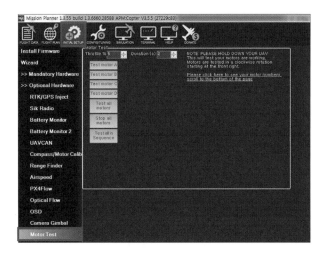

❸ `Test motor A` 버튼을 클릭해 전방 기준 몇 번째 모터가 회전하는지 확인한다. 여기서 명심해야 할 것은 모터 조립 순서(1, 2, 3, 4 등)와 모터 회전 순서(A, B, C, D 등)가 그림과 같이 일치하는지 확인해야 한다는 것이다.

● 픽스호크의 변숫값을 조정하지 않는 한 항상 오른쪽 전방을 기준으로 'A'가 설정되고 다음 그림과 같은 순서로 'B', 'C', 'D'가 설정돼야 한다. 이 순서가 정확하지 않으면 ESC 신호선의 배열이 틀렸다는 의미다.

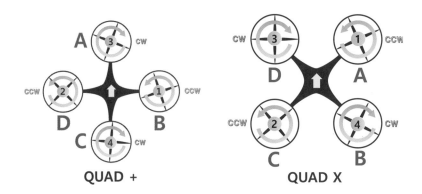

● 다른 기체 유형의 경우에도 A, B, C, D, E, F, G의 순서는 거의 동일하다. 항상 오른쪽 기준 시계 방향으로 그 순서가 정해져야 하며 X8이나 Y6의 경우는 상단을 먼저 정하고 하단의 순서를 정한다. 이 순서 설정이 하나라도 잘못되면 ESC의 신호선과 픽스호크의 'MAIN OUT' 포트와의 배선을 다시 점검해야 한다.

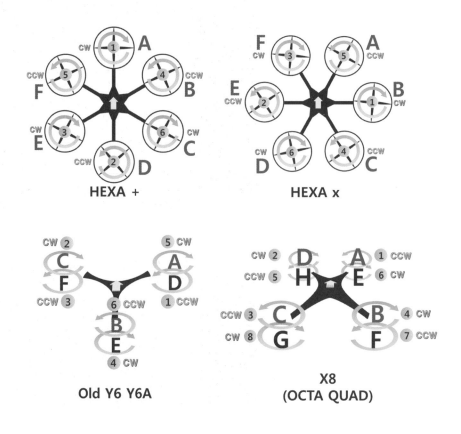

❹ Test motor A 버튼을 클릭해도 모터가 작동되지 않고 기계적 비프음이 들린다면 'Throttle'의 % 를 올려준다. 이때 과도하지 않게 1~2%씩 올려보면서 모터가 작동하는지 확인한다. 일반적으로 10%선에서 모든 모터는 반응한다.

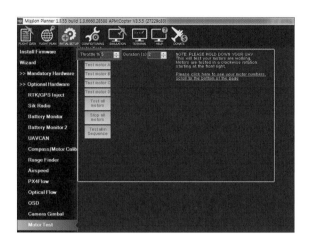

3 컴퍼스 교정

최근 픽스호크용으로 판매되는 N8N급 이상 GPS의 경우 컴퍼스가 내장돼 있다. 이 컴퍼스는 항상 외부에 노출돼 있기 때문에 주변 기기의 간섭이 없어 정확한 측정값을 유지한다. 픽스호크의 내장 컴퍼스보다는 외장 컴퍼스 사용을 권장한다.

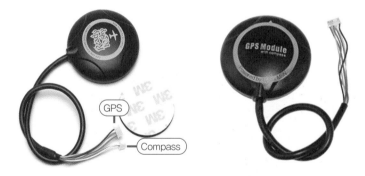

▲ 컴퍼스 포함 GPS(왼쪽)와 GPS만 있는 모듈 I2C 단자로 구별한다.

▲ 컴퍼스 교정 화면(일반적으로 가장 왼쪽이 항상 외부 컴퍼스를 나타낸다)

> **버전 3.4 이상의 펌웨어는 온보드(Onboard) 교정을 지원한다.**

이에 대한 내용은 다음 링크를 참고한다.

http://ardupilot.org/copter/docs/common-compass-calibration-in-mission-planner.html

그 내용 중 중요한 부분을 살펴보면 다음과 같다.

Copter-3.4(이상 버전)는 'RC 조종기 스틱 동작을 활용한 온보드 교정'을 지원한다. 이는 교정 루틴이 GCS 가 없는 조종기에서 실행된다는 의미다. 이 방법은 오프셋뿐 아니라 스케일링도 계산되기 때문에 이전의 그 라운드 스테이션에서 운용되던 '오프보드 교정(Offboard Calibration, 일명 'Live Calibration')보다 정확하다.

Onboard Calibration using Stick Gestures (no GCS)

Copter-3.4 (and higher) supports "Onboard Calibration using RC Controller stick gestures" meaning that the calibration routine runs on the flight controller with no GCS. This method is more accurate than the older "Offboard Calibration" (aka "Live Calibration") which runs on the ground station because in addition to offsets, scaling is also calculated.

실제 픽스호크의 해외 포럼에서도 '온보드 교정이 어렵지만 그만큼 성능이 향상된다'는 평을 받고 있다. 또한 픽스호크 2.1은 온보드 교정이 아닌 라이브 교정을 시행할 경우 많은 오류가 발생한다 는 의견이 많으므로 온보드 교정을 권장한다.

① Compass 탭의 이해

❶ 미션 플래너의 [INITIAL SETUP] → [Mandatory Hardware] → [Compass] 탭 순으로 진입한다.

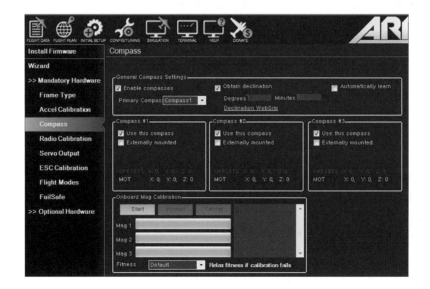

❷ 'Enable Compasses' 선택: 활성화하지 않으면 컴퍼스를 사용할 수 없으며 미션 플래너에서
는 사용하는 것을 권장한다.

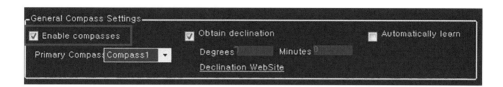

❸ 'Obtain Declination' 선택: GPS 상태에 따른 컴퍼스의 오프셋 값을 선택한다. 보통 기본으
로 선택(활성화)돼 있으며 선택 해제 후 수동 입력도 가능하다.

❹ 'Automatically learn' 선택: 개발자의 공식 설명은 없지만 필자의 운용 경험에 따르면 비행
중 컴퍼스 간섭에 대한 보정을 스스로 학습하는 기능이다. 이 기능의 성능에 대한 의견이 다
양한 편인데 필자도 사용 시와 미사용 시의 뚜렷한 차이를 느끼지는 못했다.

❺ 'Primary Compass' 1, 2, 3 중 선택: 픽스호크는 3개의 컴퍼스를 사용할 수 있으며 버전별
로 3개 값을 비교해 비행하거나 3개 중 1개만 사용해 해당 센서의 오류 시 다른 센서로 대처
할 수 있다.

이에 대한 자세한 내용은 다음 링크와 그림을 참고하기 바란다.

http://ardupilot.org/copter/docs/common-compass-setup-advanced.html

개요

기본적인 방향 정보를 제공하기 때문에 컴퍼스의 정교한 설정은 매우 중요하다. 기수 방향의 정확도 없이 자동 조종 모드(즉, AUTO, LOITER, PosHold, RTL 등)에서 비행체가 정확한 방향으로 이동할 수는 없다. 부정확한 기수 방향은 회전(일명 '좌변기 물내림 현상') 비행이나 통제 불능 비행을 초래할 수 있다.

아두파일럿은 현재 최대 3개까지 컴퍼스를 연결할 수 있다. ('COMPASS_PRIMARY' 매개변수를 사용하도록 지정된) 컴퍼스 1개만 항법용으로 사용된다. 많은 자동 조종 모드용 내장 컴퍼스가 있지만 대부분 외장 컴퍼스를 대신 사용한다. 외장형 컴퍼스는 내장형보다 더 높은 신뢰도의 데이터를 제공하는데 이는 다른 전자 기기와 분리돼 있기 때문이다.

Overview %

Accurately setting up the compass is critical because it is the primary source of heading information. Without an accurate heading the vehicle will not move in the correct direction in autopilot modes (i.e. AUTO, LOITER, PosHold, RTL, etc). This can lead to circling (aka "toiletbowling") or fly-aways.

ArduPilot currently allows up to three compasses to be connected. Only one compass (specified using the `COMPASS_PRIMARY` parameter) is used for navigation. While many autopilots have an internal compass, most will instead use an external compass. This provides more reliable data than an internal compass because of the separation from other electronics.

❻ Primary Compass

이 항목에서 각각의 컴퍼스 사용 여부를 결정할 수 있으며 일반적으로 가장 왼쪽이 외장형 컴퍼스 수치를 보여준다.

❼ Externally Mounted

외부 마운트를 사용 시 선택한다. 이 메뉴 선택 시 다른 창이 나타나는데 이는 기체적 특성에 의해 컴퍼스의 방향과 픽스호크의 방향이 일치되지 않았을 때 오프셋 값을 설정할 수 있는 메뉴다(그림 참고).

선택 창을 클릭하면 수많은 방향과 각도 설정값이 나타난다(그림 참고).

❽ 'Onboard Mag Calibration' 온보드 교정: 이 메뉴의 'Start'를 누르면 '삐~삐~삐'하는 비프음이 계속 발생하며 교정을 시작한다. 이를 그래프와 수치(%)로 실시간으로 보여준다. [Fitness] 메뉴에서는 4단계의 정확도 설정이 가능하다(그림 참고).

기본 설정은 'Default'로 돼 있지만 지속적으로 실패하는 경우 이 메뉴에서 좀 더 하위 메뉴로 설정해 컴퍼스 교정을 수행할 수 있다.

필자의 경험으로는 'Default'로 설정 시 40회 이상 회전하는 경우도 있었으며 주로 [Strict] 메뉴를 통해 설정한 후 교정을 시행했지만 기체의 컴퍼스 오류 발생은 극히 드물었다.

❾ 컴퍼스 오프셋 값 수치의 의미

생성된 값의 합이 600보다 작으면(즉, sqrt(offset_x^2+offset_y^2+offset_Z^2) < 600이면) Copter−3.2.1 및 그 이후의 오프셋은 수용 가능한 것으로 간주된다. Copter 3.2.1 이전에는 각 오프셋의 절대값을 150 미만(즉, −150 < offset < 150이면)으로 권장했다.

In Copter-3.2.1 and later offsets are considered acceptable provided their combined "length" is less than 600 (i.e. sqrt(offset_x^2+offset_y^2+offset_Z^2) < 600). Prior to Copter 3.2.1 the recommendation was that the absolute value of each offset be less than 150 (i.e. -150 < offset < 150).

즉, 모든 값의 합이 600 미만이면 수용 가능하다는 뜻이므로 최대한 작은 수치가 나오면 더 좋지만 600 이하이면 진행해도 좋다는 의미다. 위 수치의 경우 3.5.5 버전임에도 불구하고 합이 170 미만인 경우로 아주 양호한 경우의 예시로 볼 수 있으며 Z 값이 0에 가까울수록 좋다. 만약 지속적으로 교정에 실패하거나 수치가 계속 초과될 경우 다음 사항을 확인해야 한다.

● 교정 장소 주변의 자기장 값 확인(스마트폰 등의 애플리케이션으로 확인 가능. 결과에 따라 장소 이동)

　필자의 경우 광케이블 매설 지역임을 모르고 하루종일 교정에 실패한 경험이 있다.

● 태양풍 영향 여부 확인(스마트폰 애플리케이션이나 기상청에서 확인 가능)

● 사용자의 몸에 금속이나 차량용 스마트키 등 확인(모두 제거해 3m 이상 이격)

● TM 모듈의 간섭(TM 모듈의 파워를 11 정도로 설정하면 된다)

● COMPASS_OFFS_MAX 매개변수를 850 ~ 2,000 또는 3,000으로 변경한다.

● 컴퓨터의 원인 모를 간섭(컴퓨터를 재부팅한다)

● FC 내부 및 컴퍼스 불량

　– 내장 컴퍼스만 선택 후 진행

　– 외장 컴퍼스만 선택 후 진행

　– 둘 중 가능한 것 사용 또는 FC나 GPS 교체

② 송신기를 이용한 컴퍼스 교정

컴퍼스는 컴퓨터를 통해서도 교정할 수 있지만 비행장에서 간단히 조종기만 활용해 교정할 수도 있다. 송신기를 이용해 컴퍼스 교정을 시도하면 항상 'onBoard'로 진행된다.

① 스로틀을 최대로 올린 후 요(Yaw)를 오른쪽 끝까지 민다.
② 경고음이 지속적으로 울리면 컴퍼스 교정을 시작한다.
③ 정지하려면 스로틀을 최대로 올린 후 요(Yaw)를 왼쪽 끝까지 민다.

동영상은 다음 링크를 통해 확인할 수 있다.

https://youtu.be/CD8EhVDfgnI

4 라디오 교정(Radio Calibration)

픽스호크와 송·수신기의 최댓값 및 최솟값을 인식시키는 교정이다. 멀티콥터에서 사용하는 송·수신기는 각 제조사별 PWM 값의 수치가 픽스호크에 다르게 인식되는데 조종사가 스틱을 조작할 때 최댓값과 최솟값을 인식시켜 멀티콥터의 반응과 최대 타각량을 원하는 대로 설정하기 위함이다.

픽스호크는 공식적으로 네 가지 형태의 수신기를 지원한다.

- PPM-Sum
- S.Bus
- Spektrum DSM, DSM2 및 DSM-X Satellite
- MUL[Tip]LEX SRXL version 1 및 version 2

1 PPM-Sum

구형 수신기가 이에 해당한다. 과거 APM(오른쪽)의 경우는 구형 수신기에 맞춰 포트가 제공됐지만 픽스호크(왼쪽)는 수신기와 연결할 수 있는 포트가 'RC'와 'SB' 단자뿐이다(그림 참고).

PART

3

이를 해결하려면 'PPM encoder'를 사용해야 한다(그림 참고). 이는 픽스호크를 묶음으로 구매 시 거의 기본으로 구성돼 있다.

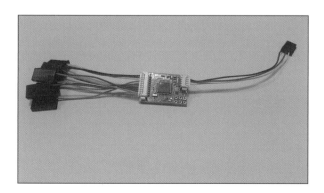

> 'PPM encoder'를 사용해 픽스호크와 연결은 비교적 간단하지만 중요한 점은 인코더에서 전원이 나오는 선이 1개뿐이므로 해당 전원 선의 채널을 맞춰 연결해야 한다(그림 참고).

② S.Bus를 지원하는 수신기

　2.4G를 지원하는 최신 수신기는 대부분 이 S.Bus 단자를 지원하는데 이를 통해 기존의 여러 가닥으로 나왔던 수신기 신호선을 하나로 묶을 수 있다. 이는 양날의 검이라 할 수 있는데 단선이 될 경우 모든 채널이 불통되는 단점이 있는 반면, 연결 자체가 매우 단순하다는 장점이 있다. 이런 종류의 수신기를 사용하면 픽스호크의 'RC' 단자와 수신기의 S.Bus 단자를 1개의 선으로 연결하면 된다(그림 참고).

　이러한 연결 작업에서는 픽스호크와 수신기의 극성 확인이 중요하다. 극성이 바뀌더라도 수신기가 고장 나지는 않지만 작동이 되지 않는다.

③ Spektrum DSM, DSM2 및 DSM-X Satellite 수신기

스펙트럼 수신기의 경우 위성 수신기(보조 수신기)만을 픽스호크의 'SPKT/DSM' 포트에 연결해 사용할 수 있는 장점이 있다. 즉, 수신기의 연결이 아주 간단하고 무게 또한 줄어든다. 하지만 일반적인 방법보다 수신 거리가 짧아지므로 PPM 방식 연결을 권장한다(그림 참고).

4 MULTipLEX SRXL version 1 및 version 2 수신기

기존 멀티플렉스 수신기의 연결법은 현재 국내 사용자가 거의 없다고 판단돼 언급하지 않는다.
위에 언급한 방식들 중 어떤 방식으로든 정상적으로 연결되면 'Radio Calibration'을 진행할 수 있다.

5 Radio Calibration

미션 플래너 메뉴 중 [INITIAL SETUP] → [Mandatory Hardware] → [Radio Calibration] 탭
순으로 클릭한다. 이때 수신기가 정상적으로 연결된 경우 녹색 그래프 바가 보인다. 만약 정상적으
로 연결되지 않으면 하단의 그림처럼 녹색 그래프가 보이지 않는다.

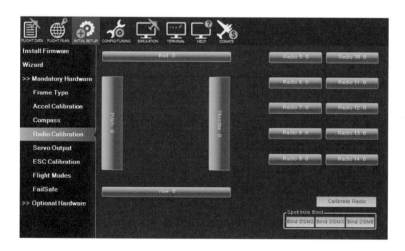

이런 경우 다음 사항을 고려해야 한다.

① 수신기와 송신기가 정상적으로 바인딩되지 않았을 경우: 제조사별/제품별 바인딩을 먼저 진
행해야 한다.

② RC 포트가 아닌 SB 포트에 연결된 경우: S.Bus 수신기도 SB에 연결하면 반응하지 않는다.
반드시 RC 포트에 연결해야 한다.

③ 수신기가 불량인 경우: 수신기를 분리한 후 개별적으로 시험한다.

④ 연결선이 불량인 경우: 멀티테스터로 단선 여부를 확인하거나 선을 교체한다.

⑤ 컴퓨터 화면상의 오류: 컴퓨터를 리셋한다.

⑥ FC의 불량: FC를 교체한다.

⑦ FC나 수신기의 전원이 오류인 경우: FC는 상단이 마이너스(검은색)이며 대부분의 수신기는 상단이 신호선(백색)이다.

⑧ 수신기상의 모드가 잘못 설정된 경우: S.Bus를 지원하는 수신기의 경우 모드가 여러 가지로 제공되는데 이때 S.Bus 모드가 아닌 다른 모드로 설정되면 정상 작동되지 않는다.

⑨ EPA, End Point, ATV, Travel Adjust 등과 같은 서보 동작 범위를 설정하는 메뉴는 초깃값을 유지해야 한다.

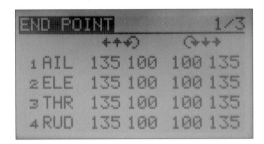

Exponential 등과 같은 서보 동작을 1차 함수(정비례)가 아닌 2차 함수(곡선)로 나타내는 메뉴 등도 초깃값을 유지해야 한다.

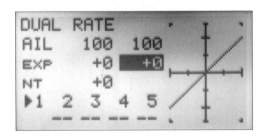

라디오 교정은 실패가 거의 없다. 하지만 그 수치에 주의해야 한다. 원문에서는 다음과 같이 설명하고 있다.

미션 플래너가 교정 데이터를 요약해 보여준다. 정상적인 최솟값은 1,100이고 최댓값은 1,900이다.

Mission Planner will show a summary of the calibration data. Normal values are around 1100 for minimums and 1900 for maximums.

▲ 출처: http://ardupilot.org/copter/docs/common-radio-control-calibration.html

6 교정 후 점검(Mode 1 기준)

Flight Mode는 기본적으로 Ch5에 설정된다. 미션 플래너의 'Radio' 탭에서는 반전(channel-reverse) 기능을 제공하지 않는다. [Pitch]를 제외한 그래프가 반대로 움직인다면 '송신기'의 반전 기능을 사용해 방향을 맞추는 것이 편리하다.

❶ 중앙(Center)

송신기 스틱을 모두 중립 위치에 놓았을 때 녹색 그래프가 모두 중앙에 있어야 한다.

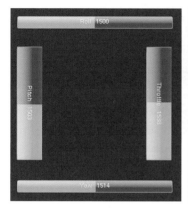 

❷ 롤(Roll)

녹색 그래프가 하단의 그림과 같아야 한다(좌/우).

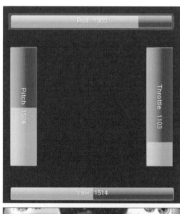 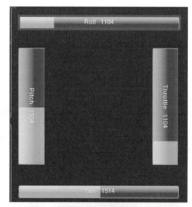

❸ 피치(Pitch)

피치는 채널 중 유일하게 스틱의 실제 움직임과 그래프가 반대로 움직인다.

녹색 그래프가 다음 그림과 같아야 한다(상/하).

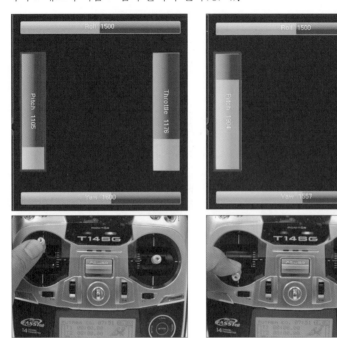

❹ 요(Yaw)

녹색 그래프가 다음 그림과 같아야 한다(좌/우).

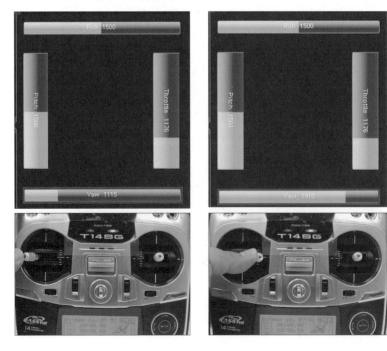

⑤ 스로틀(Throttle)

녹색 그래프가 다음 그림과 같아야 한다(상/하).

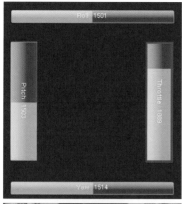

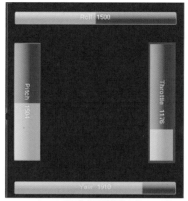

5 비행 모드(Flight Mode)

이미 언급했듯이 픽스호크는 수많은 비행 모드를 지원하고 있으며 이 중 멀티콥터를 지원하는 모드는 20가지 정도로 현재도 계속 추가 개발되고 있다. 그 중 10가지 정도가 자주 사용하는 모드이며 비행 시 실제 사용 모드와 설정 및 세부 조정용 모드로 나뉜다.

■ GPS 및 설정을 위한 비행 모드

GPS 비행 모드	Non-GPS 비행 모드	설정 및 보조 모드
Loiter	Stabilize	AutoTune
RTL(Return-to-Launch)	Alt Hold	Brake
Auto	Acro	Simple and Super Simple
Guided	Sport	Smart RTL(Return-to-Launch)
Drift	Land	Save trim
PosHold	Flip	Fence
Follow Me		Sprayer
Circle		Motor Emergency Stop
Smart RTL(Return-to-Launch)		Gripper
Throw		Motor Interlock
Brake		Save trim

위에 언급된 모드에도 기능 활성을 위한 모드가 매우 많지만 이는 다음에 발간될 중급편에서 다룬다. 초급 비행에서는 몇 가지 모드만 이해하고 사용할 수 있으면 안전한 비행에는 지장이 없다.

② 초기 세팅을 위한 모드

❶ Stabilize(수평 제어 모드)

GPS	미사용
고도	조종사 제어
위치	조종사 제어
수평제어	FC IMU

기체의 반자동 자세 제어다. GPS가 관여하지 않기 때문에 위치 정보를 비행체가 받을 수 없어 위치 유지는 불가능하지만 롤(Roll)과 피치(Pitch)는 자동으로 수평을 유지한다.

이때 수평값은 픽스호크 초기 설정 시 수행한 가속도계 교정(Accelerometer Calibration)의 영향을 받는다. 고도가 스틱의 최하단부터 최상단까지 전 구간에서 반응하기 때문에 매우 민감하고 제어하기 어렵다. DJI의 'ATTI Mode'와는 조금 다른 개념이며 고도 유지를 중립 BPU(기압계)를 사용하지 않고 조종사가 스스로 통제해야 한다는 특징이 있다.

PID 값이 최적화돼야 하며 이 값이 부정확할 경우 매우 불안정한 움직임을 보일 수 있다. 이를 다루기 위해서는 매우 숙련된 조종 실력이 필요하며 원문에서는 다음과 같이 설명하고 있다.

> 조종 훈련 시 Stabilize 대신 AltHold 또는 Loiter로 훈련한다. 한 번에 너무 많은 제어가 필요 없으므로 추락 위험이 줄어든다.
>
> If you're learning to fly, try Alt Hold or Loiter instead of Stabilize. You'll have fewer crashes if you don't need to concentrate on too many controls at once.
>
> ▲ 출처: http://ardupilot.org/copter/docs/stabilize-mode.html#stabilize-mode

필자는 이 설명에 완전히 동의할 수 없다. 여기에서 말하는 Stabilize 모드는 RC 중 가장 조종이 어렵다고 평가되는 헬기 중에서도 최근 방식인 3축 자이로가 적용된 'Flybarless'에 가장 유사하다. 즉, 전자적 간섭이 적다는 의미이며 오류 확률 또한 매우 낮다는 뜻이다. 이보다 더 조종이 어려운 'Flybar' 방식의 헬기조차도 정교하게 조종하는 조종사가 많기 때문에 이는 분명 비행 실력의 차이라고 생각한다.

QR 13_Heli 3D

◀ 'Flybar'(왼쪽) 방식과 'Flybarless'(오른쪽) 방식의 헬리콥터 헤드 부분의 기계적 수평 보조 장치인 패들이 없어지면서 3축 자이로를 선택했다.

또한 정확한 설정 과정 중 픽스호크는 기본적으로 이륙 시 Stabilize 이륙을 권장하고 있다. 정밀한 설정을 위해 반드시 사용되는 모드이며 이는 설정뿐 아니라 비행 안전에도 많은 영향을 미친다.

이 모드의 성능은 미션 플래너상에서 'Rate PID Gain'을 조절해 설정할 수 있지만 대부분 'Auto Tune'를 실행해 픽스호크 스스로 값을 찾도록 하는 것이 좋다.

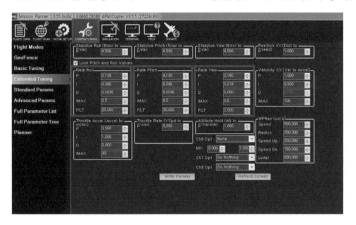

실제 비행에서의 전자적 오류는 절대 무시할 수 없다. 전자적 오류가 발생할 경우 조종사의 조종 실력만이 유일하게 믿을 수 있는 안전장치다. 픽스호크를 이용한 비행체 제작과 비행 시험의 수많은 과정 중 유일하게 신뢰할 수 있는 부분이 조종사 자신의 통제 실력뿐이라는 사실을 명심하고 이 모드만큼은 반드시 숙달해야 한다.

❸ Alt Hold Mode(고도 유지 모드)

GPS	미사용
고도	FC(BPU) 선택: LiDAR, SONAR
위치	파일럿 제어
수평 제어	자동

Stabilize 모드와 비슷하지만 FC가 고도 제어를 한다는 점에서 DJI의 ATTI Mode와 상당히 유사하다. 스로틀 스틱의 중립 구간을 중심으로 고도 상승 및 하강 명령을 줄 수 있다.

▲ Mode2의 Alt Hold 고도 제어

▲ Mode1의 Alt Hold 고도 제어

이 모드에 대해서 원문에서는 다음과 같이 설명하고 있다.

① 스로틀 스틱이 중간(40%~60%)에 있으면 비행체는 현재 고도를 유지한다.
② 중간 스로틀 무반응 구간(Deadzone) 이외 구간(즉, 40% 미만 또는 60% 초과)에서는 스틱 위치에 따라 비행체가 하강 또는 상승한다. 스틱을 완전히 내리면 멀티콥터가 2.5m/s로 하강하고 맨 위로 올리면 2.5m/s로 상승한다. 이 속도는 PILOT_VELZ_MAX 매개변수로 조정할 수 있다.
③ 데드밴드(Deadband)의 크기는 THR_DZ 매개변수로 조정할 수 있다(AC3.2 이상만 해당). 이 매개변숫값은 '0'에서 '400' 사이에 있어야 하며 '0'은 데드밴드가 없다는 의미다. '100'은 중간 스로틀보다 10% 초과 및 미만 데드밴드를 생성한다(즉, 데드밴드는 스로틀 스틱 40%에서 60% 위치로 확장된다).

① If the throttle stick is in the middle (40% ~ 60%), the vehicle will maintain the current altitude.
② Outside of the mid-throttle deadzone (i.e. below 40% or above 60%) the vehicle will descend or climb depending upon the deflection of the stick. When the stick is completely down the copter will descend at 2.5m/s and if at the very top it will climb by 2.5m/s. These speeds can be adjusted with the PILOT_VELZ_MAX parameter.
③ The size of the deadband can be adjusted with the THR_DZ parameter (AC3.2 and higher only). This params value should be between '0' and '400' with '0' meaning no deadband. '100' would produce a deadband 10% above and below mid throttle (i.e. deadband extends from 40% to 60% throttle stick position).

실제 이 비행 모드 사용 시 Stabilize 모드보다 한결 편하다고 느낄 수 있을 것이다. 고도 유지를 위해서 스로틀 스틱을 중립으로만 하면 된다. 픽스호크는 3.1 버전 미만 펌웨어에서는 항상 Stabilize 모드에서만 시동이 걸리도록 설정돼 있었지만 3.1 버전 이상부터는 이 모드에서도 시동이 가능하도록 수정됐다. 또한 이 모드 중 [Extended Tuning] 메뉴의 세 가지 값에 따라 그 감도 또는 동작이 결정된다.

- **Altitude Hold P:** 고도 오차(원하는 고도와 실제 고도의 차이)를 원하는 상승 또는 하강 속도로 변환하는 데 사용된다. 속도가 높을수록 더 높은 고도를 유지하려고 하지만 너무 높게 설정하면 스로틀 응답이 늦어지는 현상이 발생한다.

- **Throttle Rate:** (일반적으로 수정할 필요가 없다) 원하는 상승 또는 하강 속도를 원하는 가속도로 높게 또는 낮게 변환한다.

- **Throttle Accel PID:** 획득 값은 가속도 오차(즉, 원하는 가속도와 실제 가속도의 차이)를 모터 출력으로 변환한다. 이 매개변수를 수정하면 P:I의 1:2 비율(즉, I는 P의 2배)을 유지해야 한다. 이 값의 증가는 금지되지만 기체가 큰 경우 50%(즉, P에서 0.5, I에서 1.0까지)를 줄여 더 양호한 응답성을 얻을 수 있다.

이 메뉴를 수정하기 위해 다음 그림을 참고하기 바란다.

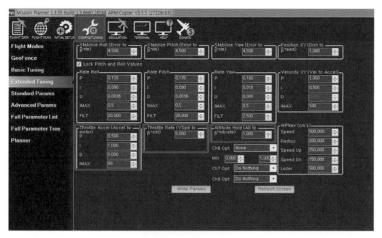

▲ 미션 플래너상의 PID 중 고도를 관장하는 메뉴

❸ Alt Hold 모드의 고도 유지 조건

Alt Hold 모드에서 고도 유지는 FC가 일정 부분 감당하는 만큼 최적의 조건값을 맞추지 않으면 그 성능을 보장할 수 없다. 이 모드에서 고도 변화가 심하다고 판단되면 다음 사항을 확인해야 한다.

● **기체 진동:** 픽스호크의 비행 후 생성 로그를 분석해 확인할 수 있다. 비행체는 모양과 방식과 상관없이 진동에 매우 취약하다. 진동이 일정 범위를 벗어나면 제일 먼저 FC가 감지하고 성능이 저하되며 더 심한 경우 공중 분해되는 경우도 발생한다. 픽스호크는 로그에 이 진동 문제를 BarAlt, DAlt, Alt 세 가지로 기록하며 이는 로그를 분석해 알 수 있다(그림 참고).

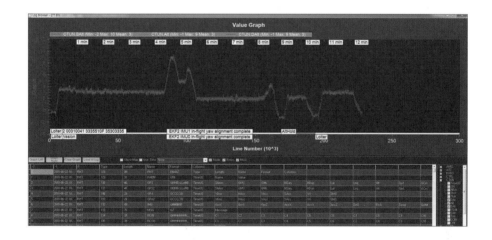

● **스로틀 무반응 구간이 너무 민감한 경우:** 세부 매개변수 중 PILOT_VELZ_MAX를 수정해 조절할 수 있다. 조종사가 손의 감각만으로 조종기의 정확한 중심을 알 수 있다면 좋겠지만 이 모드에서는 편안함을 추구하므로 무반응 구간을 늘려도 상관없지만 위에서 언급한 대로 이 값을 너무 증가시킬 경우 스로틀 반응이 늦어질 수 있다.

● **외부 공기 흐름이 BPU에 직접적으로 닿는 경우:** 픽스호크 기판 내부의 기압계 스펀지를 확인해야 한다. 보통 기압계는 검은색 스펀지로 막혀 있으며 이는 바람을 완전히 차단하는 것이 아니라 직접적으로 닿지 않도록 하기 위한 것이다. BPU에 바람이 직접 닿으면 이 스펀지를 교환하거나 보강해야 한다(그림 참고).

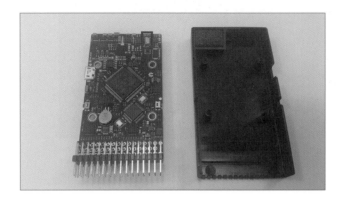

● **픽스호크가 직사광선에 노출된 경우:** 픽스호크는 직사광선 노출을 피하라고 권고한다. 이 경우 덮개를 사용하거나 FC의 위치를 바꿔야 한다.

❸ Loiter Mode

GPS	사용
고도	FC(BPU) 선택: LiDAR, SONAR
위치	자동
수평 제어	자동

이 모드부터 본격적인 픽스호크의 매력을 확인할 수 있다. GPS를 사용하며 사실상 기본 기능을 모두 FC가 제어한다. 기체 설정이 정확하다면 매우 편안한 비행이 가능하다. 이 모드에서는 반드시 GPS가 3D Lock 상태여야 하며, 기체 진동 및 설정까지 모드의 정상 범주 안에 있어야 한다.

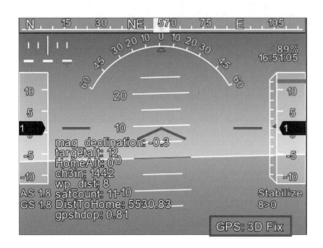

또한 HDOP 수치는 2.0 이하로 낮아져야 작동을 시작한다. 이는 미션 플래너를 연결한 후
'FLIGHT DATA' 탭의 지도 화면 왼쪽 하단에서 확인할 수 있다.

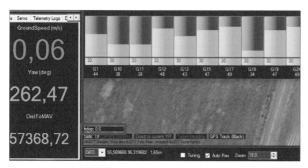

▲ RTK를 연결한 상태에서의 HDOP

이 모드는 수평 위치를 조종기 스틱으로 제어할 수 있으며 기본 5m/s로 설정돼 있다. 또한 조종기
스틱을 놓으면 즉시 정지가 아니라 천천히 느려지도록 돼 있으며 이는 세부 매개변수에서 조절할
수 있다(그림 참고).

PART

3

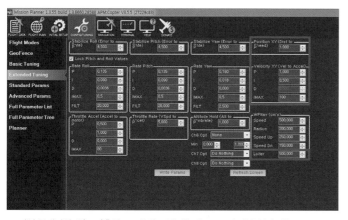

▲ 미션 플래너의 요(Yaw)축의 PID 수치 조절 메뉴와 Loiter의 기본 설정 메뉴

또한 미션 플래너의 'Full Parameter List'상에서 'WPNAV' 변숫값을 조절해 그 성능을 극대화할
수 있다(그림 참고).

▲ 기체의 관성을 제어할 수 있는 매개변수

원문에서는 다음과 같이 설명하고 있다.

① WPNAV_LOIT_SPEED:
최대 수평 속도(cm/s), 즉 500 = 5m/s. 기본적으로 최대 가속은 Loiter 속도의 1/2(즉, 2.5m/s/s)이다.

② WPNAV_LOIT_MAXA:
최대 가속도(cm/s/s). 값이 클수록 멀티콥터가 더 빨리 가속되고 정지한다.

③ WPNAV_LOIT_MINA:
최소 가속도(cm/s/s). 더 큰 값은 스틱이 중앙에 위치했을 때 콥터를 더 빨리 멈추지만 정지 시 흔들림은 더 커진다.

④ WPNAV_LOIT_JERK:
가속도의 최대 변화(cm/s/s/s). 숫자가 클수록 비행체의 반응이 빨라지고 숫자가 작을수록 부드럽다.

⑤ POS_XY_P
(위 화면 오른쪽 상단의 'Loiter PID P'에서 나타내듯이) 수평 위치 오류(즉, 원하는 위치와 실제 위치 간의 차이)를 목표 위치로 향하는 희망 속도로 변환한다. 일반적으로 조정할 필요가 없다.

⑥ VEL_XY_P
('Rate Loiter P, I and D'에서 나타내듯이)는 목표로 향하는 희망 속도를 원하는 가속도로 변환한다. 그 결과 희망 가속도는 경사각이 되고 Stabilize 모드가 사용한 동일 각 컨트롤러로 전달된다. 일반적으로 조정할 필요가 없다.

① WPNAV_LOIT_SPEED:
max horizontal speed in cm/s. I.e. 500 = 5m/s. By default, the maximum acceleration is 1/2 of the Loiter speed (i.e. 2.5m/s/s).

② WPNAV_LOIT_MAXA:
max acceleration in cm/s/s. Higher values cause the copter to accelerate and stop more quickly.

③ WPNAV_LOIT_MINA:
min acceleration in cm/s/s. Higher values stop the copter more quickly when the stick is centered, but cause a larger jerk when the copter stops.

④ WPNAV_LOIT_JERK:
max change in acceleration in cm/s/s/s. Higher numbers will make the vehicle more responsive, lower numbers will make it smoother.

⑤ POS_XY_P:
(shown as 'Loiter PID P' at the top right of the screen shot above) converts the horizontal position error (i.e difference between the desired position and the actual position) to a desired speed towards the target position. It is generally not required to adjust this.

⑥ VEL_XY_P:
(shown as 'Rate Loiter P, I and D') converts the desired speed towards the target to a desired acceleration. The resulting desired acceleration becomes a lean angle which is then passed to the same angular controller used by Stabilize mode. It is generally not required to adjust this.

이 모드의 장점은 최대 타각량을 FC가 스스로 조절해 설정된 최대 속도가 넘지 않도록 한다는 점이다. 다른 모드에서는 조종기 타각량에 따라 기울기를 제어해 속도가 통제 범위 이상으로 증가할 수도 있다. 이 모드에서는 타각량도 영향을 미치지만 최대 속도를 제어할 수 있기 때문에 초보자에게 좀 더 적합한 모드다.

Loiter 모드에서 요(Yaw)축 제어 시 일명 '토일렛볼링(Toiletbowling) 현상'이 발생하면 컴퍼스 교정을 먼저 시도해본다.

이 모드에서 고도 제어 기능은 'AltHold' 모드의 성능과 동일하며 수평 제어 능력은 Stabilize 모드에서의 성능과 동일하다. 또한 그 설정값은 그대로 사용한다.

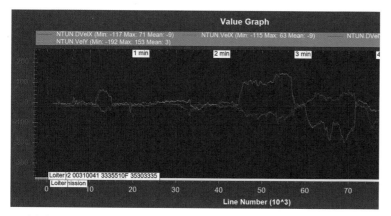

▲ 비행 성능이나 이상 기동에 대한 분석 역시 로그 파일 중 NTUN ➜ DesVelX, VelX, DesVelY, Vely 확인을 통해 분석할 수 있다.

4 RTL

GPS	사용
고도	FC(BPU) 선택: LiDAR, SONAR
위치	FC제어
수평 제어	FC제어

RTL(Return-to-Launch)은 비행 모드라기보다는 안전장치에 가깝다. 기본적으로 실행 조건이 있지만 이를 세부적으로 설정해줘야 한다. RTL(Return-to-Launch), RTB(Return-to-Base), RTH(Return-to-Home) 등으로 불리는데 이는 모두 비슷한 의미이며 실행 조건 역시 유사하다. 이 모드가 시작되면 사용자의 설정에 따라 하강 또는 상승한 후 출발 지점으로 돌아오는데 이때 사용자가 모드를 변경하지 않는 한 비행체를 조종할 수는 없다. 픽스호크는 RTL을 다음과 같은 네 가지 실행 조건으로 설정할 수 있다.

❶ **Battery:** 배터리 상태에 따른 실행 설정. 전압이 설정값보다 내려가거나 일정 전류 용량을 소진하면 실행한다.

❷ **Radio:** 송·수신기의 상태에 따른 실행 설정. 보통 스로틀의 PWM 값이 일정 수치보다 낮아지면 실행한다.

❸ **GCS FS Enable:** GCS(지상 통제소)와의 송·수신이 두절됐다고 판단되면 실행한다.

❹ **Flight Mode:** RTL 자체를 비행 모드로 설정. 송·수신기에서 토글스위치로 조종사가 선택적으로 실행할 수 있다.

> ❹번 항을 제외한 ❶~❸번 항은 미션 플래너상의 [INITIAL SETUP] → [Mandatory Hardware] → [FailSafe] 메뉴에서 설정할 수 있다(그림 참고).

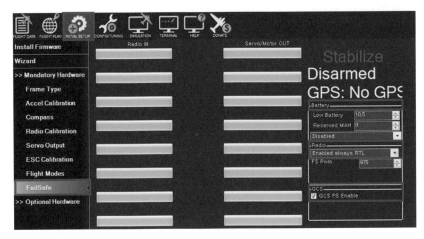

▲ 페일세이프를 설정할 수 있는 메뉴

이때 복귀 속도와 고도는 조종사의 사전 설정값에 따르며 이는 미션 플래너상의 'Full Parameter List'에서 RTL, WP_YAW_BEHAVIOR, LAND_SPEED 등의 매개변수를 조정해 설정할 수 있다 (그림 참고).

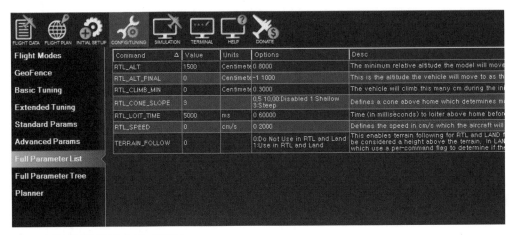

▲ RTL의 세부 항목을 설정할 수 있는 매개변수

원문에서는 다음과 같이 설명하고 있다.

① RTL_ALT:
출발 지점으로 복귀하기 전 콥터가 이동하는 최소 고도
현재 고도에서 복귀하려면 0으로 설정한다.
복귀 고도는 1에서 8000cm까지 설정할 수 있다.
기본 복귀 고도는 15m(1500cm)이다.

② RTL_ALT_FINAL:
콥터가 '출발 지점으로 복귀'의 마지막 단계에서 또는 임무 완수 후 이동하는 고도
자동 착륙은 0으로 설정한다.
최종 복귀 고도는 0에서 1000cm까지 조정할 수 있다.

③ RTL_LOIT_TIME:
최종 하강 시작 전 이·착륙 지점 위에서 'hover/pause'하는 1/1000초(밀리세컨드) 단위의 시간
'Loiter' 시간은 0에서 60,000 밀리세컨드까지 조정할 수 있다.
WP_YAW_BEHAVIOR: 임무와 RTL 진행 중 자동 조종이 '요(Yaw)'를 제어하는 방법 설정
0 = 요(Yaw) 변경 없음.
1 = RTL 진행 간 이·착륙 지점 방향으로의 기수 지정을 포함해 다음 웨이포인트로 기수를 향한다.
2 = 다음 웨이포인트로 기수를 돌리지만 RTL은 제외한다(즉, RTL 진행 중 비행체는 마지막 방향으로 기수를 유지한다).

④ LAND_SPEED:
초당 센티미터(cm) 단위의 착륙 마지막 단계 하강 속도
착륙 속도는 초당 20에서 200cm까지 조절할 수 있다.

⑤ RTL_CLIMB_MIN:
비행체는 RTL의 첫 단계에서 최소 이 정도 고도로 상승한다. 기본적으로 이 값은 0이다(Copter-3.3 이상만 해당).

⑥ RTL_SPEED:
비행체가 이·착륙 지점으로 복귀 시 수평 속도(cm/s)이다. 기본적으로 이 값은 0이며 이는 WPNAV_SPEED를 사용한다는 뜻이다(Copter-3.4 이상만 해당).

⑦ RTL_CONE_SLOPE:
이·착륙 지점 상공의 역원뿔형 경사면을 정의하며 이는 가까운 곳에서 이·착륙 지점으로의 RTL 진행 중 비행체의 상승량을 제한하는 데 사용된다. 작은 값은 넓은 원뿔형을 형성해 비행체가 상승을 적게 하고 큰 값은 비행체가 더 많이 상승하도록 한다(Copter-3.4 이상에서 지원).

① RTL_ALT:
The minimum altitude the copter will move to before returning to launch.
Set to zero to return at the current altitude.
The return altitude can be set from 1 to 8000 centimeters.
The default return altitude Default is 15 meters (1500)

② RTL_ALT_FINAL:
The altitude the copter will move to at the final stage of 'Returning to Launch' or after completing a Mission.
Set to zero to automatically land the copter.
The final return altitude may be adjusted from 0 to 1000 centimeters.

③ RTL_LOIT_TIME:
Time in milliseconds to hover/pause above the 'Home' position before beginning final descent.
The 'Loiter' time may be adjusted from 0 to 60,000 milliseconds.
WP_요_BEHAVIOR: Sets how the autopilot controls the '요' during Missions and RTL.
0 = Never change 요.
1 = Face Next Waypoint including facing home during RTL.
2 = Face Next Waypoint except for RTL(i.e. during RTL vehicle will remain pointed at it's last heading)

④ LAND_SPEED:
The descent speed for the final stage of landing in centimeters per second.

The landing speed is adjustable from 20 to 200 centimeters per second.

⑤ RTL_CLIMB_MIN:

The vehicle will climb at least this many meters at the first stage of the RTL. By default this value is zero. (only Copter-3.3 and above)

⑥ RTL_SPEED:

The horizontal speed (in cm/s) at which the vehicle will return to home. By default this value is zero meaning it will use WPNAV_SPEED. (only Copter-3.4 and higher)

⑦ RTL_CONE_SLOPE:

Defines the slope of an inverted cone above home which is used to limit the amount the vehicle climbs when RTL-ing from close to home. Low values lead to a wide cone meaning the vehicle will climb less. High values will lead to the vehicle climbing more. (supported in Copter-3.4 and higher)

이 값을 조정해 본인이 원하는 RTL 조건을 설정할 수 있으며 그 복귀 속도까지도 제어할 수 있다. RTL을 잘 설정해야 안전한 비행을 할 수 있다.

⑤ 최초 비행 시 픽스호크 비행 모드 설정(Futaba 14SG 기준)

숙련된 조종사라 하더라도 최초 비행 시에는 위에 언급한 네 가지의 비행 모드 중 반드시 세 가지 이상의 모드를 비행 모드 스위치의 순서별로 설정하는 것이 좋으며, 그 기준은 GPS를 사용하는 것과 사용하지 않은 것으로 구분된다. 숙련된 조종사라 하더라도 최초 비행 시 가장 큰 걱정은 조종타면의 'Reverse(역전)'이다. 즉, 조종사가 숙지하고 있는 스틱에 대한 기체의 방향이 정반대로 움직이는 경우인데, 이 경우 대형 사고를 유발할 수 있다. 원문에서는 이륙 시 'Stabilize' 모드를 사용해야 한다고 얘기하고 있지만 이는 펌웨어 버전 3.1 미만에 해당하는 것이며, 그 이상의 펌웨어에서는 적용돼 있지 않다. 본문을 충실히 따라 조립한 기체는 최초 비행 시 'Loiter' 모드를 사용해 이륙할 것을 권한다. 이는 GPS가 위치를 고정시키기 때문에 'Reverse(역전)' 현상이 발생했다 하더라도 조종사는 심적 여유를 확보할 수 있기 때문이다. 또한 안전을 위해 토글 스위치의 최상단에는 'RTL'이나 'Land' 등의 착륙을 유도할 수 있는 비행 모드를 설정해야 한다. 조종사가 'Reverse(역전)' 현상에 당황하면 어느 모드에 착륙을 지정했는지 기억할 여유가 없다. 이를 방지하기 위해 '비행 모드 스위치를 무조건 당기면 착륙을 유도할 수 있다.' 라는 조건을 성립시키기 위함이다.

❶ 미션 플래너와 픽스호크를 연결한 후 [CONFIG/TUNING] → [Flight Modes] 순으로 진입한다(그림 참고).

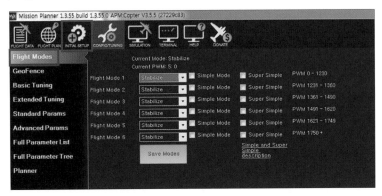

▲ 픽스호크는 다양한 비행 모드를 6개까지 설정할 수 있다.

❷ 기본 설정은 모두 'Stabilize'(수평 모드)이다. 만약 펌웨어 업로드 시 이전 비행 데이터가 삭제되지 않은 경우 메뉴 최초 진입 시 다른 모드가 섞여 있을 수 있다. 각 설정 창을 클릭하면 설정 가능한 모드가 나타난다(그림 참고). 픽스호크는 기본적으로 6개의 비행 모드를 한 번에 설정해 선택할 수 있다.

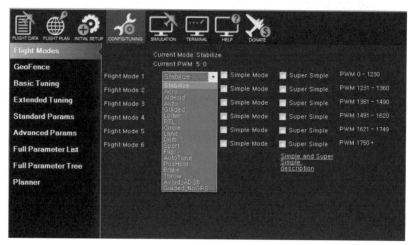

▲ 다양한 비행 모드들 이 수많은 비행 모드가 비행체의 유형별로 존재한다.

❸ 조종기상의 Ch5의 스위치를 확인한다. 방법은 [INITIAL SETUP] → [Radio Calibration] 순으로 클릭해 본인의 조종기 토글스위치를 움직여 본다.

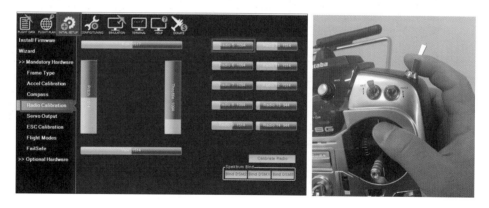

❹ Ch5 토글 스위치가 확인되면 [CONFIG/TUNING] → [Flight Modes] 순으로 진입 후 비행 모드를 다음과 같이 설정하고 [Save Modes]를 클릭해 저장한다(그림 참고).

- Loiter

- AltHold

- Stabilize

- RTL

위와 같은 순서로 설정한다. 이는 기체의 정밀 설정이 완료된 후 변경하는 것이 좋다.

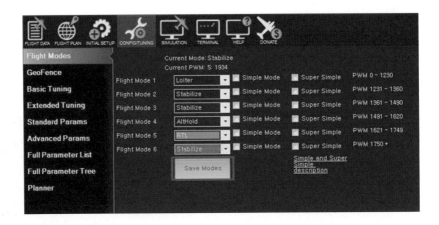

이때 주의해야 할 점은 보통의 토글 스위치는 최대 3단까지만 지원한다는 것이다. PWM 값을 본인이 원하는 대로 설정하려면 조종기 설정이 필요하다. 이를 '채널 믹싱'이라고 하는데 조종기 제조사별로 상이할 수 있으므로 조종기 매뉴얼을 숙지해야 한다.

6 설정 확인

설정이 완료되면 모드가 정상적으로 변경됐는지 확인하기 위해 조종기의 토글 스위치를 움직여 본다. 정상적으로 설정됐다면 픽스호크의 스피커에서 '삐'하는 짧은 비프음과 함께 모드가 변경되며 미션 플래너가 "Mode change (...)"라는 안내 음성을 들려준다.

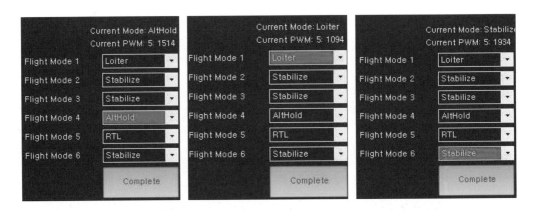

6 페일세이프(FailSafe)

픽스호크는 여러 가지 설정을 통해 안전 장치를 설정할 수 있다. 이는 다음과 같이 크게 세 가지로 나뉜다.

- Radio 페일세이프
- Battery Monitor 페일세이프
- GCS 페일세이프

미션 플래너의 [INITIAL SETUP] → [Mandatory Hardware] → [FailSafe] 순으로 진입해 설정할 수 있다(그림 참고).

1 라디오 페일세이프의 의미

픽스호크의 Radio에 관한 안전 장치에는 다음과 같은 설정 조건이 있다.

❶ 송신기의 전원 Off 시

❷ 기체가 수신 범위를 벗어난 경우

❸ 수신기의 전원 Off 시

❹ 수신기와 픽스호크의 신호선 단락 시

이상의 내용이 의미하는 바는 다음과 같다.

이유를 불문하고 정상적인 통제 신호가 들어오지 않을 경우 시스템 안전 장치의 작동 원칙은 '수단과 방법을 가리지 말고 픽스호크와 통신한다.'이다. 픽스호크는 상당히 발전된 스마트 FC이다. 일반적인 평가와 같이 공학계산기 정도의 연산력을 갖춘 장치라는 표현으로는 부족한 매우 뛰어난 FC이다. 하지만 궁극적으로 이를 통제하고 설정하는 일은 결국 사람의 몫이다. 따라서 사용자가 이를 정확히 이해하고 설정하지 못하면 위험한 경우가 발생할 수 있다.

2 라디오 페일세이프 방법

라디오 페일세이프는 송·수신장치의 목적은 고장 상황을 픽스호크에 알려주는 데 그 목적이 있다. 다음과 같은 두 가지 방법이 있다.

❶ PWM 신호 수치에 대한 행동을 픽스호크에 입력(스로틀의 PWM 신호값)

❷ 수신기(Receiver)의 자체 페일세이프 기능으로 모드 변환

이에 대한 픽스호크의 반응은 다음과 같이 네 가지로 설정된다.

❶ 무반응
❷ RTL(Return To Launch Mode): 이륙 위치로 복귀
❸ LAND: 그 자리에 착륙
❹ 미션 수행 중인 경우 계속 미션 수행

이상은 각 조건별로 나눠 설정할 수 있다(그림 참고).

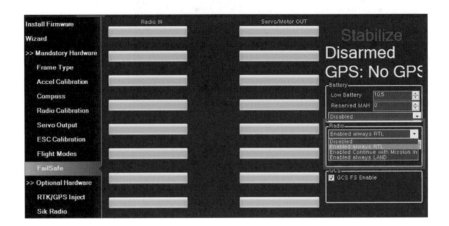

쉽게 생각하면 '왜 이렇게 여러 가지 행동을 하도록 설정했을까? 기체 문제 발생 시 당연히 자동 복
귀가 좋은데….'라고 판단할 수 있다. 하지만 이는 해당되는 모든 상황별로 필요한 기능을 맞추려는
데 그 이유가 있다. 예컨대 다음과 같은 경우다.

● 중요한 미션을 수행하며 임무의 연속성이 중요해 송·수신기 전력이 끊어지더라도 지속적으로
미션 수행을 해야 하는 경우

또는 다음과 같은 예도 있다.

● 비행체를 잃어도 상관없으며 단순히 최대 송신 거리 또는 배터리의 최대 체공 시간만큼 보내보
고 싶은 경우

❸ PWM 신호(Throttle)에 의한 Radio 페일세이프 설정(기본 설정)

❶ 송신기의 전원을 켜고 미션 플래너의 [INITIAL SETUP] → [Mandatory Hardware] → [FailSafe] 탭
순으로 메뉴 진입 후 'FS Pwm'의 수치를 확인한다. 기본값은 '975'다. 즉, 스로틀의 PWM 신호가
'975' 이하일 때 '페일세이프'를 동작시킨다는 의미이며, 이 값은 최소 '910' 이상이 돼야 하고 그 두
값의 차이는 적어도 '10' 이상이어야 한다.

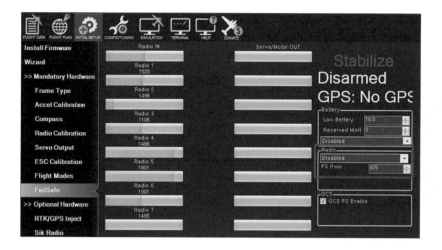

❷ 'Disabled' 항목을 자신이 원하는 항목으로 변경한다.

- Enabled always RTL: 조건이 성립되면 항상 RTL을 실행
- Enabled Continue With Mission in: 미션 수행 중인 경우 계속 미션 수행
- Enabled Always Land: 조건 성립 시 항상 그 자리에 착륙

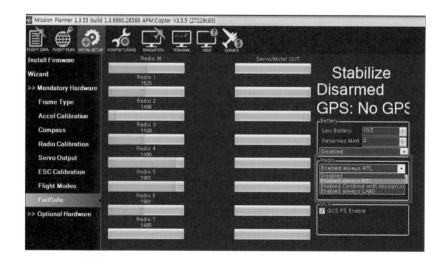

❸ 설정이 끝나면 수신기 서보 선을 제거한다.

❹ Radio In의 녹색 그래프가 사라지면 HUD 창을 확인한다. 'NO RC Receiver'라는 문구와 'FAILSAFE' 문구가 표시되면 PWM 신호(Throttle)에 의한 Radio 페일세이프가 설정되는 중이라는 의미다.

▲ 수신기의 신호가 제거되면 모든 PWM 값은 '0'이 된다.

④ 수신기(Receiver)의 '페일세이프' 기능 활성화

앞서 설정한 '페일세이프'가 픽스호크와 수신기(Receiver)의 물리적인 단선을 대비한 설정이라면 이것은 수신기가 송신기의 통달 범위를 벗어난 경우 또는 어떤 이유에서든 송신기로부터 정상적인 신호를 받을 수 없을 경우를 대비한 설정이다. 이 설정의 절대 조건은 다음과 같다.

수신기(Receiver)에 '페일세이프' 기능이 있어야 한다.

대부분의 조종기는 오래전부터 페일세이프 기능을 제공하며 기종별로 그 설정법이 다르지만, 기본적인 의미는 모두 같다. 각 채널별로 PWM 신호를 사용해 서보의 포지션을 조절하게 돼 있다. 수신기의 '페일세이프' 기능을 사용하는 경우 픽스호크는 수신기의 이상 유무의 신호에 대응하는 것이 아니라 단순히 수신기로부터 오는 PWM 값에 대한 반응을 할 뿐이다. 이를 바꿔 말하면 픽스호크는 수신기가 통달 거리를 벗어나거나 조종사가 임의로 조종기의 전원을 끈 경우에만 인지할 수 있으며, 수신기의 이상이나 선의 단락 여부를 알 수 없다는 뜻이다. 이러한 이유로 항상 PWM 신호(Throttle)에 의한 Radio 페일세이프와 함께 설정돼야 한다.

◀ 조종기들은 대부분 페일세이프를 지원한다.

페일세이프의 정상 설정 여부를 확인하기 위해 다음의 몇 가지 시험을 더 진행해볼 수 있다.

픽스호크는 GPS를 사용한 자동 비행 상황과 조종사의 수동 통제 상황에서의 페일세이프가 다르게 작동한다.

- 착륙한 경우나 STAB 모드 또는 ACRO 모드의 경우 스로틀이 0이면 즉시 모터가 정지된다.
- STAB 모드 이륙 상태에서 수신기 문제 발생 시 GPS가 정상이면 RTL을 시도한다.
- STAB 모드 이륙 상태에서 수신기 문제 발생 시 GPS가 비정상이면 착륙을 시도한다.
- 기체가 GPS 수신 상태에서 홈 위치로부터 2m 이상 떨어진 경우 RTL(Return-to-Launch)을 수행한다.
- GPS 수신 불가 상태에서 홈 위치로부터 2m 이내인 경우 착륙한다.
- FS_THR_ENABLE '항상 착륙'으로 설정한 경우 착륙한다.
- 페일세이프가 작동되면 '현재 모드'에서는 조종기의 통제를 받아들이지 않는다. 이때 당황하지 말고 다른 모드로 변경하면 즉시 통제할 수 있다.

원문에서는 다음과 같이 설명하고 있다.

http://ardupilot.org/copter/docs/radio-failsafe.html

시험 #2: stabilize 또는 acro 모드에서 스로틀이 0일 경우 모터의 정지를 보증한다. stabilize 모드로 변경하고 모터 시동을 걸되 스로틀은 0을 유지한다. 송신기를 끈다. 모터가 즉시 정지돼야 한다(빨간색 LED가 깜박이기 시작하고 DISARMED가 미션 플래너의 비행 데이터 화면에 표시된다).

시험 #3: 0보다 큰 스로틀 값에서 비행 모드를 RTL 또는 LAND로 변경되도록 보증한다.
stabilize 모드로 변경하고 모터 시동을 건 후 스로틀을 중간 지점까지 올린다. 송신기를 끈다. GPS 잠금 시 비행 모드는 RTL로 전환돼야 하고 GPS 잠금이 아닌 경우에는 LAND로 전환돼야 한다(비행 모드 및 GPS 잠금 상태는 미션 플래너의 비행 데이터 화면에 표시됨).

시험 #4: 페일세이프가 해제된 후 조종 회복 시험 #3에 이어서 송신기를 다시 켠다. 비행 모드가 RTL 또는 LAND 상태이고 시동이 걸려 있는 동안 비행 모드 스위치를 다른 위치로 변경하고 다시 stabilize로 되돌린다. 페일세이프 페이지에 표시된 비행 모드가 적절하게 변환되도록 보증한다.

시험 #5(선택 사항): 수신기 전원 차단. stabilize 모드로 전환하고 모터 시동 후 스로틀을 0보다 높게 유지한다. 수신기를 APM(픽스호크)에 연결하는 전원 선을 조심스럽게 분리한다. 시험 #3에서 설명한 대로 비행 모드가 RTL 또는 LAND로 전환돼야 한다.
경고: 수신기의 전원을 다시 연결하기 전 전원이 꺼지도록 APM(픽스호크)의 플러그를 뽑는다.

원문은 다음과 같다.

Test #2: ensuring motors disarm if in stabilize or acro with throttle at zero
Switch to stabilize mode, arm your motors but keep your throttle at zero. Turn off your transmitter. The motors should disarm immediately (red led will start flashing, DISARMED will be displayed in the Mission Planner's Flight Data screen).

Test #3: ensuring flight mode changes to RTL or LAND when throttle is above zero
Switch to stabilize mode, arm your motors and raise your throttle to the mid point. Turn off your transmitter. The Flight Mode should switch to RTL if you have a GPS lock or LAND if you do not have a GPS lock (the flight mode and GPS lock status are visible in the Mission Planner's flight data screen).

Test #4: retaking control after the failsafe has cleared
continuing on from test #3, turn your transmitter back on
while the flight mode is still in RTL or LAND and armed, change the flight mode switch to another position and then back to stabilize mode. Ensure that the flight mode displayed on the failsafe page is updating appropriately.

Test #5 (optional): removing power from the receiver
Switch to stabilize mode, arm your motors and keep your throttle above zero.
Carefully disconnect the power wires connecting the receiver to the APM
The Flight Mode should switch to RTL or LAND as described in Test #3
Warning: unplug the APM so that it is powered down before reattaching the receiver's power

반드시 실습해본다. 아무리 페일세이프가 잘 작동하더라도 조종사가 그 의미나 동작 유형을 모르고 당황할 경우 심각한 상황을 초래할 수 있기 때문이다.

5 배터리 페일세이프의 의미

픽스호크는 PM 모듈을 통해 배터리의 전압과 용량(mAh)을 인식하고 계산한다. 이때 전압은 측정되는 전압이 설정치보다 낮은 경우를 인식하지만 용량의 경우 남아 있는 양을 측정해 알려주지는 않는다. 따라서 사용하는 배터리의 용량을 미리 픽스호크에 인식시켜야 하며 전류(Ampere) 센서로 사용한 양을 계산해 '전체 배터리 용량'에서 '사용한 배터리 용량'을 차감해 '남은 배터리 용량'을 인지하고 '페일세이프'를 작동시킨다. 이때 배터리의 용량이 인식된 용량보다 작은 경우 '페일세이프'의 의미가 없으므로 조종사는 자신이 사용하는 배터리의 용량을 정확히 알고 관리해야 한다.

- 배터리 페일세이프 활성 조건
- PM 모듈을 사용할 것
- PM 모듈은 정확한 교정이 돼 있어야 한다.
- 위의 두 가지가 충족된 상태에서 전압이 설정된 전압보다 낮게 측정되고 10초 경과된 경우
- 남아 있는 용량(mAh)이 페일세이프 설정 용량에 도달된 경우

❶ 배터리 페일세이프는 미션 플래너의 [INITIAL SETUP] → [Mandatory Hardware] → [FailSafe] 탭에서 설정할 수 있다.

❷ 'Battery' 항목 중 'Disabled'을 클릭하면 원하는 항목으로 설정할 수 있으며, 각 항목의 의미는 'Radio 페일세이프'의 설정과 동일하다.

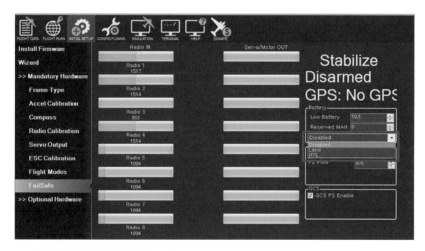

▲ 페일세이프의 행동 패턴을 정해주는 메뉴

❸ 'Low Battery' 항목에는 자신이 사용하는 배터리의 종지 전압과 복귀시키고자 하는 상황에 맞는 값, 'Reserved MAH'에는 사용하고자 하는 배터리와 상황에 따라 안전하다고 판단되는 용량을 입력한다. 만약 전압 전류 측정을 사용하고 싶지 않을 경우 '0'을 입력하면 된다. 이 값은 상황에 맞게 고려해야 한다. 예를 들어 기체와 조종사의 위치가 가까워 즉각적인 착륙이 가능한 경우는 'Low Battery'와 'Reserved MAH' 항목을 전체 용량의 90%를 사용하게 설정해도 무방하지만, 가시권 이외 비행을 하거나 비행하고자 하는 거리가 먼 경우는 반드시 복귀할 수 있을 만큼의 용량을 남겨둬야 한다. 실제 무인기 조종사들은 항상 남은 연료량과 복귀할 수 있는 거리를 실시간으로 계산한다.

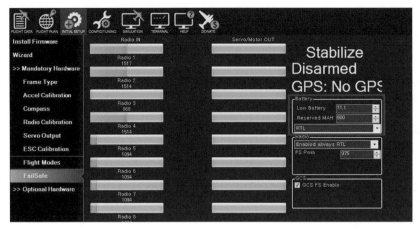

▲ 배터리에 관한 페일세이프를 설정할 수 있는 메뉴

6 배터리 관리

배터리의 상태와 남은 용량을 조종사는 정확히 알고 있어야 한다. 현재 드론 시장에서 조종사들이 가장 무지한 부분이 배터리에 대한 지식이다. 과거 RC 동호인들은 현재와 비교해 성능이 상당히 뒤처지는 배터리를 사용했기 때문에 배터리를 항상 점검하는 습관이 있었으며 배터리의 성능 관리에 굉장히 많은 노력을 기울였다. 하지만 최근 드론 시장에 입문한 조종사들은 향상된 배터리 성능에 익숙해 배터리의 성능이 변하지 않는다고 믿는 경향이 있다. 드론에서 사용하는 Li(리튬) 계열의 배터리들은 단 한 번의 과방전만으로도 수명을 다해 버리는 상황이 발생할 수도 있는데 차라리 수명을 다해 충전이 안 되면 안전하겠지만, 정상처럼 보이는 경우에는 매우 위험하다. 이러한 증상을 조종사가 확인하지 못하고 이륙하면 기체는 심각한 위험을 피할 수 없다. 이를 방지하기 위해 다음과 같은 몇 가지 사항을 습관처럼 지켜야 한다.

❶ 비행 후 비행 시간을 기록한다.
❷ 배터리를 충전 후 비행 시간별로 사용량(Mah)을 확인한다.
❸ 충전기 선택 시 최소 충전 용량 정도는 수치로 표시하는 충전기를 사용한다.
❹ 배터리는 최소 10회 사용 시 1회씩 충·방전을 실행해 최대 용량이 줄어들지 않았는지 확인한다.
❺ 겨울철에는 배터리의 성능이 저하되므로 사용 전 보온을 한다.
❻ 겨울철에는 온도에 따라 비행 시간을 적절히 조절한다.

7 배터리 관리를 위한 충전기

배터리 관리를 위해 좋은 충전기 사용을 권장한다. 이 중 우리나라 성지전자나 하이텍의 충전기는 최고의 가성비를 보여주는 좋은 제품이다.

▲ 성지전자와 하이텍(Hitec)의 충전기들. 좋은 충전기는 배터리 관리에 많은 도움을 준다.

8 배터리 페일세이프의 동작

배터리 페일세이프가 활성화되면 픽스호크는 세 가지의 경고로 알려준다.

❶ Low Battery 메시지가 GCS의 HUD 창에 표시된다(TM 모듈로 연결돼야 한다).
❷ 픽스호크에 스피커가 설치된 경우 큰 소리로 버저가 울린다('삐~삐~삐~').
❸ LED가 장착된 경우 노란색 LED가 빠르게 점멸된다.

이러한 경고가 발생하면 조종사는 지체 없이 착륙을 시도해야 한다.

9 GCS 페일세이프 의미

픽스호크는 송·수신기를 사용하지 않고 GCS만으로도 비행할 수 있다. 이때는 Radio에 대한 '페일세이프'를 설정할 수 없다. 하지만 송·수신기 대신 TM 모듈을 Radio로 사용하므로 이를 활용해 'GCS 페일세이프'를 설정하면 TM 모듈의 연결 상태에 따라 페일세이프가 동작한다. 그러나 이런 상황은 필자 개인적으로는 절대 추천하지 않는다. TM 모듈의 경우 혼선 가능성이 상당하며 수십만 또는 수백만 원을 호가하는 송·수신기의 전파에 비해 신호의 강도가 굉장히 미약하고 검증이 안된 통제 수단이라고 생각한다. 또한 어떤 식으로든 비행체와 조종사의 연결 채널은 많을수록 좋다.

❶ GCS 페일세이프의 활성 조건
  ● TM 모듈을 통해 GCS와 기체가 연결돼야 한다.
  ● GCS와 TM 모듈의 송·수신이 5초 이상 되지 않을 경우 활성화된다.
❷ GCS 페일세이프 활성
  ● 미션 플래너의 [INITIAL SETUP] → [Mandatory Hardware] → [FailSafe] 순으로 클릭해 GCS 메뉴의 'GCS FS Enable' 항목을 선택한다.

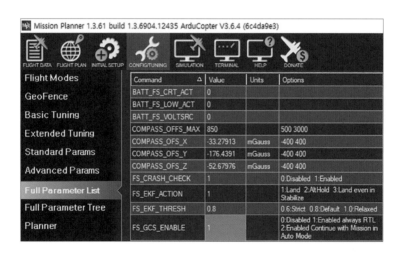

- GCS 페일세이프 활성화될 때 동작 조건은 Mission Planner의 고급 매개변수 목록에서 FS_GCS_ENABLE의 값을 변경해 조절할 수 있다(그림 참고).

0: 사용 안 함, 1: 항상 RTL 실행, 2: AUTO 모드에서 미션 수행 중일 경우 계속 미션 수행

7 파워 모듈(전압)

픽스호크는 파워 모듈을 통해 전압 및 전류를 측정할 수 있다. 이는 비행 시 상당한 도움이 되는데 정확하게 설정하면 안전한 비행은 물론이고 파일럿의 실책으로 인해 추락할 수 있는 요인도 많은 부분 줄일 수 있다. 파워 모듈을 통해 받을 수 있는 정보와 기능은 다음과 같다.

- 5.27~5.37V와 2.25A의 안정된 전원을 픽스호크에 공급한다.
- 배터리 전압 및 전류를 모니터링할 수 있다.
- 비행 중 소비되는 전력을 모니터링할 수 있다.

- 위의 정보에 의해 배터리 용량을 확인해 자동 복귀할 수 있다.
- 동력원에 의한 컴퍼스 간섭을 정확하게 교정할 수 있다.
- 동력원의 전력 변화에 따른 RPM을 보정해 보다 안정적인 고도 유지가 가능하다.

■ 파워 모듈의 기본 기능

픽스호크의 공식적인 파워 모듈은 최대 18V(4s Lipo)를 지원하지만 픽스호크 2.1이 나오면서 최대 22.2V(6s Lipo)를 지원한다. 또한 비공식적으로 여러 가지 형태의 파워 모듈이 존재하는데 이는 쓰임새와 목적에 따라 소비자가 선택할 수 있다.

지원되는 A(전류)와 V(전압)를 미리 확인한 후 구매해야 하며, 지원 A(전류)의 경우 두 가지의 정보가 제공된다.

❶ Switching regulator outputs: 픽스호크에 공급되는 전압으로 5.25~5.3V가 기본이며 최대 전압의 경우 파워 모듈이 지원하는 Lipo 배터리의 셀 수와 관련이 있다. 가령 18V까지만 지원되는 모듈에 22.2V(6s Lipo)를 연결 시에는 모듈이 고장 난다.

❷ Current Sensing: 동력원으로 지나가는 전류의 측정할 수 있는 최대 용량을 표시한다. 이를 넘어서면 측정이 불가능하기도 하지만 모듈 자체가 고장 나 추락할 수 있으므로 여유 있는 용량을 선택해야 한다.

이러한 이유로 반드시 제품별 사양을 확인해야 하기 때문에 구매전 상세 사양을 확인하거나 반드시 판매자와 연락해 본인이 제작하는 기체에 맞는 용량을 구매해야 한다.

예 그림 참고

> **Specifications:**
> Max input voltage: **45V**
> Max current sensing:**90A**
> Switching regulator outputs: **5.3V at 2.25A max**
> Connector: **6-pos Molex cable plugs directly to HKPilot/APM/PX4 'PM' connector**
> Voltage and current measurement configured for: **5V ADC**

❸ **픽스호크 1의 대표적인 파워 모듈**(그림 참고)

❹ 픽스호크 2.1 의 대표적인 파워 모듈

▲ 출처: 구글

대표적인 파워 모듈뿐만 아니라 특수성이 있는 파워 모듈이 다양하게 판매되고 있는데 소형 기체의 경우 파워 모듈 자체도 무게 증가의 부담이 될 수 있기 때문에 기체 내부에 파워 모듈이 내장돼 있는 경우도 있다.

❺ 픽스호크 1을 지원하는 변형 파워 모듈. 진동 방지 댐퍼 안에 모듈이 내장돼 있다.

▲ 출처: 구글

❻ 픽스호크 2를 지원하는 통합형 파워 모듈. 픽스호크 2.1의 경우 모듈만 분리해 해당 파워 모듈에 안착시킬 수도 있다.

또한 DJI의 파워 모듈은 50V 이상을 자동으로 지원하는 반면 픽스호크는 22.2V만을 기본으로 지원하기 때문에 더 높은 용량의 전압을 쓰기에 제한되는 부분이 발생하는데 이를 해결해 주는 제품들도 있다.

❼ 픽스호크의 모든 제품을 지원하는 www.mauch-electronic.com(그림 참고)의 파워 모듈
단, 구매 전 본인이 사용할 제품을 정해 연결 포트를 선택해야 한다.

이러한 파워 모듈은 제품별, 크기별 용량과 지원 전압만 다를 뿐 기본적으로 제공하는 기능은 모
두 동일하다. 본문에서는 가장 기본적인 픽스호크 1의 파워 모듈을 통한 설정 방법을 설명한다.

② 파워 모듈 참고 및 점검 사항

파워 모듈을 사용하기 전 다음 몇 가지 사항을 검토하고 개선하도록 한다.

❶ 파워 모듈은 납땜(soldering)이 된 상태로 배송된다. 이를 설치하기 전 정확하게 연결됐는지 확인해
야 하는데 대부분의 파워 모듈은 다음 그림과 같은 방식으로 −(마이너스) 부분이 단락돼 기판에 납
땜돼 있다.

❷ 파워 모듈은 +(플러스) 케이블 부분에 있는 센서로 지나간 전류를 측정한다. 이 말은 +(플러스) 쪽은 반
드시 다음 그림과 같이 연결돼야 한다는 뜻이다.

❸ −(마이너스) 케이블은 원선 그대로 기판에 납땜되는 것이 좋다. 이는 최대 전류의 최대 통전량과 연관돼 있으므로 케이블을 개선해주는 것이 좋다.

> 이 방식은 다른 상용 FC들의 모듈에서도 채택하는 방법이며 픽스호크를 지원하는 여러 포럼의 사용자들도 추천하는 방식이다.
>
> ▲ 출처: Diy Drone

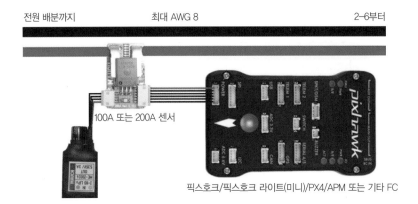

❹ 모듈이 개선되면 케이블을 픽스호크의 'Power'에 연결한 후 배터리를 연결해 정상 동작 여부를 확인한다(그림 참고). 납땜에 자신이 없는 경우 처음부터 작업이 잘된 모듈 구매를 권장한다.

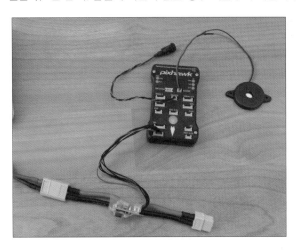

❸ 파워 모듈 전압(Voltage) 설정

모듈이 정상적으로 픽스호크에 전원을 공급하더라도 장착 전 반드시 모듈의 센서가 정상인지 확인해야 한다. 이는 미션 플래너를 통해 확인할 수 있다.

❶ 파워 모듈의 전원을 분리하고 USB 케이블로 미션 플래너와 연결한다.

❷ 미션 플래너의 [INITIAL SETUP] → [Optional Hardware] → [Battery Monitor]를 선택한다.
기본값은 'Disabled'로 설정돼 있다.

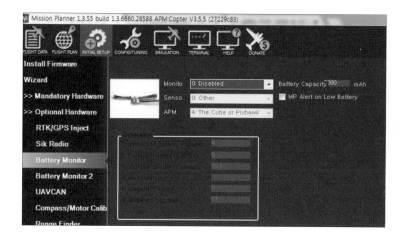

❸ 이를 2개의 다른 메뉴 중 하나로 변경해야 하는데, 그 변경 내용은 다음과 같다.
- Battery Volts: 배터리의 전압만을 측정한다.
- Voltage and Current: 전압과 전류를 모두 측정한다.

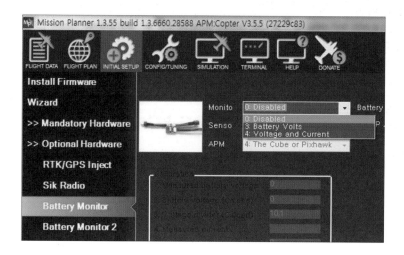

❹ Voltage and Current로 선택해주면 다음은 'Senso'를 선택해야 한다.

메뉴를 클릭해보면 여러 가지의 메뉴를 선택할 수 있는 것이 보인다. 3DR의 정품 모듈이 아니기 때문에 'Other'를 선택한다.

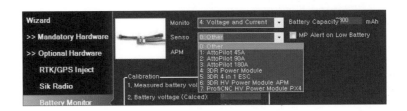

❺ 마지막으로 FC의 타입을 설정해야 하는데 이 역시 여러 가지 메뉴를 제공한다. 많은 종류의 FC를 지원하지만 'The Cube or Pixhawk'를 선택한다.

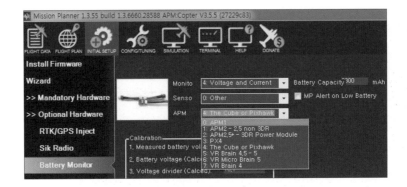

❻ 설정이 완료되면 다른 메뉴를 선택해본다(그림 참고). 어떠한 메뉴라도 좋다. 이는 매개변수에서 설정하면 [Write Params] 메뉴를 사용해 저장할 수 있지만 지금 보이는 창에서는 저장할 방법이 없기 때문에 다른 메뉴를 강제 선택함으로 설정값을 저장하는 방법이다.

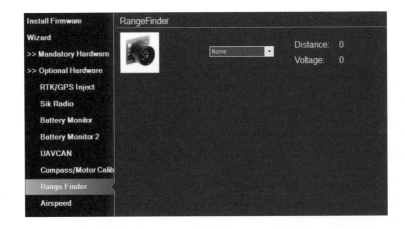

❼ 다시 [Battery Monitor] 메뉴로 돌아가 설정값이 저장됐는지 확인한다. 설정 값이 저장됐다면 본인이 설정한 값이 바로 보여야 한다(그림 참고).

⑧ 설정값 저장이 확인되면 USB 케이블을 분리시켜 픽스호크의 재부팅을 시도한다.

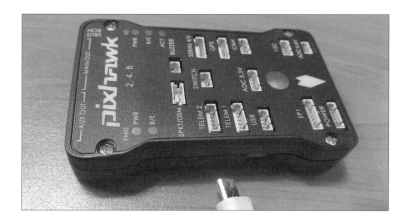

⑨ 센서가 정상인지 확인하기 위해 각기 다른 전압의 배터리 2개를 준비한다. 이때 정확도가 인정되는 테스터기를 준비해 두 배터리의 전압을 측정한다.

⑩ 전원 모듈에 배터리를 연결하고 미션 플래너와 연결을 시도한 후 다시 미션 플래너의 [INITIAL SETUP] → [Optional Hardware] → [Battery Monitor]로 이동하고 [Battery Voltage(Calced)]에 연결한 배터리의 전압이 표시되는지 확인한다. 또한 측정 전류와 맞지 않더라도 이를 센서가 감지하는 데 시간이 걸릴 수 있으므로 10∼15분 정도 연결 상태를 유지하며 전압 변화를 지켜본다.

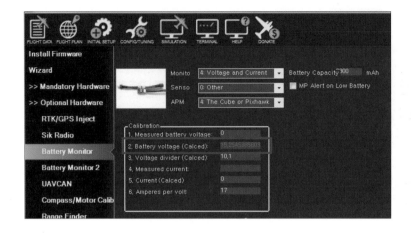

원문에서는 다음과 같이 설명한다.

> 만약 전압이 정확하지 않으면(즉, 휴대용 전압계의 판독값과 0.2V 이상 차이가 있는 경우) 다음을 수
> 행해 판독값을 수정할 수 있다.
>
> If you find the voltage is not correct (i.e. if off from the hand-held volt meter's reading by more
> than perhaps 0.2V) you can correct the APM/PX4's reading by doing the following
>
> ▲ 출처: http://ardupilot.org/copter/docs/common-power-module-configuration-in-mission-planner.html

여기서 말하는 다음이란 [Measured battery voltage] 메뉴를 말한다.

⑪ 측정값이 맞지 않는 경우 'Measured battery voltage' 값을 테스트기로 측정한 값과 일치시킨다. 이
때 15~20분 정도가 경과한 상태이므로 전압을 다시 측정해 입력한다.

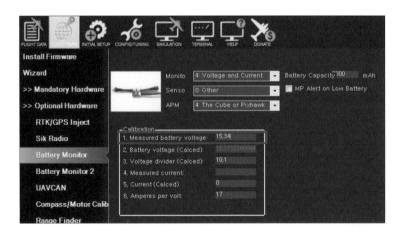

⑫ 다시 측정한 전압 입력 후 Calibration 창의 4, 5, 6번 중 하나를 클릭하면 'Battery voltage(Calced)'의 값 변화를 확인할 수 있다.

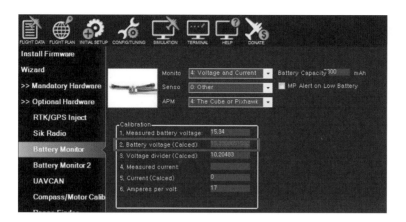

⑬ 미션 플래너의 상단 메뉴 바 중 [FLIGHT DATA] 메뉴를 클릭해 HUD 창을 확인하면 전압 표시를 확인할 수 있다. 이 전압이 측정된 전압과 0.2 이상 차이가 나는지 확인한다.

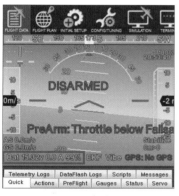

⑭ 측정이 정확한지 확인하기 위해 배터리를 분리한 후 USB 케이블도 분리해 픽스호크를 재부팅한다.

⑮ 재연결 시 준비한 2개 배터리 중 다른 배터리를 연결하고 미션 플래너와 픽스호크를 연결한다. 이는 전압이 현저히 다른 배터리를 통해 전압 측정이 정말 정확한지 확인하기 위함이다.

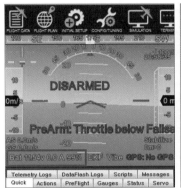 

4 파워 모듈 전류(Amperes) 교정

전류 측정은 전압 측정보다 훨씬 더 까다롭고 준비물도 많다. 전류 측정이 정확하지 않으면 비행 시 남은 배터리 용량을 신뢰할 수 없어 실제 배터리 용량만큼 비행할 수 없으며, 오차가 커지면 배터리 부족으로 기체가 파손될 수 있다. 시동을 위한 필수 조건은 아니지만 안전 비행을 위해서는 반드시 필요한 부분이다.

전류를 교정하기 위해서는 '와트미터'나 다른 형식의 전류/전압 측정기가 필요하다(그림 참고).

어떤 측정기를 사용해도 상관 없지만 픽스호크를 계속 다루기 위해 정확도가 검증된 계측기 사용을 권장한다.

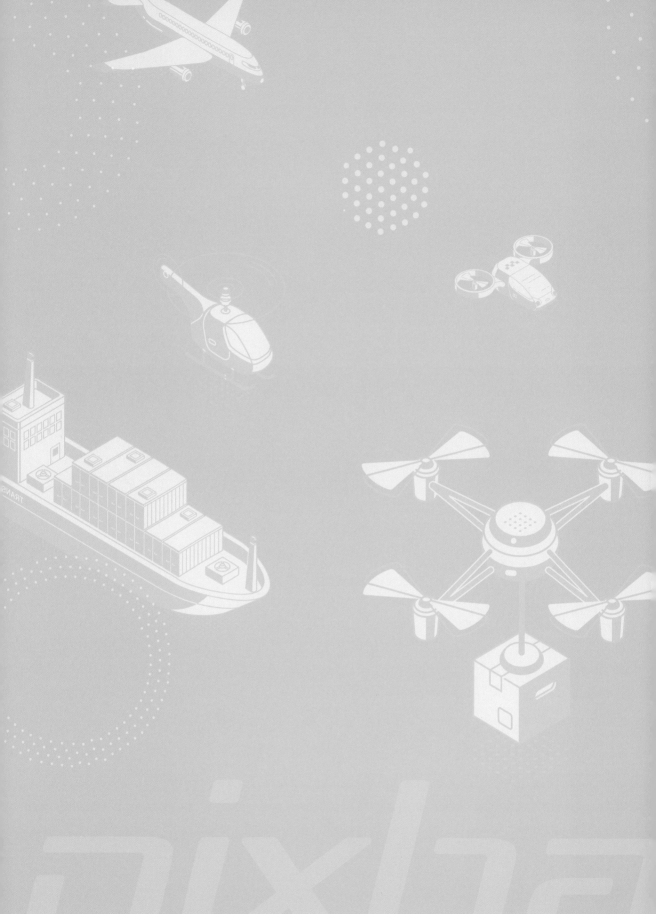

PART 4
픽스호크 응용하기

PART 3까지 충실히 학습했다면 픽스호크를 다루는 데 큰 불편은 없을 것이다. 이제 지금까지의 학습을 바탕으로 픽스호크를 응용해보자. 픽스호크 드론의 진가는 지금부터 발휘된다.

드론이라는 개념이 도입되기 전 RC는 단순히 육안(가시권) 비행만 가능했으며, 체계화된 미션 수행보다는 조종사가 원하는 정교한 동작 수행을 위한 도전이 전부였다. FC의 개념이 도입된 후 RC에 드론 개념이 적용됐으며 드론의 가장 큰 매력은 체계화된 미션 수행이 가능해졌다는 것이다. 미션 플래너를 활용한 미션 수행에 대해 알아보자.

1 웨이포인트 및 이벤트로 미션 계획하기

1 Home(복귀 장소)

1 Home의 의미

미션을 생성하기 전 'Home'을 지정해야 한다. 'Home'은 두 가지 중요한 의미가 있다.

- 별도의 지정이 없는 한 최초 시동의 위치를 'Home'으로 인식한다.
- 페일세이프 상황 발생 시 'RTL'에서 드론은 'Home'으로 지정된 장소로 복귀한다.

2 Home 설정

'Home'은 다음 세 가지 방법으로 설정할 수 있다.

- GPS 수신 상태가 양호하고 'HDOP'가 2.0 이하일 때 자동으로 지정
- 1번 조건이 충족될 시 이륙 장소를 자동으로 지정
- 미션 플래너의 WP 아이콘 중 'Home'을 마우스 드래그로 지정

② WP 지정

미션 플래닝에서 'WP(Waypoint)'를 생성해 임무 수행을 할 수 있다. 'WP'는 단순하고 간편하게 지도상의 원하는 지점을 클릭만 해도 생성할 수 있다.

❶ 'FLIGHT PLAN' 탭을 클릭한다.

❷ 마우스를 지도상에 올리고 이동하려는 지점을 클릭하면 자동으로 'WP'가 생성되며 하단의 'WP'에 대한 정보가 함께 생성된다.

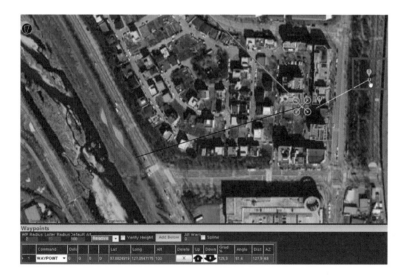

❸ 생성된 'WP'는 다음의 정보와 기능을 나타낸다.

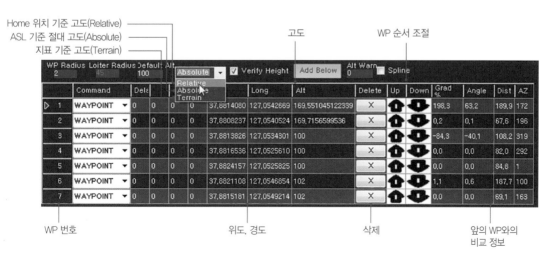

❸ WP의 기본 고도 설정

'WP' 생성 시 기본값은 '100m'로 설정된다. 사용자가 포인트별 설정을 해주지 않으면 이를 기본으로 비행한다. 이 값은 'Default Alt'를 더블클릭해 설정할 수 있다.

❹ 지형 정보를 포함한 'WP' 설정

❶ 'WP' 생성 시 지형 정보를 고려하지 않으면 기체는 기준점 절대 고도로만 비행한다.

❷ 'Verify Height'를 활성화해 'Google' 기반 지형 정보 고도를 'WP' 생성 시 지형 고도값으로 추가할 수 있다.

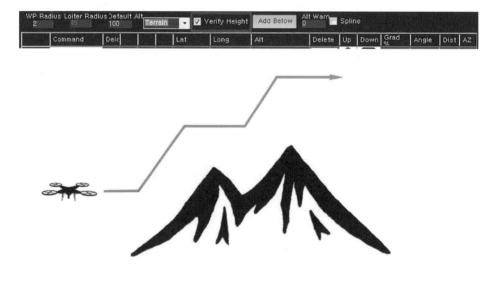

낮은 고도로 비행 시 'Verify Height'를 활성화해 지형 정보의 고도를 추가한 후 가장 높은 포인트를 기점으로 웨이포인트를 세밀하게 설정함으로써 지형에 따른 충돌을 방지할 수 있다.

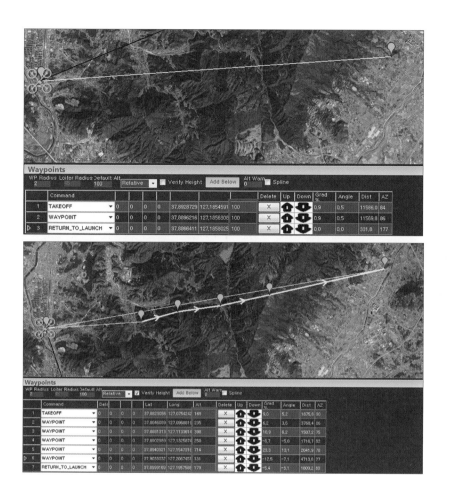

5 'WP' 임무 설정

미션 플래너는 'WP'의 임무를 지정해 수행할 수 있다. 이를 활용하면 WP마다 비행체의 행동을 지정하거나 돌발 상황에 대비할 수 있다.

❶ 생성된 WP의 'Command'를 클릭한다.

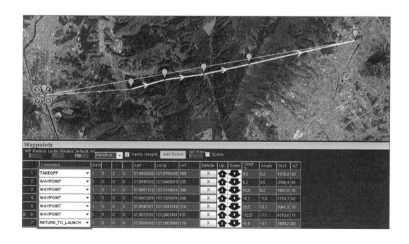

❷ 포인트별 임무를 지정한다. 이때 1번은 'TAKE OFF(이륙)'이며 마지막 포인트는 'RETURN TO LAUNCH(이륙 지점으로 복귀)'로 지정해야 저장할 수 있다.

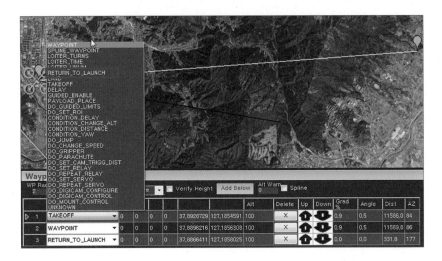

⑥ 자동 그리드 생성

항공 측량처럼 정해진 구역 안을 반복 비행하거나 정확한 간격으로 'WP' 지정이 필요한 경우 그리드(Grid)를 활용한다.

❶ FLIGHT PLAN의 지도 창에 마우스 커서를 올려놓고 오른쪽 버튼을 클릭한 후 [Draw Polygon] → [Add Polygon Point]를 선택한다.

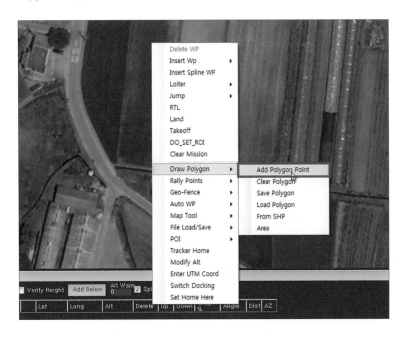

❷ 그리드를 생성하려는 지형을 설정한다.

❸ 생성된 그리드 안에 마우스 커서를 올려놓고 오른쪽 버튼을 클릭한 후 'Auto WP'를 클릭하고 임무
에 맞는 자동 그리드를 선택한다.

❹ 세부 선택 항목을 지정한 후 　Accept　를 클릭한다.

❺ 생성된 미션을 검토한다.

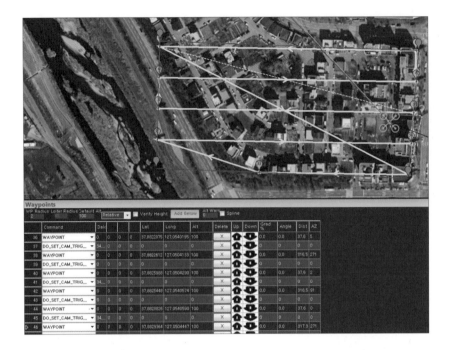

7 미션 업로드 및 파일 저장

미션 플래너는 생성된 임무를 기체에 직접 업로드하거나 기체에 입력돼 있는 임무를 다운로드할 수 있으며, 미리 임무를 설정한 후 저장과 불러오기 등을 할 수 있다.

❶ 미션 업로드

● 미션 생성 후 'Write WPs'를 클릭한다. 'Done'이라는 문구와 함께 업로드가 완료된다.

❷ 기체에 저장된 미션의 확인

- Load WP File 을 클릭한다. 현재 다른 임무 작성 중일 경우 '작성 중인 미션이 지워진다'라는 영문
  경고 메시지와 함께 진행 여부를 묻는다.

- OK 를 클릭하면 미션이 다운로드된다.

❸ 미션을 파일로 저장하기

- Save WP File 을 클릭한다.

- 미션의 이름을 지정한 후 저장(S) 을 누르면 파일로 저장된다.

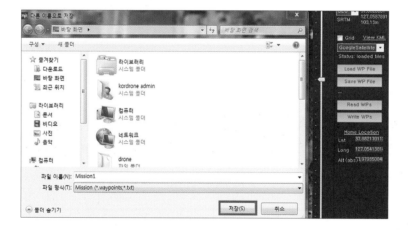

PART

4

❹ 저장된 미션 불러오기

- Load WP File 을 클릭한다.

- 확장자가 'waypoint' 파일을 클릭하고 열기(O) 를 클릭하면 미션을 불러온다.

8 'Home' 위치가 잘못 지정됐을 경우의 조치

미션 플래너의 'FLIGHT DATA'의 [Quick] 메뉴에서는 현재 기체의 상태를 보여준다. 간혹 'DistToMAV'에 큰 숫자가 나타나는 경우가 있는데 이는 홈의 위치가 잘못 지정된 경우다. 이런 경우 미션 수행을 하면 기체가 잘못 지정된 'Home'으로 날아가 버린다.

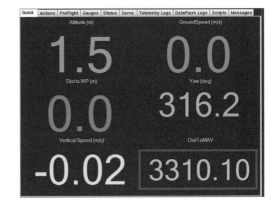

❶ 'FLIGHT PLAN' 탭을 클릭해 'Home'의 위치를 확인한다.

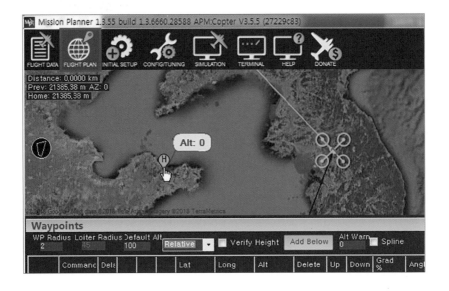

❷ 오른쪽 중앙의 'Home Location'을 클릭한다.

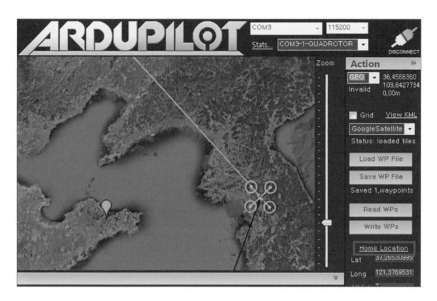

❸ 'Home'이 기체 기반 위치로 변경된 것을 확인한다.

2 임무 수행 명령 목록

미션 생성 후 각 WP마다 비행체의 행동을 미리 지정해 수행할 수 있다. 이는 'Navigation'을 위한 명령과 '행위(Do)'를 위한 명령으로 나뉘며, 각 명령어의 의미를 이해해야 효율적 임무 계획이 가능하다. 'Navigation' 명령과 '행위(Do)' 명령을 동시에 실행할 수 있지만 '행위(Do)' 명령은 순서에 따라 차례대로 진행된다.

● 미션 플래너에서 실행할 수 있는 미션 명령 목록

'Navigation' 명령 목록	'행위(Do)' 명령 목록
• Takeoff	• Do_Guided_Limits
• Spline_Waypoint	• Do_Set_Rol
• Loiter_Turns	• Do_Jump
• Loiter_Unlim	• Do_Change_Speed
• Loiter_Time	• Do_Gripper
• Return_To_Launch	• Do_Parachute
• Land	• Do_Set_Cam_Trigg_Dist
• Takeoff	• Do_Set_Relay
• Delay	• Do_Repeat_Relay
• Guided_Enable	• Do_Set_Relay
• Payload_Place	• Do_Repeat_Servo
• Condition_Delay	• Do_Digicam_Configure
• Condition_Change_Alt	• Do_Digicam_Control
• Condition_Distance	• Do_Mount_control
• Condition_Yaw	

'FLIGHT PLAN' 탭을 클릭해 'WP'를 생성하면 각 지점별로 명령을 지정할 수 있는 목록이 생성된다.

▲ 미션 플래너

1 Takeoff

웨이포인트를 생성한 후 첫 번째 포인트에는 대부분 이 명령어를 입력한다. 'Takeoff' 명령이 실행되면 멀티콥터는 즉시 이륙해 지정된 고도까지 상승한다. 지정된 고도에 도달하면 다음 명령을 수행한다.

수행할 명령   이륙 목표 고도

2 Waypoint

비행할 지역을 마우스로 클릭하면 자동 생성되는 포인트다. 가장 기본이 되는 명령어로, 자동으로 입력되며 다른 명령어로 변경할 수 있다. 또한 다음 명령을 수행하기 전까지 '지연 시간(Delay)'을 설정 할 수 있다.

PART

4

다음 명령 수행 전
지연 시간

3 Spline_Waypoint

멀티콥터 버전 3.2 이상부터는 스플라인 웨이포인트(Spline Waypoint)가 지원된다. 이는 기본적으로 웨이포인트 명령과 동일하지만 실행될 때 직선 대신 부드러운 경로를 비행하며 임무를 생성할 때 진선 명령과 혼합해 사용할 수 있다.

4 Loiter_Time

기체를 지정된 위치에서 대기하도록 할 때 사용한다. 이때 비행 모드는 'Loiter Mode'와 동일하다.

- **Time:** 이 위치에 머물러 있는 시간이다(초 단위).
- **Lat, Lon:** 위도 및 경도다. 0으로 남겨두면 현재 위치에서 유지된다.
- **Alt:** 현재 포인트의 고도다. 0으로 남겨두면 현재 고도를 유지한다.

지연 시간   위도, 경도   임무 고도

5 Loiter_Turns

'Circle Mode'와 동일한 미션을 수행한다. 지정된 위도와 경도 및 고도를 중심으로 원을 그리며 임무를 수행하며 원을 그리는 반경은 'CIRCLE_RADIUS' 매개변수에 의해 제어된다. 이 명령을 입력하면 그리는 반경이 지도에 표시된다.

- **Turn**: 포인트를 기준으로 회전할 전체 회전 수
- **Dir 1=CW**: 회전 방향. −1 = 시계 반대 방향,+ 1 = 시계 방향
- **Lat, Lon**: 위도 및 경도. 0으로 설정 시 현재 위치를 중심으로 원을 그리며 비행한다.
- **Alt**: 현 포인트의 임무 고도. 0으로 설정 시 현재 고도에서 원을 그리며 비행한다.

회전 횟수

6 Return_To_Launch

출발 위치로 복귀한다. 이때 'Home'을 따로 지정하지 않으면 출발 위치를 자동으로 'Home'으로 인식하며 'RTL'과 다르게 포인트의 고도를 유지한 채 복귀한다. 일반적으로 미션 마지막에 설정한다. 이 포인트는 명령을 입력하면 포인트가 사라지며 복귀 명령 체계로만 남게 된다.

7 Land

드론이 현 위치에서 착륙을 시도한다. 이 명령어는 'Land Mode'와 동일한 행동 패턴을 나타낸다.

8 Delay

드론이 지정된 시간(초) 경과 또는 절대 시간 도달 시까지 대기한다. 첫 번째 열은 지연 시간(초)을 유지한다. 사용하지 않으려면 −1로 설정한다. 이때 GPS를 이용한 절대 시간(UTC)을 사용한다.

- Sec: 00초 대기한 후 임무 시작
- Hr UTC: 00시
- Min UTC: 00분
- Sec UTC: 00초

그림 예시의 경우 절대 시간(UTC) 기준 17시 20분 5초에 이륙한다.

9 PayLoad_Place

드론이 이 위치에 도달하면 보유하고 있던 수하물을 투여한다. 이때 'Gripper'라는 트리거 장치를 이용해 수하물을 낙하할 수 있게 설정할 수 있다. 수하물이 지면에 닿으면 무게 감소를 모터 RPM 감지를 통해 인지한다. 이때 'Max Des' 변수를 입력해 최대 하강 고도(미터)를 유지한다. 최대 하강 고도에 도달해도 수하물에 의한 부하가 해제되지 않으면 'Gripper'를 해제하지 않고 다음 임무 명령으로 넘어간다. 이 명령은 Copter-3.5 이상의 펌웨어에서 가능하다.

최대 하강 고도

10 Do_Set_ROI

이 명령이 실행되면 드론은 임무가 끝날 때까지 빨간색으로 표기된 장소를 바라보며 임무를 수행한다. 이는 한 지점을 연속적으로 촬영해야 할 때 유리하다. 미션 중간에 더 이상 ROI 포인트를 바라보지 않게 하려면 'Do_Set_ROI' 포인트를 중간에 넣어 위도와 경도를 0으로 설정해야 한다.

그림 예시의 경우 1번 포인트에서 3번 포인트로 이동할 때까지만 2번 포인트(빨간색)를 바라보게 되며, 5번 포인트로 이동 시 매개변수 설정에 따른 요(Yaw) 값을 유지한다. 이 명령은 Copter-3.2 이상의 펌웨어에서 가능하다.

#3~#5 경로를 비행할 때는 Yaw 매개변수에 따른 유지를 한다.

#1~#3 경로를 비행할 때 기체 정면이 2번 포인트를 향한다.

11 Condition_Delay

'행위(Do)' 명령을 지연시킨다. 이 명령어는 '행위(Do)' 명령을 지연시키기 위해서만 적용되며 포인트로 표시되지는 않는다. 그림 예시의 경우 #1 포인트를 지나고 5초 후에 'Do_Set_ROI'를 실행한다. 'Time(초)' 변수를 수정해 지연 시간을 설정할 수 있다.

12 Condition_Distance

컨디션 딜레이(Condition Delay)와 비슷하지만 거리를 설정해 '행위(Do)' 명령에 대한 지연 값을 설정할 수 있다. 이 조건이 입력되면 기체는 지정 거리 이내로 들어가기 전까지 '행위(Do)' 명령을 수행하지 않는다. 'Dist(m)'는 '행위(Do)' 명령을 수행하기 위해 지정된 미터만큼 다음 포인트에 접근해야 한다.

13 Condition_Yaw

드론 기수의 방향을 설정할 수 있다. 이 명령을 수행하면 절댓값을 기준으로 기체는 지정된 방위 각을 바라보게 된다(예: 0 = 북쪽, 90 = 동쪽, 180 = 남쪽).

14 Do_Jump

이 명령이 수행되면 지정된 포인트의 명령을 반복적으로 수행한다. 이는 '행위(Do)' 명령어로 구분되지만 실제로 'Nav' 명령 체계에 속하므로 'CONDITION_DELAY'와 같은 조건부 명령에는 실행되지 않는다. 또한 Cotper 3.2 이상 펌웨어에서 실행해야 한다.

- wp# – 이동할 임무 번호
- Rep – 반복할 횟수

⑮ Do_Set_Cam_Trigg_Dist

일정한 간격으로 카메라 셔터를 작동시킨다. 다음 그림 예시에서는 드론이 비행하는 매 5m마다 카메라가 작동되도록 한다. Copter 3.2 이하 버전에서는 한 번 작동되면 카메라 셔터를 멈출 수 없었지만 그 이상의 버전에서는 M(미터) 변수를 0으로 설정해 카메라 셔터를 종료할 수 있다.

⑯ Do_Set_Servo

서보를 특정 각도로 움직일 수 있다. 이는 PWM 신호로 제어되며 이 명령을 수행하기 전 사용할 서보를 '라디오 교정'으로 중립 설정해야 각도를 세밀하게 조절할 수 있다.

- Ser No: 서보가 연결된 출력 채널
- PWM: 서보에 출력할 PWM 값. 보통 1,000~2,000 사이

⑰ Do_Repeat_Servo

서보를 중간 위치와 지정된 값에 따라 반복적으로 움직이게 한다.

- Ser No: 서보가 연결된 출력 채널
- PWM: 서보에 출력할 PWM 값
- Repeat#: 서보를 지정된 PWM 값으로 이동시키는 횟수
- Delay(s): 각 서보 동작 사이의 지연 시간(초)

⑱ Do_Digicam_Control

카메라 셔터를 한 번 작동시킨다. 이 명령은 추가 변수나 인수가 필요 없다.

⑲ Do_Mount_Control

카메라 짐벌의 롤, 피치, 요의 각도를 지정할 수 있다. 이를 사용해 임무 중에 여러 방향에서 카메라를 특정 위치로 향하게 할 수 있다.

⑳ Do_Gripper

서보 그리퍼나 EPM 그리퍼를 작동할 수 있다. 이는 PayLoad Place와 연동해 사용할 수 있으며 단독으로도 사용할 수도 있다. 현재 한 기체당 하나의 'Gripper'만을 지원하기 때문에 첫 번째 인수의 'Grip No'는 무시된다.

- Drop − 1 : 그리퍼 개방
- 0 : 그리퍼 폐쇄

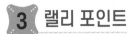

3 랠리 포인트

비행 중 기체에 문제가 발생하거나 설정 조건이 성립되면 비행체는 RTL(Return to Launch)을 실행해 복귀를 시도한다. 하지만 이륙 장소와 착륙 장소가 달라야 하거나 'Home'으로 설정된 장소가 드론 복귀에 부적절한 경우가 발생할 수 있다(예: 인구 밀집 지역, 해상에서 이륙한 경우 등). 이때는 랠리 포인트(Rally Points)를 지정해 기체를 'Home'이 아닌 미리 지정한 장소로 유도할 수 있다. 랠리 포인트를 지정하면 콥터는 지정된 장소에 가서 착륙을 시도하며 고정익 드론의 경우 공중에서 대기한다.

Rally Point를 지정하면 유사시 이 위치로 귀환한다.

1 랠리 포인트 설정

❶ 'FLIGHT PLAN' 탭의 화면에서 지정하고 싶은 위치를 찾아 마우스 오른쪽 버튼을 클릭한다.

❷ [Rally Point] → [Set Rally Point]를 클릭한다.

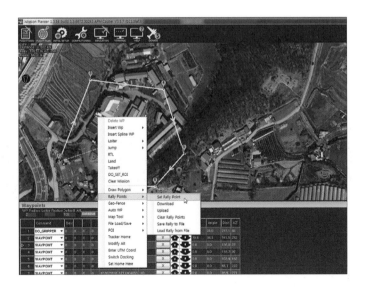

❸ 고도 입력 창이 팝업되면 원하는 고도를 입력한다(기본 고도 100m).

② 다중 랠리 포인트

랠리 포인트 메뉴에서는 한 지점이 아니라 각 구간별 설정이 가능하도록 다중 랠리 포인트를 지원한다. 이를 잘 활용하면 각 구간별로 비상 상황 발생 시 기체를 유도할 수 있다. 드론은 미션 수행 중 비상 상황 발생 시 가까운 랠리 포인트로 이동해 명령을 대기한다.

 랠리 포인트 설정 시 고려 사항

- 지오펜스를 사용하는 경우 설정된 지오펜스 내부에 랠리 포인트를 설정한다.
- 지형 및 고도를 충분히 고려해 고도를 설정한다.
- 플래시 메모리의 크기가 제한적이므로 자신의 FC 기종을 고려한다(APM2의 경우 고정익 드론은 10개, 멀티콥터 류는 6개로 제한됐지만 픽스호크에서는 개선됐다).
- 가장 가까운 랠리 포인트로 이동하므로 구간별로 위험 요소를 고려한다.
- 고도 이외의 사항은 RTL_*** 매개변수의 조건을 사용한다.
- 멀티콥터의 경우 착륙을 시도하므로 지면 상태를 고려한다.

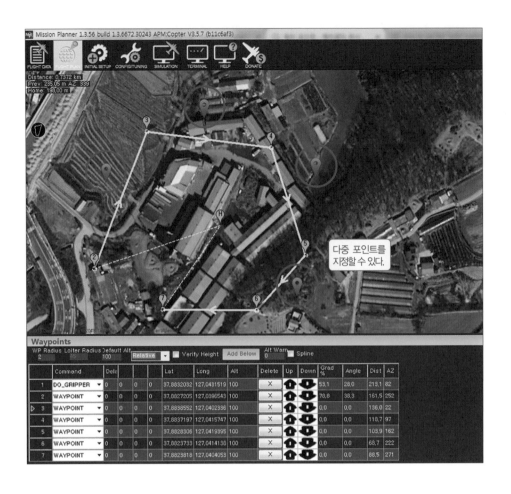

다중 포인트를 지정할 수 있다.

12kg 이상 대형 기체 조립

픽스호크는 현재 대부분 12kg 미만의 소형 기체에 사용되고 있다. 국내 몇 안 되는 기업에서만 부분적으로 픽스호크를 장비에 적용하고 있다. 이는 대형 기체로 갈수록 'Auto Tune'과 같은 픽스호크의 고유 기능을 사용해 PID 값을 찾아내기가 힘든 부분도 있다. 또한 정규 매뉴얼이 제공되지 않고 일반 사용자의 접근이 쉽지 않아 나타나는 현상이라고 생각한다. 지금까지 이 책을 따라 픽스호크의 기본적인 기능과 개념을 이해하고 조립 및 설정해 비행할 수 있었다면 이번 장의 내용을 천천히 학습하면서 대형 기체 조립에 도전해보기 바란다.

기체 선정(X4-10)

대형 기체로 갈수록 휠베이스 및 프로펠러 크기 증가에 따른 저주파 진동이 필연적으로 심해지며 소형 기체와 다르게 조그마한 실수에도 심각한 위험 상황을 초래할 가능성이 커진다. 구조적으로 안전한 기체를 선택하는 것이 중요하며 방진, 방수 등의 효율성도 고려해 기체를 선정한다.

 대형 방제 드론 선정 시 기본 고려 사항

❶ FC까지 전달되는 진동을 얼마나 상쇄할 수 있는 구조인가?

❷ 모터, 변속기 등의 노이즈(Noise)로부터 FC가 얼마나 보호받을 수 있는가?

❸ 적용된 IP 방수 처리 등급(IP 보호 등급 수치)은 몇 인가?(최소 IP43 등급 이상을 선택한다)

❹ 기체의 부품은 개별 구입이 가능한가?

❺ 수입사는 안정적이며 오래된 믿을 수 있는 회사인가?

❻ 조립이 쉽고 이동 및 보관성은 어떠한가?

❼ 배터리의 확장성을 확보할 수 있는가?

❽ 제원표는 확인할 수 있으며 본인이 사용하기에 충분한 스펙인가?

QR 14_포스웨이브 방제 기체

이러한 점을 고려해 본문에서는 전동 알씨 (http://www.electricrc.co.kr/src/main/indexpage. php) 'X4-10P Super Grille Quad-Copter'를 기체로 사용해 조립을 진행했다.

PART

4

1 X4-10 모델

기체 제원 및 성능		약제 살포 능력	
전장	1,080mm(폴딩 시 650mm)	1일 살포 능력	10~15만 평
전폭	1,080mm(폴딩 시 650mm)	시간당 살포 능력	36L / 18,000평
전고	550mm	살포 폭	6m (조건: 비행 고도 3m)
자체 중량	9.4kg(약제 살포 장비 포함) 12.9kg(배터리 포함)	살포 노즐	전후 2개(분리 가능형)
최대 이륙 중량	23.6kg	표준 살포 면적	12L / 15분, 6,000평/1회
로터 지름	28inch	표준 비행 속도	20~30km/h
동력원	Motor	표준 살포 고도	3~4m
최대 출력	30HP	약제 적재량	12L
배터리	Li-Po 44.4V 12,000mah	1회 비행 시간	비행 중량 12.9kg 24분 비행 중량 22.9kg 11.5분
통신 주파수	2.4GHz	표준 운용 거리	반경 200m 이내

2 기체 구조에 의한 진동 감쇠

X4-10은 메인 프레임과 FC 연결 부분이 플로트 베딩(Float Bedding) 방식으로 설계돼 모터와 프로펠러에 의한 진동이 FC 마운트에 거의 전달되지 않으므로 진동에 취약한 FC 보호에 최적화돼 있다.

실제 픽스호크를 조립 및 설정하고 비행하면 픽스호크의 기준 한계값(60)보다 굉장히 낮은 진동이 FC에 감지되는 것을 확인할 수 있다.

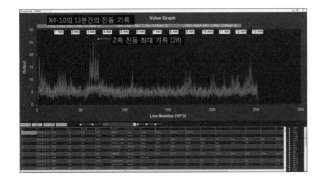

3 조립의 난이도

일반적으로 대형 기체를 주문하면 반조립 상태가 아닌 부품으로 개별 배송되는데, 이는 처음 조립하는 입장에서 굉장히 어려운 일이다. 또한 변속기와 모터 연결 부분을 일일이 납땜하는 것도 매우 어려운 일이다. 이러한 점을 고려해 반조립 상태의 기체를 선택하는 것이 좋다. X4-10의 경우 반조립 상태로 배송되므로 이미 주요 부위는 모두 조립돼 있으며, 기판의 절연 처리까지 완료한 상태로 받아볼 수 있다.

4 이동 및 보관의 공간 활용성

대형 기체의 경우 프로펠러가 접히지 않거나 단순 하향 접이식 구조의 경우 보관과 이동에 제약이 크며, 이는 이동 시 기체의 손상을 유발할 수 있다. 또한 접이식 구조라 하더라도 시간이 지남에 따라 유격이 발생할 수 있는 구조인지 확인하는 것도 중요하다. X4-10의 경우 보관이 매우 유리하며, 중형 승용차에도 2대가 동시에 실리는 장점이 있다.

2 기체의 조립

1 대형 드론 조립 기본 수칙

➊ 모든 나사는 반드시 Loctite–243을 점입해 조립한다.

➋ 볼트를 분리하거나 체결할 때는 숙련자가 아니면 전동 공구를 사용하지 말아야 한다.

➌ 전선의 과도한 꺾임이나 찍힘에 주의한다.

➍ 전원선 연장 시에는 접촉 면적을 넓혀주며 페이스트를 사용해 균일한 납땜한다.

2 부품 확인

기체 포장은 다음과 같이 구성된다.

- 메인 프레임(캐노피 , 폴딩 암 4개, 전원 분배 보드)
- 랜딩 스키드 세트
- ESC 4개
- Motor 4개
- 분사 노즐 킷
- 볼트/너트 패키지
- 이동용 벨트

3 ESC와 Lower Motor Mount의 조립

➊ X4–10는 ESC가 모터 마운트 내부에 위치한다. 이를 조립할 때 변속기의 방열판에 수평을 맞추기가 어렵다. 이를 개선하기 위해 M3 Stand off를 사용해 ESC의 고정 부분을 연장한다. 동봉된 Loctite 243을 나사 끝부분에 살짝 묻혀 조립하면 풀림을 방지할 수 있다.

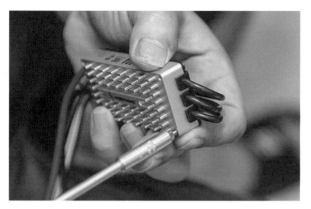

▲ M3 Stand off와 ESC의 조립

❷ Lower Motor Mount와 ESC를 조립한다. 이때 Noxxle Arm의 볼트로 인해 ESC의 방열판이 밀착하지 않으므로 적당히 쥔다.

▲ Lower Motor Mount와 ESC의 조립. 록타이트는 3칸 정도만 점입한다.

❸ 조립이 완료되면 그림과 같이 정리한다. 이때 전선의 과도한 꺾임이 발생하지 않도록 주의한다.

▲ Lower Motor Mount 내부의 ESC 배선 정리

PART

4

4 ESC 전원선 연장

❶ 동봉돼 있는 전원선을 4등분 한다. X4-10은 쿼드 타입의 기체이므로 전선을 미리 4등분 해 준비한다.

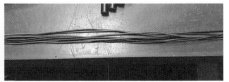

▲ 전원 선을 미리 재단해두면 조립하기가 간편하다.

❷ 전원 선 연장 시에는 하단의 그림과 같이 페이스트(Paste)를 점입한 후 선과 선의 사이에 들어갈 수 있도록 연장한다.

◀ 페이스트(Paste)를 미리 묻혀두면 균일한 납땜이 가능하다.

❸ 전선을 손으로 돌려주며 결속을 마무리한다.

❹ 같은 방식으로 모든 ESC 선을 연장한다.

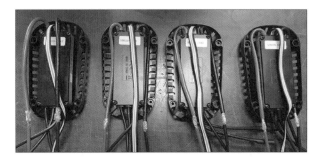

❺ 연결 부위를 납땜한다. 이때 선을 돌려가면서 납이 골고루 묻을 수 있게 한 후 수축 튜브로 납땜 부위를 감싸주고 마무리한다.

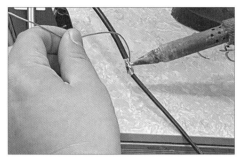

▲ 모든 전선 연장 부위는 수축 튜브를 사용해 절연 처리를 해야 한다.

❻ 기체의 폴딩 암(Folding Arm) 위 접힘 부분은 부주의하면 전선을 단선시킬 수 있다. 수축 튜브를 사용해 보강한다.

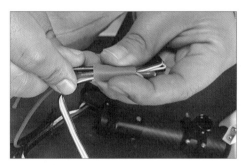
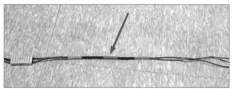

◀ 폴딩 암(Folding Arm)은 기체의 공간 활용을 좋게 하지만 잦은 꺾임으로 단선을 유발할 수 있다.

❼ 암(Arm)이 접히는 부분의 선이 손상되지 않도록 수축 튜브 위에 메시(Mesh: 망)를 이용해 한 번 더 보강한다.

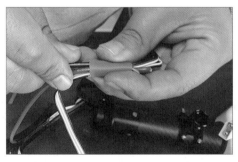

메시(Mesh: 망)는 재단 부위 끝단을 열처리해야 풀림을 방지할 수 있다.

▲ 열처리를 하지 않은 메시(Mesh: 망)는 풀림이 발생한다.

전선 납땜이 끝난 후 폴딩 암(Folding Arm)의 접촉 부분을 보호하기 위해 메시 튜브(Mesh Tube)나 수축 튜브를 덧대어 보강한다. 이 부분은 이동을 위해 접을 때 전선의 단선을 유발할 수 있기 때문에 반드시 보강해야 한다.

⑤ 메인 프레임 조립

❶ 전원 분배 보드(Power Distribution Board)는 분리한다. X4-10의 경우 모든 선이 중앙을 통해 기체 내부로 배선되면 안 되며 전원 분배 보드와 XT90 조립을 위해서도 미리 분리하는 것이 좋다.

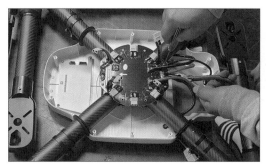

▲ X4-10은 메인 프레임의 중앙으로 모든 선이 모이는 구조다.

❷ 모터를 조립한다. 이때 모터의 중앙이 정확히 일치하도록 주의해야 한다.

▲ X4-10의 모터는 하단에 여러 종류의 마운트를 위한 다양한 구멍이 가공돼 있다. 이는 확장성을 좋게 했지만 부주의하면 모터의 중앙이 미세하게 틀어져 조립될 수 있다.

❸ 모터와 ESC를 체결한 후 ESC의 전원선을 기체의 중앙으로 배선한다. 이때 암(Arm)의 좁은 공간에서의 작업을 쉽게 하기 위해 땜납을 길이에 맞춰 선의 끝부분에 결속한 후 잡아당기면 보다 쉽게 배선할 수 있다.

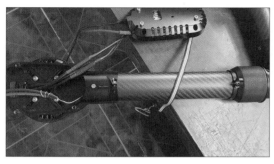

▲ 땜납을 이용하면 보다 쉽게 좁은 공간에서 선을 빼낼 수 있다.

❹ 배선을 끝낸 후 다음 그림과 같이 선을 정리해 모터 마운트 조립을 완료한다.

▲ 모터 마운트의 조립 시 마운트 내부의 ESC 선의 꺾임과 찍힘에 주의한다.

❺ 전원 분배 보드(Power Distribution Board)와 XT90을 납땜한다(납땜 전 단자와 전선의 극성을 다시 한 번 확인한다).

▲ XT90을 납땜할 때도 페이스트를 사용해 단자의 과열을 방지할 수 있다.

❻ 완성된 전원 분배 보드(Power Distribution Board)에 22.2V 배터리 팩 2개를 연결한 후 각 단자의 극성(22.2V/44.4V)을 확인하고 보드의 전압 출력 부위 전압을 확인한다.

▲ 전원 분배 보드(Power Distribution Board)는 12S(44.4V)/6S(22.2V) 두 가지의 전압을 출력해준다.

❼ 전원 분배 보드(Power Distribution Board)의 전압이 정상적이면 다시 메인 프레임에 조립한다.

▲ 전원 보드 재조립 시 전방 방향에 주의한다.

❽ 미리 뽑아둔 ESC 선에 XT60을 납땜한 후 전원 분배 보드와 연결한다. 이때 44.4V의 출력 포트에 연결한다.

❾ 약제 분사를 위한 Pump ESC를 조립한다. 일반적으로 Pump ESC는 6S(22.2V)를 지원하므로 파워 보드의 6S 포트에 연결한다.

▲ 펌프용 변속기는 반드시 6S(22.2V)에 연결한다.

6 하단 구조물 조립

❶ 약제를 분사해줄 펌프를 조립한다. 이때 그림과 같이 펌프의 외각 볼트 4개를 십자드라이버를 사용해 분리한다.

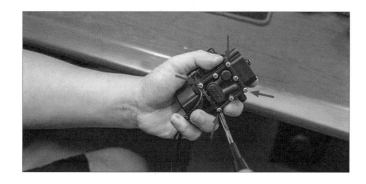

❷ 약제통 하단의 접시머리 볼트를 분리한다.

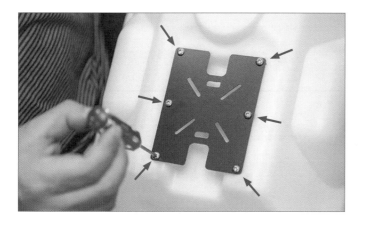

❸ 동봉된 원형 PCB 서포터와 볼트를 이용해 펌프를 고정한다.

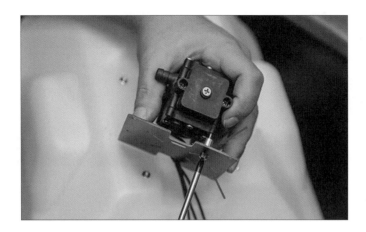

❹ 펌프 조립체를 약제통에 고정한다.

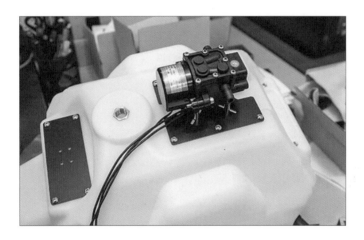

❺ X4-10의 경우 방제통과 메인 프레임의 거리가 가까워 대용량 배터리를 사용할 경우 탈착이 쉽지 않다. 이를 개선하기 위해서는 Battery Mount Expander를 사용해야 한다.

별매품 Battery Mount Expander

전문가 및 산업용 픽스해크(Pixhack)

픽스호크는 다양한 기능과 무한한 가능성을 가진 FC지만, 하드웨어적으로 볼 때 그리 좋은 구조는 아니다. 특히 픽스호크 1은 겨울철 저온에 몇몇 소자가 오작동을 일으켜 종종 이상 증상을 보이곤 한다. 공식적이진 않지만 일반적으로 국내외 유저들의 의견은 −10도 이하에서는 사용하지 말 것을 권한다. 픽스호크 1은 여러 클론이 복제 생산되면서 서로 기능을 개선했다고 말하고 있지만, 실제로 사용해보면 온도나 습도 변화에 따라 FC 상태의 변화가 심각한 경우가 종종 있다. 이를 개선하고자 상위 버전들이 출시되고 있으며, 그중 CUAV의 픽스해크(Pixhack) 제품군은 공식 포럼에 소개된 FC로 광범위한 주변 기기를 제공한다.

◱ 산업용 픽스해크의 장점

픽스호크의 공식 포럼인 http://ardupilot.org에서는 CUAV를 오픈 하드웨어에 포함시키고 있으며, 이에 대한 공식 설명은 다음과 같다.

CUAV v5는 CUAV가 설계하고 만든 고급 오토 파일럿이다. 이 보드는 FMUv5 개방형 하드웨어 설계를 기반으로 하며, (…중략…) 주로 학계 및 상업용 사용자를 대상으로 한다.

he CUAV v5 is an advanced autopilot designed and made by CUAV. The board is based on the FMUv5 open hardware design, with further attribution here. It is intended primarily for academic and commercial users.

QR 15_픽스해크 구매

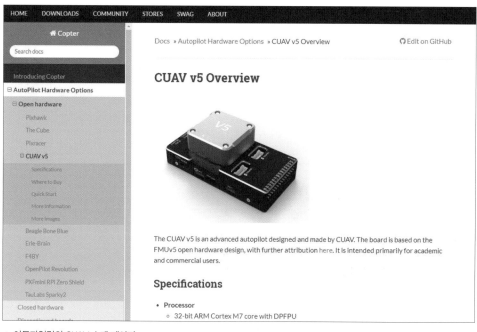

▲ 아두파일럿의 CUAV 소개 페이지
▲ 출처: http://ardupilot.org/copter/docs/common—pixhackV5—overview.html

실제 픽스해크(Pixhack)를 사용해보면 약간의 미열이 지속되는 것이 인상적인데, thermostat system을 적용해 FC의 과냉, 과열로 인해 일어날 수 있는 오류에 대비했다.

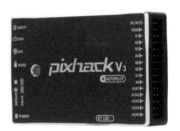

Quick Summary

- Microprocessor:
  - STM32F427
  - STM32F100 (Failsafe co-processor)
- Sensors:
  - Accelerometers (3): LS303D, MPU6000, MPU9250/hmc5983
  - Gyroscopes (3): L3GD20, MPU6000, MPU9250
  - Compass (2): LS303D, MPU9250
  - Barometer (2): MS5611 X2
- Interfaces:
  - MAVLink UART (2)
  - GPS UART (2)
  - DEBUG UART (1)
  - RC IN (for PPM, SBUS, DSM/DSM2)
  - RSSI IN: PWM OR 3.3ADC
  - I2C (2)
  - CAN BUS (1)
  - ADC IN: 3.3V X1 , 6.6V X1
  - PWM OUT: 8 PWM IO + 4 IO
- Power System:
  - PM POWER IN: 4.5 ~ 5.5 V
  - USB POWER IN: 5.0 V +- 0.25v
- Weight and Dimensions:
  - Weight: 63g
  - Width: 68mm
  - Thickness: 17mm
  - Length: 44mm
- Other Characteristics:
  - Operating temperature: -20 ~ 60°C

▲ 드론코드(Dronecode)의 픽스해크 하드웨어 요약(동작 온도가 −20도 ~60도를 표기하고 있다.)
　출처: https://docs.px4.io/en/flight_controller/pixhack_v3.html

또한 픽스해크 v3는 DJI와 같은 금속 재질의 CNC 가공 케이스를 채택해 픽스호크의 아쉬웠던 점인 하드웨어의 외형적인 부분이 대폭 상향됐으며, 동시에 내부에는 IMU를 별도로 방진 처리해 진동이 FC에 거의 전달되지 않는 구조로 설계돼 있다.

부드러운 고무
지지대(Mount)

'부동'(Floating) 진동 절연 IMU

EMF 셸딩(Shieding)

◀ 픽스해크의 내부 구조

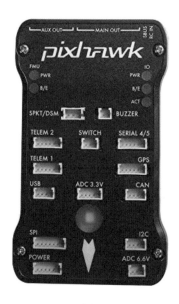

▲ 픽스호크 1세대(좌)와 CUAV 픽스해크(우). 눈으로 보기에도 상향된 품질을 느낄 수 있다.

이러한 이유로 픽스해크는 산업용 사용자를 위한 FC로 분류되고 있지만, 그 가격은 20만 원 초반대에 맞춰져 있어 일반 사용자들도 접근하기가 부담스럽지 않다.

이를 사용해 12kg 이상의 대형 기체를 제작하면 진동 값이 20 정도를 유지하는 것을 볼 수 있는데, 이는 http://ardupilot.org에서 말하고 있는 좋은 진동값 30보다 훨씬 적다는 것을 알 수 있다.

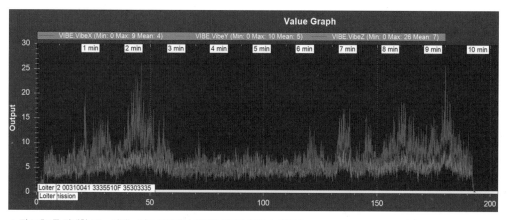

▲ 픽스해크를 탑재한 12kg 기체는 진동 부분에서 상당한 이득을 얻을 수 있었다.

2 픽스해크 연결도

픽스해크는 픽스호크와는 다른 연결 배열을 가진 것처럼 보이지만, 내부를 보면 그 연결 방법이 크게 다르지 않음을 알 수 있다. 이 책을 읽는 독자들은 다음과 같은 세부 배열을 따라 각 포트의 기능과 연결 배선을 학습할 수 있다.

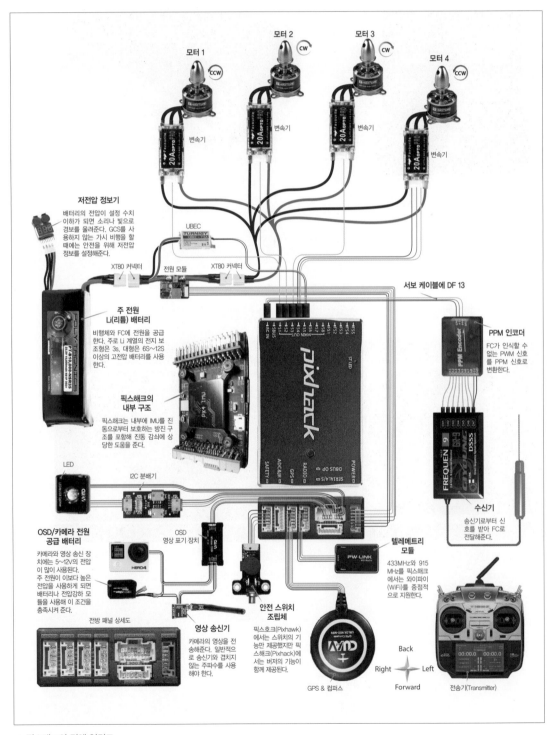

모터 1

모터 2 CW

모터 3 CW

모터 4 CCW

CCW

변속기

변속기

변속기

변속기

저전압 정보기
배터리의 전압이 설정 수치 이하가 되면 소리나 빛으로 경보를 울려준다. GCS를 사용하지 않는 가시 비행을 할 때에는 안전을 위해 저전압 정보를 설정해준다.

UBEC

XT80 커넥터   전원 모듈   XT80 커넥터

서보 케이블에 DF 13

**주 전원
Li(리튬) 배터리**
비행체가 FC에 전원을 공급한다. 주로 Li 계열의 전지 보조형은 3s, 대형은 6S~12S 이상의 고전압 배터리를 사용한다.

PPM 인코더
FC가 인식할 수 없는 PWM 신호를 PPM 신호로 변환한다.

**픽스해크의
내부 구조**
픽스해크는 내부에 IMU를 진동으로부터 보호하는 방진 구조를 포함해 진동 감쇠에 상당한 도움을 준다.

LED

I2C 분배기

수신기
송신기로부터 신호를 받아 FC로 전달해준다.

**OSD/카메라 전원
공급 배터리**
카메라와 영상 송신 장치에는 5~12V의 전압이 많이 사용된다.
주 전원이 이보다 높은 전압을 사용하게 되면 배터리나 전압강하 모듈을 사용해 이 조건을 충족시켜 준다.

OSD
영상 표기 장치

**텔레메트리
모듈**
433MHz와 915 MHz를 픽스해크에서는 와이파이(WiFi)를 중점적으로 지원한다.

전방 패널 상세도

영상 송신기
카메라의 영상을 전송해준다. 일반적으로 송신기와 겹치지 않는 주파수를 사용해야 한다.

**안전 스위치
조립체**
픽스호크(Pixhawk)에서는 스위치의 기능만 제공했지만 픽스해크(Pixhack)에서는 버저의 기능이 함께 제공된다.

GPS & 컴퍼스

Back

Right — Left

Forward

전송기(Transmitter)

▲ 픽스해크의 전체 연결도

❸ 픽스해크 핀 맵

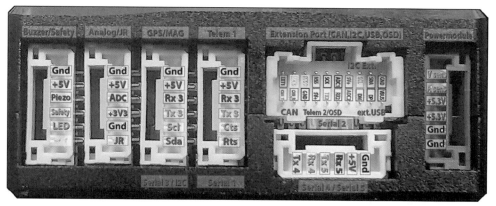

▲ 픽스해크의 포트별 세부 핀 맵

❹ RTK(Real Time Kinematic) 안테나

픽스해크의 측량용 안테나는 기체와 지상용 GCS 모두에 각각 장착할 수 있다. 이를 사용하면 cm
수준의 정확도를 구현할 수 있으며, 일반 GPS보다 정확한 위치를 제공한다.

▲ 다양한 RTK용 안테나들(위쪽부터 픽스호크 RTK, Emlid RTK, Pixhack C-RTK)
▲ 출처: 구글

5 OLED

픽스호크 계열은 현장에서 FC의 오류 상태 확인을 위해 영상 출력 장치가 별도로 필요했다. OLED는 FC의 오류를 간단한 텍스트로 표기해준다. 3.5 이상의 펌웨어에서 지원하며 세부 매개변수 설정에서 간단한 설정을 통해 출력을 선택할 수 있다.

▲ 픽스해크의 OLED는 금속 재질로, 내구성이 향상됐다.
▲ 출처: 구글

픽스해크는 이 밖에도 많은 주변 기기를 제공하고 있다. 하드웨어적으로 좀 더 신뢰성 있는 부품을 찾길 원하는 개발자나 산업용 사용자들은 사용해보는 것도 좋은 방법이다.

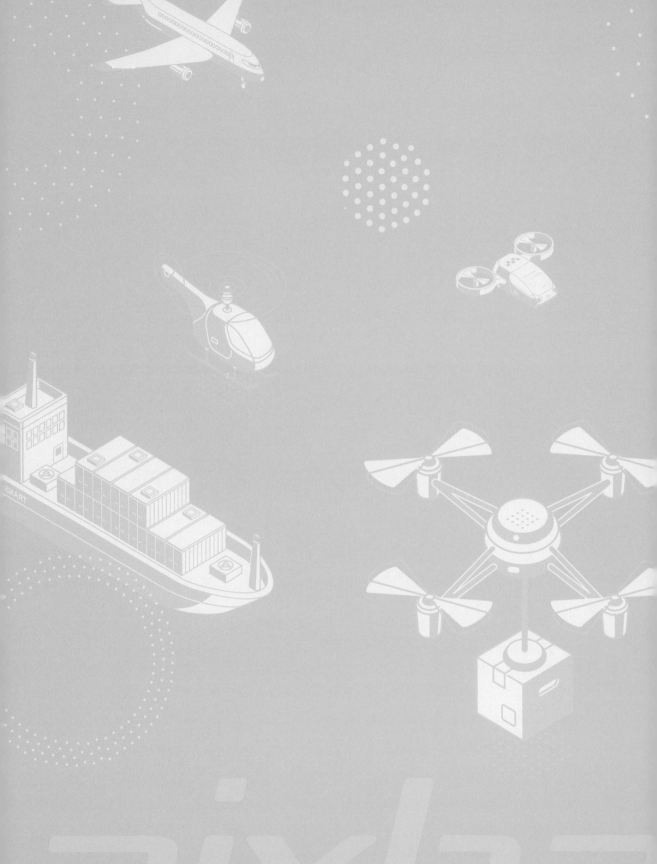

PART 5
다른 버전의 플라이트 컨트롤러,
Pixhawk4

Pixhawk4는 PX4펌웨어 v1.7 이상에서 최적화되어 있다. Pixhawk4의 세팅에 대하여 검색할 때 이전 PART에서 진행하였던 미션플래너와 아두파일럿(Ardupilot) 펌웨어를 이용한 세팅이 아닌, 큐그라운드컨트롤과 PX4 펌웨어를 이용한 세팅 방법을 더 쉽게 찾아볼 수 있을 것이다. 외장 LED, 부저, Safety Switch, GPS, Compass가 한 커넥터에 통합되어 있고, 변속기의 시그널 선을 꽂는 레일을 사용자가 쉽게 연장할 수 있기에 배선 정리에 수월하다. 또한 Pixhawk1과는 달리 커넥터가 분리하기 쉬운 구조로 되어 있어 커넥터를 분리 도중 단선이 될 가능성이 줄어들었다. PART 5에서는 큐그라운드 컨트롤과 PX4 펌웨어를 이용하여 기본 비행을 할 수 있는 세팅 방법을 소개한다.

실습 전 유의 사항
• 해당 페이지를 모두 읽어본 후 실습을 진행한다.
• 어떠한 이유에서든 프로펠러의 회전이 필요한 경우는 실외에서 안전거리를 반드시 유지하고, 실내에서는 프로펠러를 제거한 후 실습한다.
• 이미지는 참고용일 뿐이니 이미지에 집착하지 말고 본문 내용을 잘 읽고 실습한다.

픽스호크를 학습하기 위해서는 학습용 기체 준비가 필수이지만 처음 학습을 시작하는 경우 너무 고가의 기체는 피하는 것이 좋다. 픽스호크는 백지 상태의 FC인 만큼 저렴한 가격에 정말 많은 기능을 학습하기에 최고이지만 그 만큼 많은 변수가 존재하며 이 변수로 인해 기체의 파손과 금전적 손실로 이어질 수 있기에 부품이 저렴하고 신뢰할 수 있는 재료를 준비하여 학습을 진행하는 것이 좋다.

1 재료 구입 전 고려 사항

1 처음 조립을 할 경우 조금 비싸더라도 국내 유통 제품을 구매한다

인터넷 상의 제품들은 동일해 보이지만 유사품이 매우 많다. 예를 들어 F450의 경우 웬만한 충격으로론 잘 파손되지 않지만 유사품을 잘못 구매하면 약한 충격에도 파손이 되는 경험을 할 수 있다.

2 오프라인 동호회를 먼저 가입하여 제품에 대한 정보를 습득한다

판매자가 판매하기 좋은 물건과 가성비가 좋은 물건은 다르다. 판매자가 판매하기 좋은 물건은 가격의 통제가 쉽고, 마진이 많이 남으며 사후 A/S 처리가 쉬운 제품이지만 이런 제품이 반드시 가성비가 좋다고 할 수는 없다. 이러한 특성 때문에 업체에 제품을 문의하는 경우 일부 업체는 판매하기 좋은 제품으로 유도를 하게 된다. 반대로 동호회는 가성비가 좋은 제품을 구하고 싶고 이미 구입해본 경험이 있는 사람들이 존재하므로 선배들의 의견을 들어보면 어떤 제품이 왜 좋은 지를 판단할 수 있게 된다.

3 정보를 얻을 수 있는 판매 업체에서 구매한다

인터넷 검색을 하여 제품을 구매하는 경우 무조건 저렴한 제품을 구매하면 제품에 대한 학습도 혼자 알아서 해야 하는 경우가 발생한다. 최저가 판매자의 경우 그만큼 수익이 없기 때문에 제품에 대한 설명도 부실하고 전화 연결조차 안 되는 경우가 많다. 가격을 조금 더 주더라도 업체의 성향이나 친절도, 제품에 대한 이해가 높은 판매자에게 구매하는 것이 좋다.

4 FC의 경우 자체 테스트나 검증을 거친 국내 제품을 구매한다

픽스호크는 2.4.6 버전 이후에는 정품이라는 개념이 없다. 현재(2021. 9. 9. 기준) 해외에서 판매되는 픽스호크 묶음의 경우 초기 가격인 30만 원 초반에서 10만 원 초반까지 하락해 있는데 픽스호크는 하드웨어적 불량이 소프트웨어적 불량처럼 보이는 경우가 발생한다. 이런 경우 기준점의 부재로 정확한 학습이 되지 않으므로 국내 제품 중 검수를 진행한 제품을 사용 하는 것이 바람직하다.

5 처음부터 복잡한 구조는 피하고 단계별 학습을 진행한다

누구나 처음 기체를 조립할 때 멋있고 기능이 많은 드론을 조립하고 싶은 욕심이 있다. 배선이 복잡하고 기능이 많다는 것은 그만큼 변수도 많이 존재한다는 것인데 이를 한번에 진행하면 어디서 부터 잘 못되었는지 확인을 할 수 없을뿐더러 애써 조립한 기체가 날아 보지도 못하고 추락하는 경우 학습 의지 자체를 꺾어버리는 경우가 발생한다. 이러한 이유로 단계적으로 검증을 진행하며 조립하는 것이 좋다.

예 **1** FC + GPS

2 FC + GPS + 카메라

3 FC + GPS + 카메라 + OSD

4 FC + GPS + 카메라 + OSD + TM 모듈

5 FC + GPS + 카메라 + OSD + TM 모듈 + 카메라 짐벌

6 FC + GPS + 고도계 + OSD + TM 모듈 + 카메라 짐벌 + 라이다

2 재료 준비

1 필수 목록

1 학습용 기체

2 픽스호크(FC, TM 모듈, PM 모듈, OSD)

3 RC 조종기(8ch 이상 권장)

4 GCS 용도의 PC

QR 16_고급자용
장기체공용 드론 세트

2 기체

1 인피니티 H2.0

(주)포스웨이브에서 직접 개발한 기체이다. 폴딩암 방식을 적용하여 보관에도 용이하고, 1시간이 넘는 긴 비행 시간을 자랑한다.

▲ (주)포스웨이브가 개발한 인피니티 H2.0 기체

❸ FC(Pixhawk4)

　픽스호크를 첫 구매할 때는 국내 쇼핑몰을 선택하는 것을 권한다. 해외직구와 비교하면 가격 차이가 크지만 픽스호크 1세대는 특히나 불량률이 높으며 최근 그 가격의 하락과 함께 더 높은 불량률을 보이고 있어 심한 경우 30% 정도가 불량이라는 의견이 나올 정도이므로, 해외 구매는 나중에 해도 늦지 않으니 국내 쇼핑몰을 이용하여 불량 또는 이상 증상 발생 시 증상 문의와 더 나아가 초기 불량이 확인되면 제품 교환도 가능한 한 국내 쇼핑몰을 이용을 이용하는 것이 좋다.

▲ 폭스테크(www.foxtech.kr)의 다양한 픽스호크 실습 키트

　Pixhawk4는 과거 해외 직구를 통해서만 구입이 가능했으나, 현재에는 국내 시장에서도 손쉽게 구할 수 있다. 필자의 경험상 정확한 셋팅과 하드웨어 분별력이 필요하므로 가능한 한 국내 시장에서 구매 후 기술 지원을 받는 것이 좋다.

▲ Pixhawk4 판매 링크(www.fourthwave.co.kr)

QR 17_Pixhawk4
구매 링크

④ RC 송수신기

픽스호크를 학습하기 위해서는 최소 8ch 이상의 송수신기를 이용하는 것이 좋다. 이는 국내 전파 승인을 득한 제품 중 신뢰성이 있는 제품을 사용하기를 권장하며 송수신기 특성상 한번 구매 후 장기간 사용하는 경우가 많으니 가격적인 면보다는 신뢰도와 기능을 고려하여 구매를 한다.

▲ 다양한 RC 송신기들. 왼쪽 상단부터 14sg, IX12, Taranis Plus, T18

⑤ GCS용 PC

픽스호크의 꽃은 단연 미션플래닝이다. 이는 비가시권 비행을 할 수 있다는 장점과 기체를 실시간으로 통제하고 데이터를 볼 수 있으며 비행 후 또는 추락 시 데이터 분석을 하여 같은 실수를 반복하지 않고 학습하기 위한 최고의 방책인데 이를 수행하기 위해서는 PC를 이용하여 GCS(Ground

Control Station)를 구축해야 한다. 흔히 사용하는 미션플래너나 큐그라운드 컨트롤(Qground Control) 등의 GCS 프로그램 자체는 사양을 많이 가리지 않으나, 데이터 분석이나 다른 기능 들을 이용하기 위해서는 i5 듀얼코어 이상의 탭북 중 최소 500Nit 이상의 화면 밝기를 고려하여 구입하는 것이 좋다.

▲ 실제 필자가 사용하고 있는 삼성 아티브 프로

3 송수신기 설정

1 오픈소스(Open Source) 기반 송수신기

점퍼 T18 송신기의 송신 모듈은 여러 수신기와의 바인딩을 지원한다. 약 66개의 수신기 프로토콜과 호환이 가능하고 PC 시뮬레이터 또한 C-Type 케이블을 통해 지원하기에 국내 생산을 하고 있지는 않지만 타라니스 송수신기의 뒤를 이어 국내에서 떠오르는 오픈소스 송수신기이다. 소비자가 선택하기 편한 가격대비 여러 기능들을 사용할 수 있어 오픈소스 매니아들 층에서 빠르게 전파가 되고 있지만, 대중적인 송신기들의 메뉴구성을 따르지 않고, 오픈소스만의 구성과 약어들을 사용하고 있어 다소 어려움을 느낄 수 있다.

QR 18_점퍼 T18
송수신기 구매

 tip

송신기 주의사항

- Jumper T18 송신기의 경우 안테나가 분리 가능하다. 안테나가 제대로 결합되지 않은 체 전원을 인가할 시 성능 저하의 원인이 된다.
- 송신기를 구매할 때 배터리가 포함인지 미포함인지 확인해야 한다. Jumper T18의 경우 미포함이기에 배터리를 별도 구매해야 한다.
- 텐션 조절 나사를 풀 때에는 나사가 완전히 빠지지 않도록만 푼다. 자칫 잘못하면 나사가 송신기 속으로 들어가는 문제가 발생하기에, 송신기를 분해해야하는 번거로움이 있다.

❷ 송신기의 구성

<u>01</u> 송신기에는 다양한 스위치와 다이얼, 버튼이 장착되어 있다. 각 키들의 명칭과 역할에 대해서 알아보겠다.

▲ Jumper T18 송신기

<u>02</u> 3단 또는 2단으로 조작 가능한 스위치의 명칭은 토글스위치이고, 중앙 쪽에 다이얼 노브가 장착되어 있다. 이 키들은 기본 설정 시에는 아무런 기능이 할당되어있지 않으므로, 사용자가 각 키마다 채널을 부여해야 한다.

▲ Jumper T18 송신기의 토글 스위치와 노브

03 이 스틱은 조종을 할 때 주로 사용하는 조종 스틱이다. 스틱 같은 경우에는 사용자가 채널을 부여하지 않아도 기본적으로 1~4채널까지 등록이 되어 있다.

▲ Jumper T18의 조종 스틱

04 송신기의 전원 버튼과 송신기의 설정을 변경할 수 있는 버튼들이다. 화면에서는 송신기의 설정을 볼 수 있다. 또한 텔레메트리 세팅을 할 때 드론의 실시간 상태 등을 화면을 통해 확인할 수 있다.

05 송신기의 안테나와 트림 스위치이다. 안테나 같은 경우 항상 제대로 결합이 되어있는지 확인해야 할 필요가 있다. 트림 스위치를 이용하여 미세조정을 할 수 있다. 만약 스틱의 값이 1100~1900까지 있고 중립이 1500이라면 트림 스위치를 이용하여 1120~1920, 중립 1520과 같이 조절 가능하다.

안테나

▲ Jumper T18 송신기

06 상단은 외장 송신 모듈 슬롯이며, 하단은 배터리 슬롯이다. 외장 송신 모듈을 추가로 구매한다면 송신기의 기본 주파수 외의 다른 주파수 대역으로도 사용이 가능하다. 장거리 비행이 필요할 때 먼 거리까지 통신이 가능한 송신모듈을 장착하여 사용하기도 한다. 송신기의 작동 전압은 DC 7~8.4V 이므로 Li-ion 2S 또는 Li-Po 2S을 권장한다.

<u>07</u> 미끄럼 방지 패드를 제거하면 나사들이 보인다. 외부에 결합되어 있는 나사는 송신기 분해를 위한 나사이고, 속 내부에 보이는 나사는 송신기 스틱의 텐션을 조절할 수 있는 나사이다. 조이거나 풀면 송신기 스틱의 텐션이 강해지거나 느슨해진다. 또는 텐션 자체를 제거할 수 있다.

3 송신기 메뉴 이동 방법

<u>01</u> 송신기의 버튼은 보통 짧게 누르거나 길게 눌러 이용한다. Jumper T18 송신기의 경우 가장 첫 메인 화면에서는 버튼을 짧게 눌렀을 때 변화되는 것이 없다. 메인 화면에서는 버튼을 길게 눌러 각 메뉴로 진입할 수 있다. 그 중 [Page] 버튼은 짧게 누를 때 다음 페이지, 길게 누를 때 이전 페이지로 이동하는 키이며 [RTN] 버튼은 뒤로 가기 또는 취소 버튼이다.

<u>02</u> **[Sys] 버튼**

메인 화면에서 [Sys] 버튼을 길게 누를 시 송신기 자체의 설정을 할 수 있다. 예를 들어 외장 모듈 설정, SD카드 불러오기, 펌웨어 설정, 송신기 화면 밝기, 볼륨, 시간, 버전, 조종 모드 등을 확인할 수 있다.

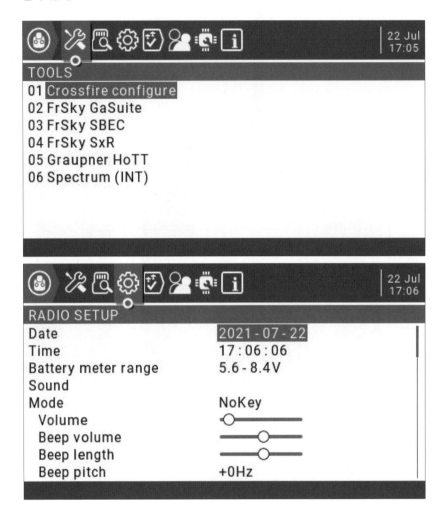

03 [MDL] 버튼

[MDL] 버튼은 현재 모델에 대한 설정을 할 수 있는 메뉴이다. 이곳에서 바인딩과 채널 할당, 리버스, EXP 등을 설정할 수 있다.

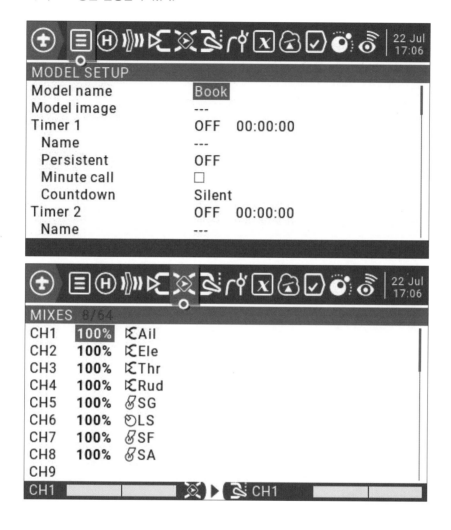

04 [Enter] 버튼

[Enter] 버튼을 길게 눌러 'Model Select'와 'Monitors'를 확인할 수 있다. 'Model Select'를 이용하여 프로파일을 추가로 생성할 수 있고 'Monitors'를 통하여 스틱과 토글 스위치 등의 반응을 확인할 수 있다.

05 [Tele] 버튼

[Tele] 버튼을 길게 누를 시 메인 화면의 위젯에 대하여 설정할 수 있다. 특정 펌웨어를 송신기에 설치한다면 드론의 현재 실시간 상태를 해당 위젯 설정을 통하여 송신기 메인 화면에 띄울 수도 있다.

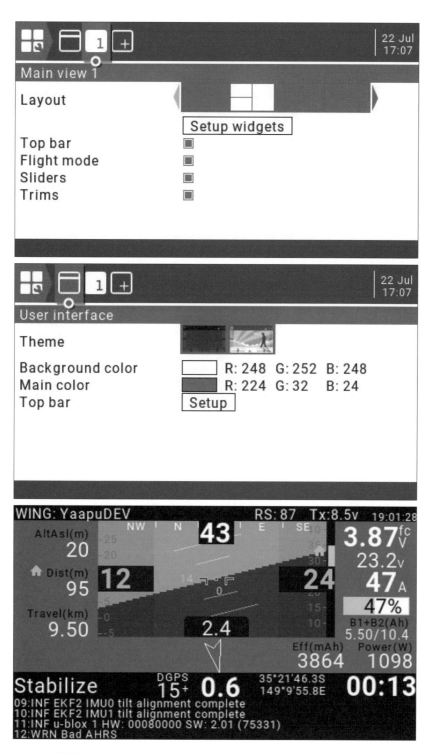

▲ Yaapu 텔레메트리를 적용한 위젯이다(출처: ardupilot.org).

④ 송수신기 바인딩 방법

바인딩 방법

- 송신기마다 메뉴의 구성이 다를뿐 위 내용과 같다.
- 수신기의 바인딩 모드는 보통 [Bind] 버튼을 누른 체 전원을 인가하거나 또는 전원을 인가한 채 [Bind] 버튼을 길게 누르면 바인딩 모드로 진입한다.
- 수신기에 전원만 들어가면 바인딩을 할 수 있다.
- 바인딩 후에 FC에서 송신기 값을 받지 못할 경우 올바른 단자에 연결하였는지 확인한다. 바인딩을 성공적으로 마쳤어도, 다른 단자에 연결이 되어있다면 수신기가 FC에게 신호를 보내지 못한다. 또는 수신기의 모드를 확인한다(수신기 매뉴얼 참조).

01 드론을 조종하기 위해서는 수신기와 송신기가 매칭이 되어있어야 한다. 해당 작업을 바인딩이라고 하며 거의 모든 송수신기들의 바인딩 방법은 비슷하다.

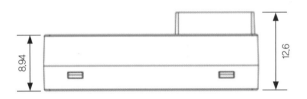

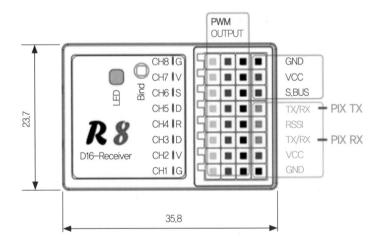

▲ Jumper R8 수신기의 핀맵

02 픽스호크4의 DSM/SBUS RC 포트와 R8 수신기의 S.BUS VCC GND를 연결한다. 정상적으로 전원이 공급되었다면 불이 들어올 것이며, 빨간불이 점멸할 경우 송신기와 연결되어 있지 않은 상태를 나타낸다.

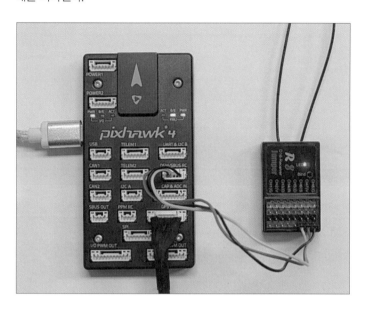

03 픽스호크와 수신기를 잠시 물리적으로 분리하여 수신기의 전원 공급을 중단한다.

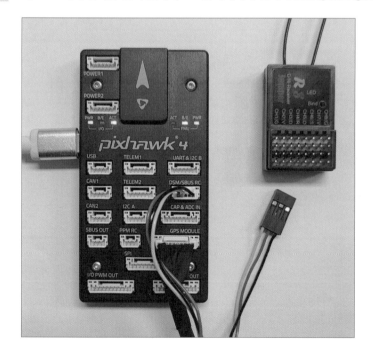

04 드라이버나 펜 같은 도구를 이용하여 수신기의 [BIND] 버튼을 누른 상태로 다시 커넥터를 연결하여 전원을 공급한다. 정상적으로 진행되었다면 사진과 같이 초록불과 빨간불이 동시에 점등하고 있을 것이다. 이는 수신기가 바인딩 모드로 진입했다는 것을 알린다.

05 송신기의 [MDL] 버튼을 길게 눌러 'MODEL SETUP'에 진입한다.

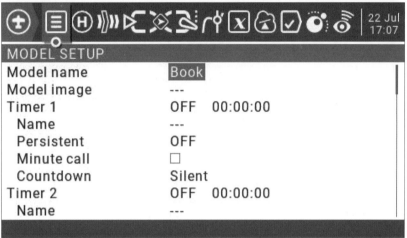

06 스크롤을 이용하여 메뉴의 하단부로 이동하면 Internal RF가 OFF로 되어 있다. 이것을 클릭한 뒤 스크롤을 이용하여 MULTI로 변경한다.

07 Internal RF의 Mode를 다음과 같이 MULTI - FrskyX2 - D16 으로 변경한다(해당 설정은 수신기 마다 다르고, Jumper R8 수신기 기준 설정임).

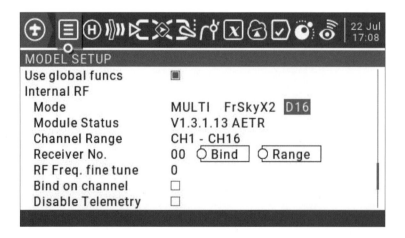

08 [Bind]를 클릭한 후 [Ch1-8 Telem ON]을 클릭하여 바인딩을 시작한다.

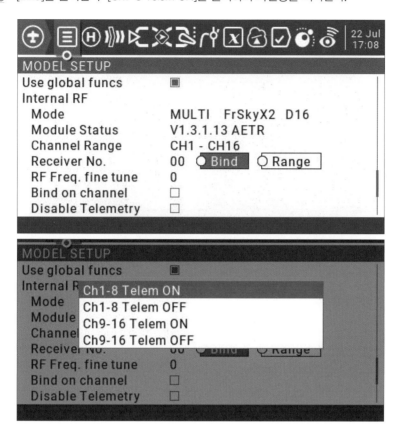

09 바인딩을 진행할 경우 송신기에서는 일정 간격으로 소리가 날 것이고 수신기의 불빛은 초록색은 점등, 빨간색은 점멸할 것이다. 송신기에서 나는 소리가 멈추면 수신기를 재부팅한다.

10 정상적으로 바인딩이 진행되었다면 수신기를 재부팅한 후에 초록불이 점등되어 있어야 한다.

4 기체 조립

1 사용 재료

❶ 인피니티 H2.0 모터변속기 세트

❷ Pixhawk4 세트

❸ Jumper T18

❹ GCS 노트북

❺ 22.2V 12,000mah 배터리

2 사용 공구

❶ 1.5mm, 2.0mm, 2.5mm 육각렌치

3 사용 부재료

❶ 차폐용 동테이프

❷ 록타이트 243

❸ 접착제류(글루건, 양면테이프 등)

　※ 재료 구입처: ㈜포스웨이브(www.fourthwave.co.kr)

5 조립해보기

1 조립 전 알아두면 좋은 팁

조립 전 팁

- 조립 전 모터의 회전 방향을 확인 후 기체 전방을 설정한다.
- 모터 체결용 나사는 M3 6mm 육각 볼트를 이용한다(모터에 간섭이 발생되지 않는 길이).
- 모든 볼트는 록타이트(나사 고정제)를 도포해준다.
- 납땜 부위는 액체 절연고무를 도포하여 합선을 방지할 수 있다.

2 물품 확인

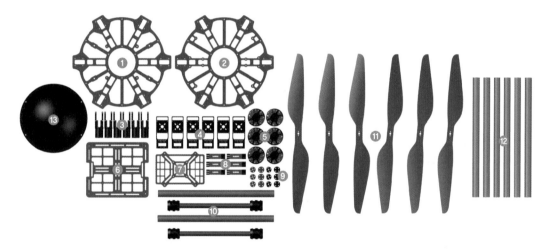

❶ 메인프레임 상판   ❷ 메인프레임 하판   ❸ 폴딩암   ❹ 모터마운트   ❺ 모터   ❻ 배터리플레이트
❼ FC플레이트   ❽ 변속기   ❾ 프롭리무버   ❿ 랜딩기어   ⓫ 프로펠러   ⓬ 파이프암
▲ 인피니티 헥사 조립 키트

3 전방 설정

- 다음 그림을 참고하여 전방을 확인한다.

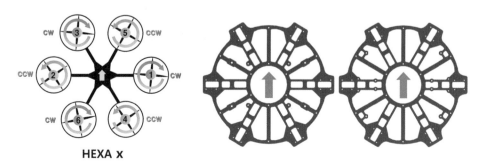

HEXA x

▲ 인피니티 헥사 전방 설정

PART
5

4 모터 마운트 조립

· 모터 마운트에 모터를 장착한다. 이 때 나사는 M3 6mm를 사용한다.

  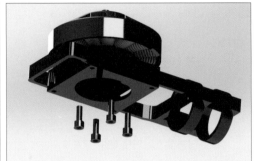

▲ 나사 고정제는 볼트의 2~3나사선까지만 발라준다.

5 메인프레임 조립

❶ 다음 그림을 참고하여 폴딩암 부품을 하판에 장착한다. 이 때 나사는 M2.5 7mm를 사용한다.

▲ 폴딩암의 위 아래 구분을 확실히 하여 착오 없이 장착한다.

❷ 하판의 하단부에 랜딩스키드를 볼트와 너트를 이용하여 장착한다.

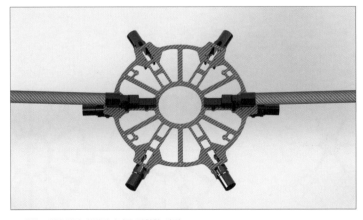

▲ 메인프레임 하판에 랜딩기어를 장착한 사진

❸ M3 30mm 지지대를 M3 8mm 볼트를 이용하여 하판에 장착한다.

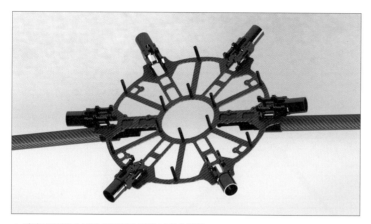

▲ 메인프레임의 눌림을 방지하기 위한 지지대 장착

❹ 메인프레임 상판을 결합한다.

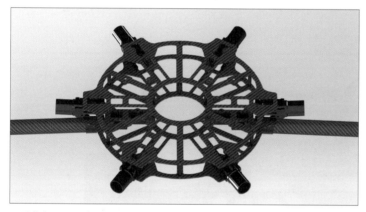

▲ 전체적으로 조금씩 골고루 조여야 한다.

❺ 모터와 결합해두었던 모터 마운트를 파이프암에 결합 후 고정한다.

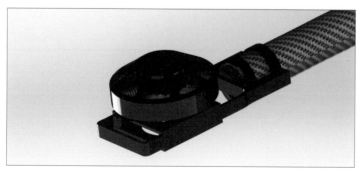

▲ 모터마운트는 이후 수평을 잡아줘야 한다.

⑥ 파이프암을 메인프레임의 폴딩암과 결합 후 고정한다.

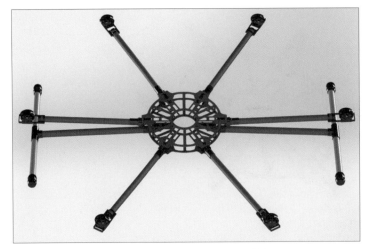

▲ 폴딩암에 파이프를 결합하고, 모터마운트의 수평을 확인해야 한다.

⑦ FC 플레이트를 M3 12mm 지지대와 M3 8mm볼트를 이용하여 메인프레임에 장착한 후 M3 12mm 지지대를 FC 플레이트에 추가로 장착한다.

▲ FC 플레이트 장착

⑥ 변속기, PM 장착

❶ 픽스호크 PM(Power Module)은 학습을 위해 반드시 설치되어야 하며, 이를 후에 설치하려면 기체를 처음부터 다시 조립하거나, 조립된 기체를 분리해야 하는 경우가 발생할 수 있다.
Pixhawk4의 파워 모듈의 경우, 변속기의 전원선과 신호 선을 파워 모듈에 연결하게 되어 있다. 사진을 참고하여 파워 모듈을 장착한다.

▲ 파워 모듈(Power Module)은 IN과 Out이 정해져 있다.

❷ 변속기와 모터 선을 연결한 후 선을 파이프 속으로 넣어 메인프레임의 중앙부로 선을 뺀다.

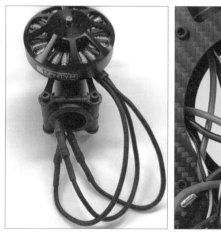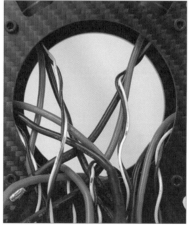

▲ 모터와 변속기 연결 시 커넥터 부분이 휘지 않도록 주의한다. 그러지 않을 경우 커넥터
부분이 단선될 수 있다.

❸ 변속기의 전원 선을 솔더링(soldering)한다.

▲ 플러스선과 마이너스선이 합선(쇼트)되지 않도록 주의한다.

❹ 변속기의 시그널 선을 M1 ~ M6 순서에 맞게 솔더링한다. 시그널과 같이 있는 GND 선도 접지시켜
  준다.

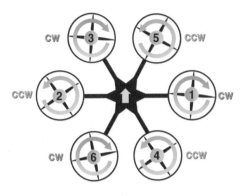

HEXA x

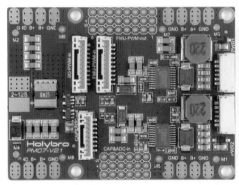

▲ 선 하나라도 순서가 바뀌면 기체는 추락한다.

❺ 변속기의 신호선을 솔더링하는 것이 번거롭다면 다른 방법도 있다.
  해당 모듈은 Pixhawk4 세트 구매 시 같이 동봉되어 있으며 솔더링을 하지 않고 커넥터 방식으로
  간단하게 변속기의 신호 선을 연결할 수 있다. 이 방법이 후에 변속기를 재활용하거나 유지보수도
  간편하므로 해당 방법을 추천한다.

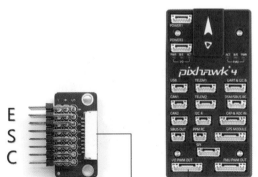

▲ 깔끔한 선 정리를 도와준다.

7 파워 모듈 케이블 연결

• I/O-PWM-In, FMU-PWM-In 케이블과 PWR1, PWR2 케이블을 미리 연결한다.

▲ I/O-PWM-In 단자와 PWR 단자

8 절연 처리

필요에 따라 솔더링 부위들을 절연 처리 하도록 한다. 이는 필수가 아니지만, 절연 처리를 함에 따른 방수 효과도 기대할 수 있다.

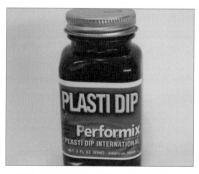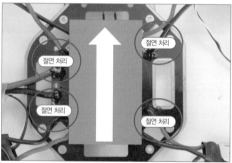

▲ F450 프레임의 액체 절연 고무를 이용한 절연 처리

9 픽스호크 노이즈 보호

구조적인 특성으로 변속기, 전기가 흐르는 전원 보드 등 노이즈가 발생할 만한 부품이 FC와 가까이 있을 경우 구리 테이프 등을 활용하여 차폐 처리한다. 이때 너무 얇은 테이프보다는 구리 함량이 높은 테이프 사용을 권장한다.

▲ 구리 테이프를 이용한 차폐 처리

⑩ 픽스호크 고정

차폐 처리가 완료되면 FC를 방진 댐퍼에 고정시키고, 방진 댐퍼를 파워 모듈 위에 장착한다.

▲ Infinity Quad 프레임의 Pixhawk4 장착 모습

▲ Infinity Hexa 프레임의 Pixhawk4 장착 모습

⑪ 픽스호크 연결하기

조립 전 팁

- ＋(Vcc)는 붉은색, ―(마이너스, GND)는 검정색, S(시그널)은 백색 또는 주황색이다.
- GND는 커넥터의 가장 오른쪽에 위치한다.
- GPS에 부저, 외장 LED, SafetySwitch가 내장되어 있다.
- 수신기를 SBUS로 연결 시 DSM/SBUS RC에 연결한다.
- SBUS OUT 포트는 S.Bus 수신기를 연결하는 곳이 아니다.

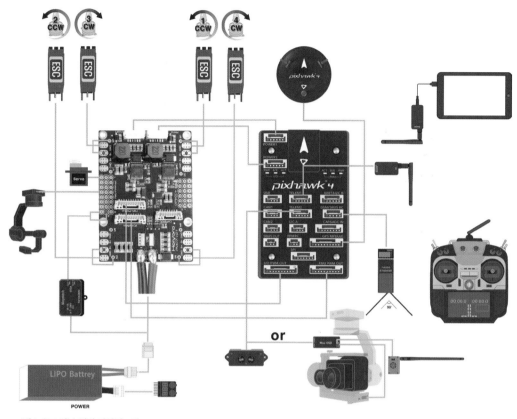

▲ 픽스호크 기본 연결 다이어그램

12 파워 모듈 연결

픽스호크는 파워 모듈의 레귤레이터를 통해 4.9v~5.5v를 공급받는데 이는 FC에 전원을 공급하는 가장 안정적인 방법이며 이 모듈을 통해 전압과 전류를 측정하여 비행 시 활용할 수 있다.

▲ 파워 모듈의 PWR 단자

▲ FC의 PWR 단자

13 I/O-PWM, FMU-PWM 케이블 연결

- 기존 Pixhawk1의 Main Out과 Aux Out이 Pixhawk4에서는 연결 위치가 파워 모듈에 있다. Pixhawk1과 비교하자면 Main Out이 I/O PWM이고, Aux Out이 FMU PWM이다.

▲ 파워 모듈의 PWM 단자

▲ FC의 PWM 단자

14 텔레메트리 연결

- 텔레메트리(Telemetry, TM 모듈)는 GCS와의 통신에 사용되는 주요 수단이며 이를 통해 기체의 상태를 실시간으로 파악하거나 OSD와 연결해 영상 화면에 정보를 표시할 수 있다. 또한 컴퍼스나 가속도계 등의 교정 시 사용하면 선 꼬임 같은 문제가 발생하지 않는다. 하지만 부품의 특성상 FC에 너무 가깝게 설치하지 않도록 한다.

▲ 텔레메트리 장착 사진

▲ FC의 텔레메트리 단자

ⓕ GPS와 외부 컴퍼스 연결

- Pixhawk4에 사용되는 GPS는 자체 컴퍼스가 있으며 이는 Pixhawk4 내부 컴퍼스보다 전자적 간섭이 월등히 적은 곳에 위치시킬 수 있다는 장점이 있다. Pixhawk4의 GPS의 경우 컴퍼스뿐만 아니라 부저, 외장 LED, SafetySwitch가 내장되어있다.
- 캐노피의 부착된 GPS마운트에 접착제를 이용하여 GPS를 고정한 뒤, GPS케이블은 캐노피의 구멍을 통하여 내부로 넣는다.

▲ GPS는 전방을 바라보며 장착한다.

- FC의 전방과 GPS의 전방을 일치시켜 장착하였으면 GPS 커넥터를 FC에 연결한다.

▲ 한 커넥터에 부저, 스위치, LED 모듈이 포함되어 있다.

ⓖ 수신기 연결(Jumper R8)

- Pixhawk4는 DSM/SBUS RC포트를 통해 SBUS로 수신기와 연결할 수 있다.

PART

5

▲ 파워 모듈의 PWR 단자   ▲ FC의 PWR 단자

17 랜딩기어 서보 연결

- 해당 랜딩기어 서보는 전원을 남는 단자에 연결한 후, 신호 선을 FMU-PWM-OUT의 1번 단자에 연결한다.

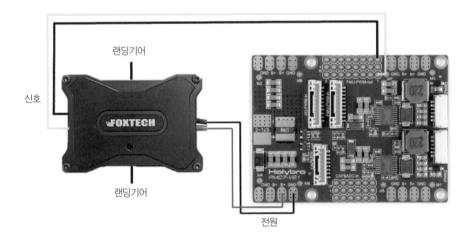

▲ 자동 접이식 랜딩기어의 핀 연결도

18 조립 마무리 및 고정

마무리 팁

- GPS와 FC의 화살표(⇧)를 일치시킨다.
- 서보레일과 연결부 등은 글루건으로 보강한다.
- 모든 부착물은 진동이 생기지 않도록 단단히 고정한다.
- 서보 선 등을 기체에 고정할 때는 피복이 벗겨지지 않도록 부드러운 보강재를 덧댄다.

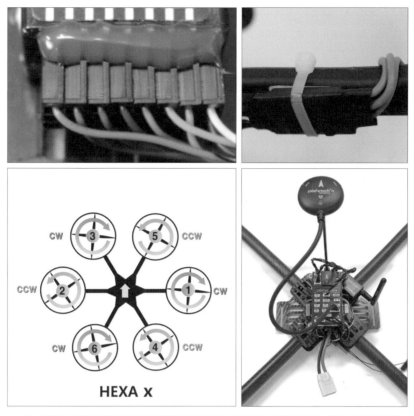

▲ 어느 기체를 조립하든 항상 기본에 충실하여야 한다. **CM** 부품 고정, 커넥터 흔들림, 배선, FC/GPS 방향

6 픽스호크 연결 상세도

1 Telemetry(양방향 데이터 통신) 포트와 3DR Radio 연결 상세도

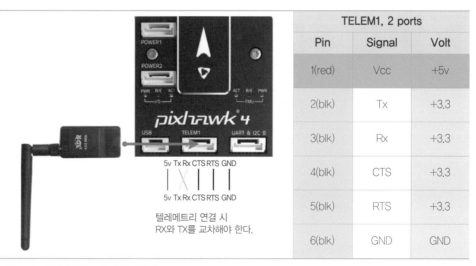

TELEM1, 2 ports		
Pin	Signal	Volt
1(red)	Vcc	+5v
2(blk)	Tx	+3.3
3(blk)	Rx	+3.3
4(blk)	CTS	+3.3
5(blk)	RTS	+3.3
6(blk)	GND	GND

▲ Telemetry 포트와 3DR radio 연결 상세도

② GPS 모듈 연결 상세도

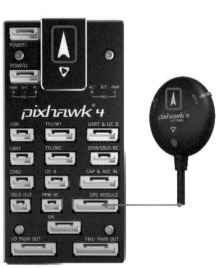

5v Tx Rx SCL1 SDA1 SAFE SAFE_LED VDD BU GND

GPS Module port		
Pin	Signal	Volt
1(red)	Vcc	+5v
2(blk)	Tx(out)	+3.3v
3(blk)	Rx(in)	+3.3v
4(blk)	SCL1	+3.3v
5(blk)	SDA1	+3.3v
6(blk)	SAFETY_SWITCH	+3.3v
7(blk)	SAFETY_SWITCH_LED	+3.3v
8(blk)	VDD_3V3	+3.3v
9(blk)	BUZZER	+5v
10(blk)	GND	GND

▲ GPS(컴퍼스 포함) 모듈 연결 상세도

③ Power 모듈 연결 상세도

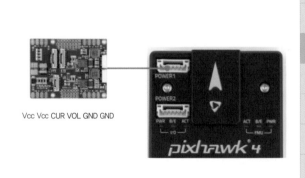

Vcc Vcc CUR VOL GND GND

POWER		
Pin	Signal	Volt
1(red)	Vcc	+5v
2(blk)	Vcc	+5v
3(blk)	CURRENT	up to+3.3v
4(blk)	VOLTAGE	up to+3.3v
5(blk)	GND	GND
6(blk)	GND	GND

4 DSM/SBUS RC port 연결 상세도

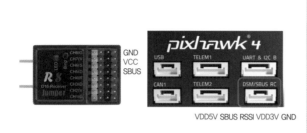

VDD5V SBUS RSSI VDD3V GND

DSM/SBUS RC port		
Pin	**Signal**	**Volt**
1 (red)	VDD_5V_SBUS_RC	+5v
2(yellow)	SBUS*	+3.3v
3(null)	RSSI**	+3.3v
4(red)	VDD_3V3_SPEKTRUM	+3.3v
5(blk)	GND	GND

*SBUS(Serial BUS): 수신기 프로토콜 중의 하나이며, 시리얼 통신 방식의 프로토콜이다.

**RSSI(Received Signal Strength Indicator): 수신된 신호 강도 지표이며 RSSI 값을 통해 신호의 강도를 확인할 수 있다.

5 I/O PWM OUT port 연결 상세도

VDD CH1 CH2 CH3 CH4 CH5 CH6 CH7 CH8 GND

I/O PWM OUT port		
Pin	**Signal**	**Volt**
1(red)	VDD_SERVO	/
2(blk)	I/O_CH1	+3.3v
3(blk)	I/O_CH2	+3.3v
4(blk)	I/O_CH3	+3.3v
5(blk)	I/O_CH4	+3.3v
6(blk)	I/O_CH5	+3.3v
7(blk)	I/O_CH6	+3.3v
8(blk)	I/O_CH7	+3.3v
9(blk)	I/O_CH8	+3.3v
10(blk)	GND	GND

▲ I/O PWM OUT port 연결 상세도

PART

5

6 픽스호크 핀 맵(Pin Map) 종합

TELEM1, TELEM2 ports		
Pin	Signal	Volt
1(red)	Vcc	+5v
2(blk)	Tx	+3.3
3(blk)	Rx	+3.3
4(blk)	CTS	+3.3
5(blk)	RTS	+3.3
6(blk)	GND	GND

CAP & ADC IN port		
Pin	Signal	Volt
1(red)	Vcc	+5v
2(blk)	FMU_CAP1	+3.3v
3(blk)	FMU_CAP2	+3.3v
4(blk)	FMU_CAP3	+3.3v
5(blk)	TIM5_SPARE_4	+3.3v
6(blk)	ADC1_SPARE_1	+3.3v
7(blk)	ADC1_SPARE_2	+6.6v
8(blk)	GND	GND

UART & I2C B port		
Pin	Signal	Volt
1(red)	Vcc	+5v
2(blk)	TX(out)	+3.3v
3(blk)	RX(in)	+3.3v
4blk)	SCL2	+3.3v
5(blk)	SDA2	+3.3v
6(blk)	GND	GND

I2C A		
Pin	Signal	Volt
1(red)	Vcc	+5v
2(blk)	SCL4	+3.3v
3(blk	SDA4	+3.3v
4(blk)	GND	GND

CAN1, CAN2		
Pin	Signal	Volt
1(red)	Vcc	+5v
2(blk)	CAN_H	+12V
3(blk)	CAN_L	+12V
4(blk)	GND	GND

SPI		
Pin	Signal	Volt
1(red)	Vcc	+5v
2(blk)	SCK	+3.3v
3(blk)	MISO	+3.3v
4(blk)	MOSI	+3.3v
5(blk)	CS1	+3.3v
6(blk)	CS2	+3.3v
7(blk)	GND	GND

POWER		
Pin	Signal	Volt
1(red)	Vcc	+5v
2(blk)	Vcc	+5v
3(blk)	CURRENT	up to+3.3v
4(blk)	VOLTAGE	up to+3.3v
5(blk)	GND	GND
6(blk)	GND	GND

PPM RC		
Pin	Signal	Volt
1(red)	Vcc	+5v
2(blk)	PPM	+3.3v
3(blk)	GND	GND

Spektrum/DSM Port		
Pin	Signal	Volt
1 (red)	VDD_5V_ SBUS_RC	+5v
2(yellow)	SBUS*	+3.3v
3(null)	RSSI**	+3.3v
4(red)	VDD_3V3_ SPEKTRUM	+3.3v
5(blk)	GND	GND

GPS port		
Pin	Signal	Volt
1(red)	Vcc	+5v
2(blk)	Tx(out)	+3.3v
3(blk)	Rx(in)	+3.3v
4(blk)	SCL1	+3.3v
5(blk)	SDA1	+3.3v
6(blk)	SAFETY_ SWITCH	+3.3v
7(blk)	SAFETY_ SWITCH_ LED	+3.3v
8(blk)	VDD_3V3	+3.3v
9(blk)	BUZZER	+5v
10(blk)	GND	GND

I/O PWM OUT port		
Pin	Signal	Volt
1(red)	VDD_ SERVO	/
2(blk)	IO_CH1	+3.3v
3(blk)	IO_CH2	+3.3v
4(blk)	IO_CH3	+3.3v
5(blk)	IO_CH4	+3.3v
6(blk)	IO_CH5	+3.3v
7(blk)	IO_CH6	+3.3v
8(blk)	IO_CH7	+3.3v
9(blk)	IO_CH8	+3.3v
10(blk)	GND	GND

FMU PWM OUT port		
Pin	Signal	Volt
1(red)	VDD_ SERVO	/
2(blk)	FMU_CH1	+3.3v
3(blk)	FMU_CH2	+3.3v
4(blk)	FMU_CH3	+3.3v
5(blk)	FMU_CH4	+3.3v
6(blk)	FMU_CH5	+3.3v
7(blk)	FMU_CH6	+3.3v
8(blk)	FMU_CH7	+3.3v
9(blk)	FMU_CH8	+3.3v
10(blk)	GND	GND

*SBUS(Serial BUS): 수신기 프로토콜 중의 하나이며, 시리얼 통신 방식의 프로토콜이다.

**RSSI(Received Signal Strength Indicator): 수신된 신호 강도 지표이며 RSSI 값을 통해 신호의 강도를 확인할 수 있다.

PART

5

7 GCS 프로그램 설치

픽스호크를 설정하고 사용하기 위해서는 GCS용 프로그램이 반드시 필요하다. 미션플래너 다음으로 많이 사용되는 프로그램이다.

1 큐그라운드 컨트롤(QGround Control) 구글 검색으로 설치하기

01 'QgroundControl Download'를 검색하여 박스 표기된 링크에 접속한다.

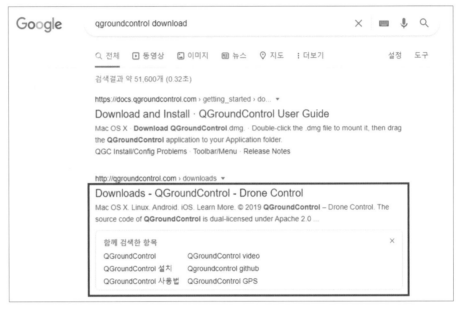

▲ 구글의 QGC 검색 화면. 2021. 4. 12. 기준(www.google.com)

02 사용하는 운영체제를 선택하여 설치한다.

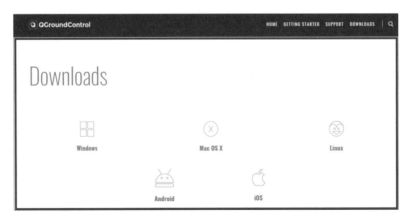

▲ 운영체제를 선택하면 다운로드할 수 있다(http://qgroundcontrol.com/downloads/).

다운로드한 파일을 실행시키면 다음 창이 뜬다. [Next]를 클릭한다.

 QGC 설치 팁

QGC는 설치 시 PC의 사양을 가리지는 않지만 최초 설치 시 필요한 드라이버를 자동으로 설치하게
되는데 이때 인터넷이 연결이 되어있어야 필요한 드라이버를 정상적으로 설치할 수 있다.

• 인터넷 연결을 확인한다.
• 윈도우 버전을 확인한다.
• 윈도우 8 이상 버전일 경우 '드라이버 서명 적용 안함'을 실행한다.
• 실행 후 10분 이상의 시간이 경과해도 설치가 마무리되지 않으면 화면을 확인해본다.

04 설치 경로 설정 후 [Install]을 클릭한다.

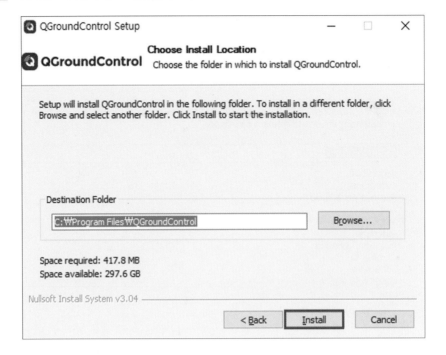

05 [Install] 클릭 시 설치가 시작된다.

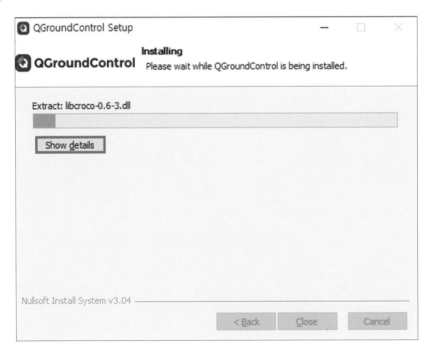

06 [Next]를 클릭한다.

07 동의 후 [Next]를 클릭한다.

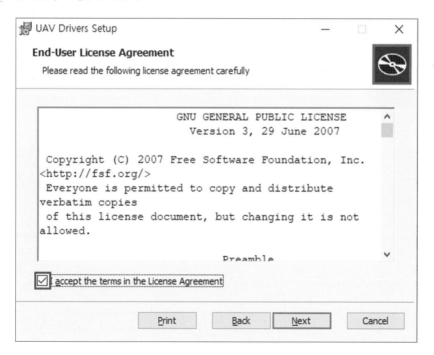

08 설치 위치 지정 후 [Next] 버튼을 클릭한다.

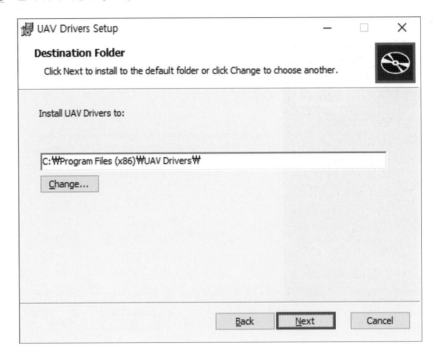

09 [Install] 버튼을 클릭한다.

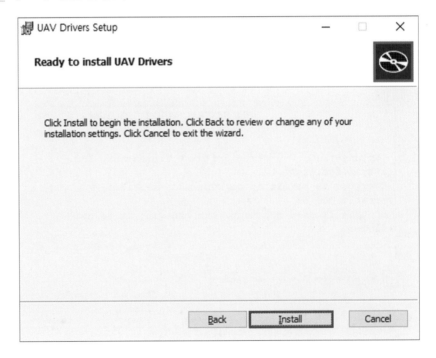

10 [Install] 클릭 후 기다리면 앞의 화면과 같은 창이 뜬다. [다음] 버튼을 눌러 계속한다.

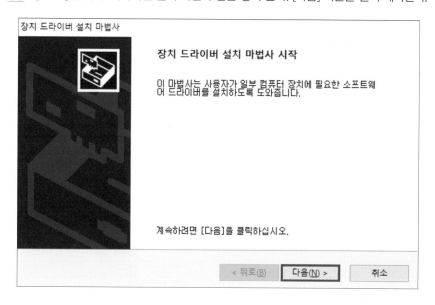

11 모두 설치한다.

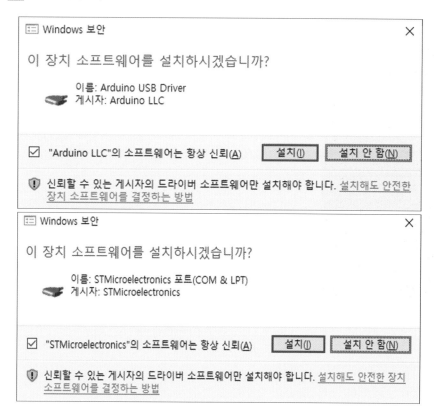

<u>12</u> [마침]을 눌러 다음으로 넘어간다.

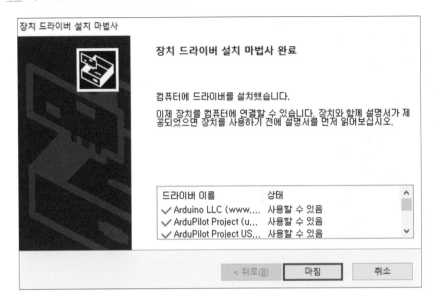

<u>13</u> [Finish]를 눌러 설치를 마무리한다.

14 [QGC를 실행시킨 뒤, 해당 문구가 뜨면 'ArduPilot'과 'Multi-Rotor'로 설정한다.

2 QGC 설치 확인

QGC가 설치되었으면 픽스호크와 성공적으로 연결이 되는지 확인한다.

 tip **QGC 설치 후 확인 사항**

· 최초 설치 후 반드시 픽스호크를 연결해본다.
· 윈도우의 새로운 하드웨어 검색 음을 듣기 위해 스피커 볼륨을 조절해둔다.

PART

5

3 QGC와 픽스호크 연결

01 픽스호크와 USB를 연결한다.

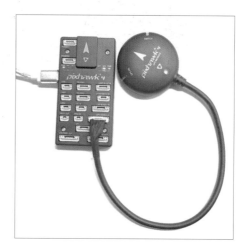

02 현재 픽스호크의 펌웨어 버전이 최신 버전이 아니라고 알리는 문구다. [확인]을 눌러도 자동 업데이트는 진행되지 않으니, [확인]을 누른다.

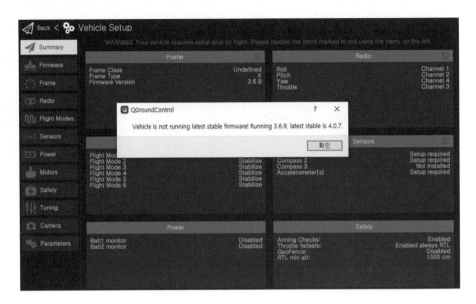

03 우측 상단의 HUD를 참고하여 픽스호크와 연결이 되었는지 확인한다.

04 좌측 상단의 아이콘을 클릭하여 [Select Tool]을 띄울 수 있다. [Select Tool]에서 [Vehicle Setup]을 누르면 기체 세팅 화면, [Application Settings]을 누르면 프로그램 세팅으로 넘어간다.

8 펌웨어 선택 및 업로드

미션플래너에서 업로드한 펌웨어를 그대로 QGC에서 사용하기에는 기능에 제한이 있다. QGC는 PX4 펌웨어를 업로드할 때 다양한 기능을 설정할 수 있으며 또한 QGC로 드론을 세팅할 때 PX4 펌웨어를 사용할 것을 권장한다.

펌웨어 업로드 주의사항

- 인터넷이 연결되어 있어야 한다.
- USB 데이터 케이블을 통해 연결한다.
- 최신 펌웨어 보다는 'Stable(안정화)' 버전을 이용한다.
- 부저를 연결한 상태에서 진행한다(GPS에 부저가 내장됨).

1 QGC를 통한 픽스호크 최신 펌웨어 업로드

01 QGC를 실행시킨후 [Vehicle Setup]에 들어간다.

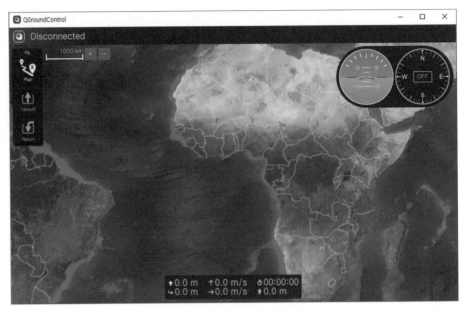

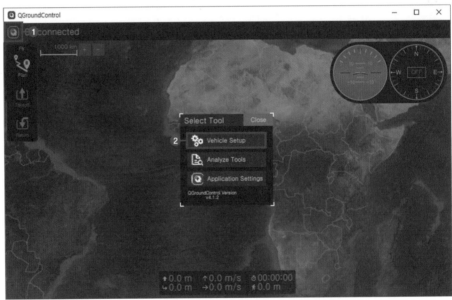

[Firmware]를 클릭한다.

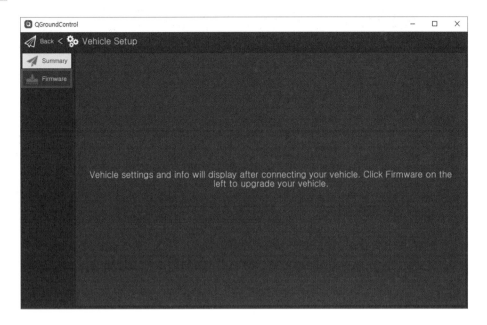

'Plug in your device via USB to start firmware upgrade.'라는 문구를 확인할 수 있을 것이다. 펌
웨어 업그레이드를 시작하려면 픽스호크와 연결을 하라는 뜻이다. 만약 픽스호크와 연결이 되어
있는 상태에서 'Firmware' 메뉴로 진입했다면 잠시 USB 케이블을 분리한 후 다시 연결한다.

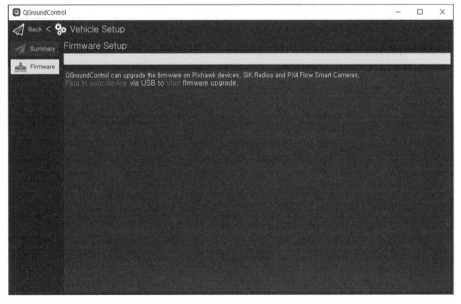

▲ 연결이 해제되었을 때(펌웨어 업그레이드를 시작하려면 픽스호크와 연결하십시오.)

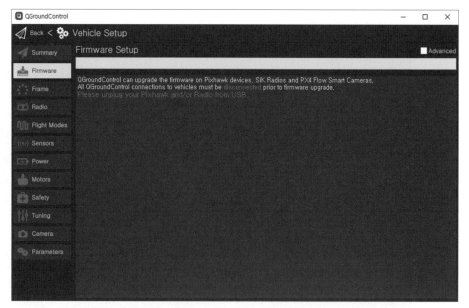

▲ 연결이 되어있을 때(USB를 분리해주십시오)

04 정상적으로 진행하였다면 우측에 'Firmware Setup' 창이 뜰 것이다. 'PX4 Pro'를 체크하고
'Advanced settings'를 활성화시켜 [Standard Version (stable)]을 클릭한다.

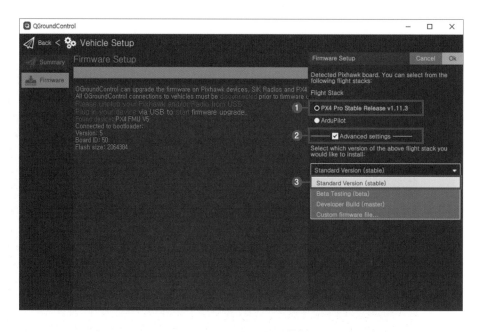

05 'PX4 Pro Stable Release'가 선택되어있는지 확인 후 우측 상단의 [OK] 버튼을 눌러 펌웨어 업로드를 시작한다.

06 [OK] 버튼을 눌렀다면 펌웨어 자동 업로드가 시작된다. 펌웨어 업로드가 완료되면 버저에서 멜로디가 흘러나온다.

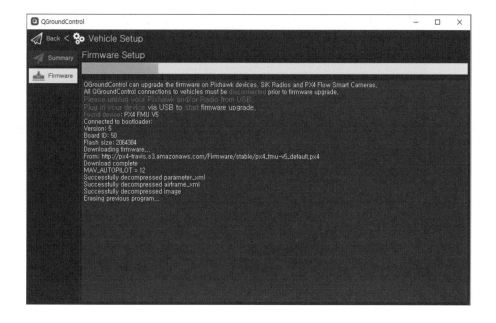

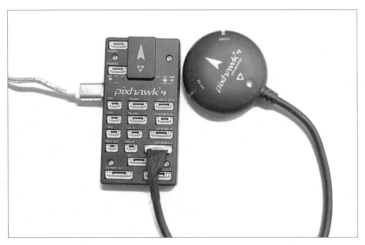

▲ GPS에 버저가 내장되어 있다.

07 멜로디가 재생되고 업로드가 완료되면, 'Summary' 탭으로 이동하여 펌웨어 버전이 업로드한 펌웨어 버전과 일치하는지 확인한다.

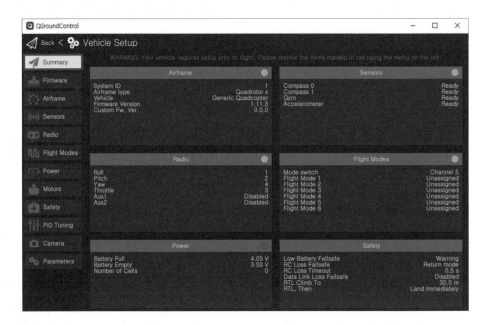

9 텔레메트리(TM) 연결

픽스호크는 마브링크(Mavlink)를 텔레메트리(Telemetry)로 한다. 이는 양방향이며 데이터를 원격으로 수집하고 모니터링하기 위한 자동화된 통신 프로세스이다. 이를 통해 원격으로 기체와 GCS를 연결하여 기본 설정 시 케이블 꼬임과 같은 불편 사항을 해결할 수 있으며 더 나아가 GCS를 통해 원격으로 기체의 상태 모니터링 및 명령을 전달할 수 있다.

텔레메트리 연결 시 참고 사항

· USB를 통해 전원을 받을 수 없으니 배터리를 연결한다.
· 통신 속도는 57600을 사용한다.
· LED 상태 창을 숙지해둔다(http://ardupilot.org/copter/docs/common-sik-telemetry-radio.html 참고).
· NetID나 주파수를 변경해 사용하는 것이 안전하다.

1 픽스호크와 TM 모듈 연결 및 미션플래너 접속

01 TELEM1 또는 TELEM2 포트에 TM 모듈을 연결한다.

▲ Pixhawk와 TM 모듈의 연결

02 TELEM1 또는 TELEM2 포트에 TM 모듈을 연결한다.

▲ USB를 통해 전력을 공급하기엔 불안정하므로 가능한 '파워 모듈'을 통해 전력을 공급한다.

03 정상적으로 전원을 공급하게 되면 TM모듈에 적색과 녹색 LED가 점멸되는데 색에 따른 상태 메
시지는 http://ardupilot.org/copter/docs/common-sik-telemetry-radio.html에 기술되어 있다.

Status LEDs

The radios have 2 status LEDs, one red and one green. The meaning of the different LED states is:

- Green LED blinking – searching for another radio
- Green LED solid – link is established with another radio
- Red LED flashing – transmitting data
- Red LED solid – in firmware update mode

 녹색 LED 점멸 – 다른 무선 장치 검색 중
 녹색 LED 점등 – 다른 장치와 연결됨
 적색 LED 점멸 – 데이터 전송 중
 적색 LED 점등 – 펌웨어 업데이트 모드

04 QGC가 설치된 PC에 'Ground'용 텔레메트리 모듈을 연결한다.

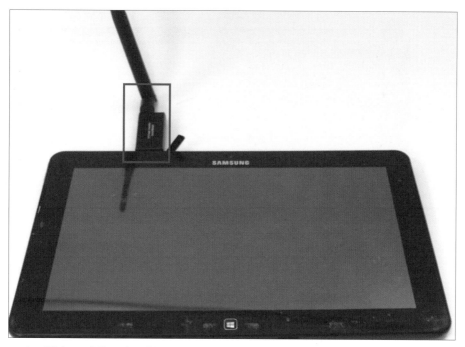

▲ USB 타입의 TM 모듈을 PC에 조립한 예

05 모듈 연결 후 QGC를 실행한다.

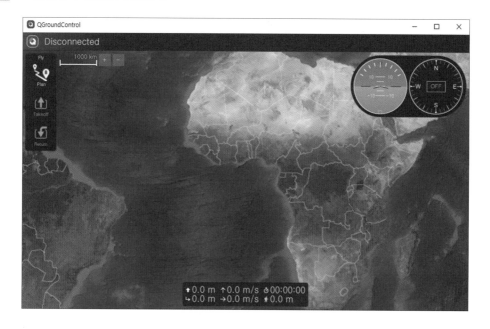

06 텔레메트리가 정상적으로 연결되어 있다면 QGC에서 잠시 뒤 자동으로 연결을 시도할 것이다.

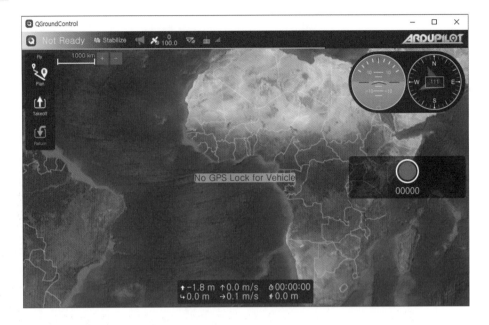

07 픽스호크를 움직였을 때 우측 상단의 HUD 기울기가 변하는지 확인한다.

 접속이 되지 않을 때 확인!

- TM 모듈의 주파수가 동일 대역인지 확인한다.
- TM 모듈의 LED 상태를 확인한다.
- COM 포트를 변경해 가면서 접속을 시도한다.
- TM 모듈과 픽스호크의 거리를 좁혀 본다.
- 배터리 전압을 확인 후 저전압일 경우 교체한다.
- TM 모듈을 양쪽 모두 초기화 해본다.

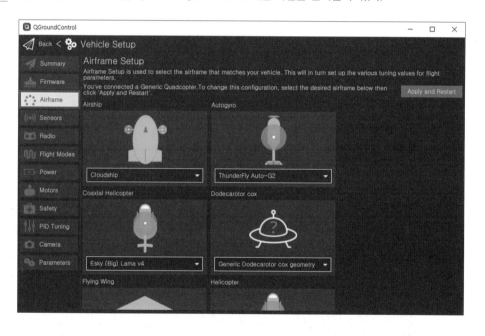

Chapter 2

프레임 클래스와 유형 설정하기

펌웨어를 업로드한 후에는 QGC 메뉴를 통하여 현재 사용할 프레임의 타입을 선택해야 한다. 이를 먼저 선택하지 않고 다른 설정을 진행하게 되면 QGC에서 오류 메시지를 띄울 수 있다. 프레임 타입 선택은 펌웨어 업로드 직후 우선적으로 선택하는 것을 권장한다.

1 프레임 타입 선택과 적용

1 QGC의 메뉴 선택과 픽스호크 재부팅

__01__ QGC의 [Vehicle Setup] – [AirFrame]을 누르면 프레임 타입을 선택할 수 있다.

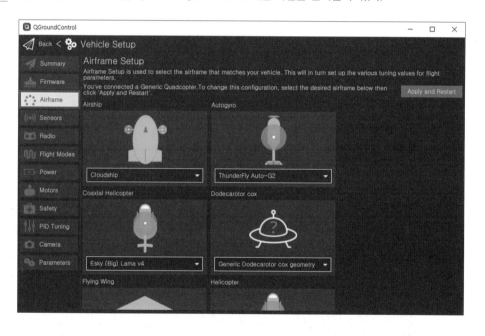

02 본문에서는 헥사콥터를 제작할 것이므로 'Hexarotor X'를 선택한다. Hexarotor +와 x가 존재하는데, 이는 머리의 방향을 보면 차이점을 알 수 있다.

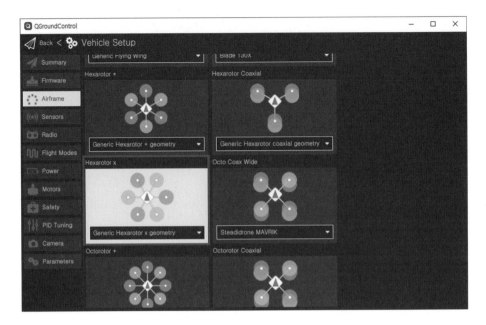

03 프레임을 선택하였으면 우측 상단의 [Apply and Restart](적용 및 재부팅) 버튼을 누른다.

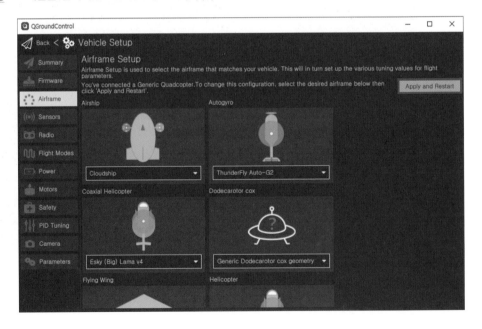

04 [Apply] 버튼을 눌러 픽스호크를 재부팅한다.

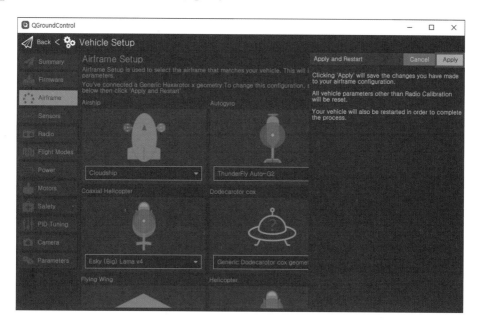

05 픽스호크를 재부팅하였으면 'Motors' 탭으로 이동한다. 설정한 기체의 유형에 따라 표기되어야 정상적인 설정이다. 헥사콥터를 설정하였기 때문에 6번까지 존재하여야 한다.

예 쿼드: 1,2,3,4 옥토: 1,2,3,4,5,6,7,8

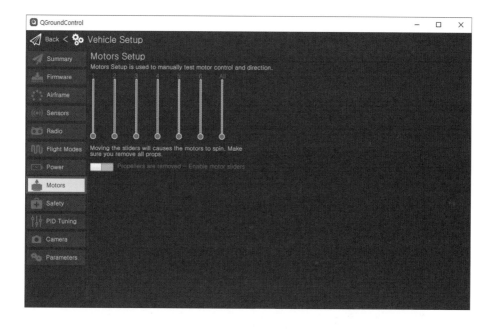

2 가속계 교정(Accel Calibration)

픽스호크는 펌웨어를 새로 올린 후 항상 가속계를 다시 교정해주어야 하는데, 가속계가 올바로 교정되지 않으면, GPS를 사용하지 않는 비행 모드에서 특정 방향으로 지속적으로 흐르는 현상이 발생하며, 교정을 완료하지 않으면 시동이 걸리지 않는다.

1 수평계 준비

 가속계 교정

- 원활한 교정을 위해 텔레메트리를 사용하여 연결한다.
- 평평한 곳을 찾되 너무 집착하지 않는다. 책상 정도면 충분하다.
- 기체에 조립이 되어 있는 상태라고 해도 상관없다.
- 물방울 수평계를 활용하면 더욱 좋은 교정이 진행된다.

◀ 실제 필자가 사용하는 수평계. 비싼 수평계를 준비할 필요는 없다.

2 가속도계 교정(Accelerometer Calibration)

01 평평한 곳을 찾아 기체 또는 픽스호크를 올려둔다.

02 텔레메트리를 사용하여 QGC와 기체를 연결한다.

03 QGC 메뉴 중 [Vehicle Setup] – [Sensors] – [Accelerometer]를 클릭하여 교정 메뉴로 진입한다.

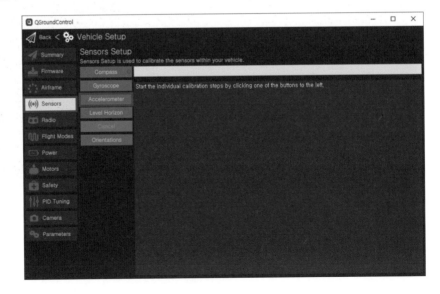

04 [OK]를 누르면 교정을 시작한다.

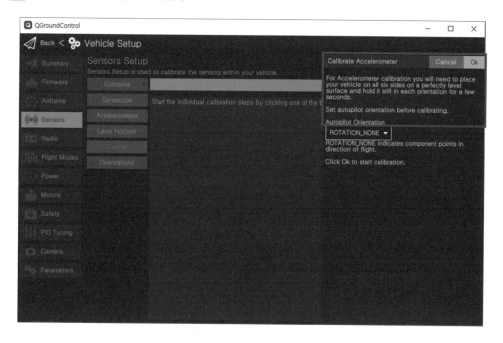

05 프로그램의 화면 그림을 참고하여 다음에 따라 교정을 진행한다.

❶ 기체 또는 픽스호크를 수평으로 둔 상태를 유지한다.

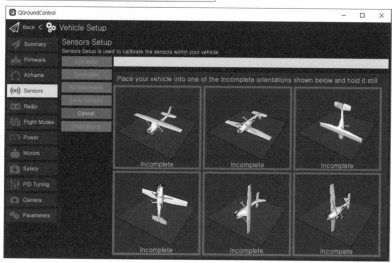

❷ 초록색 테두리로 표시가 되며 완료되었으면 그 다음 자세로 변경하여 대기한다.

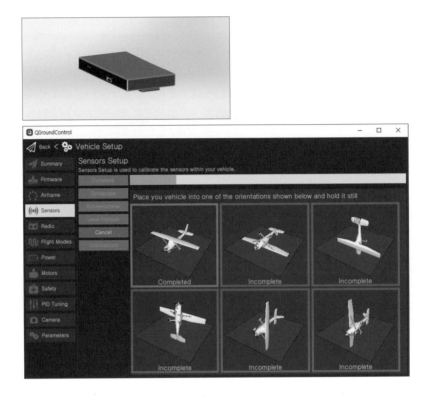

❸ 초록색 테두리로 표시가 되며 완료되었으면 그 다음 자세로 변경하여 대기한다.

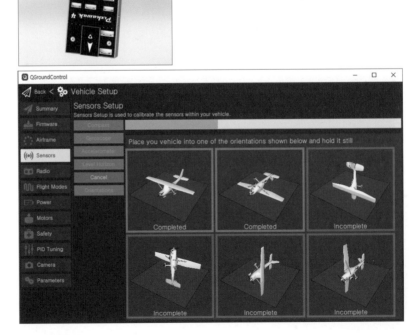

④ 초록색 테두리로 표시가 되며 완료되었으면 그 다음 자세로 변경하여 대기한다.

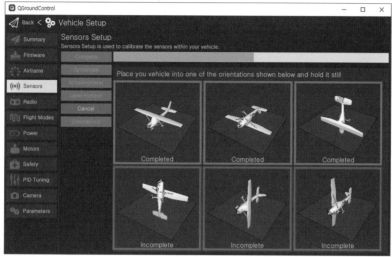

⑤ 초록색 테두리로 표시가 되며 완료되었으면 그 다음 자세로 변경하여 대기한다.

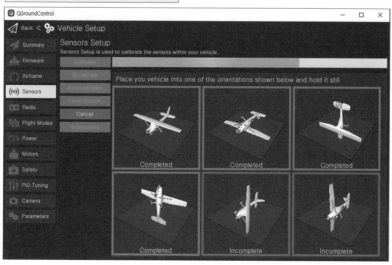

❻ 초록색 테두리로 표시가 되며 완료되었으면 그 다음 자세로 변경하여 대기한다.

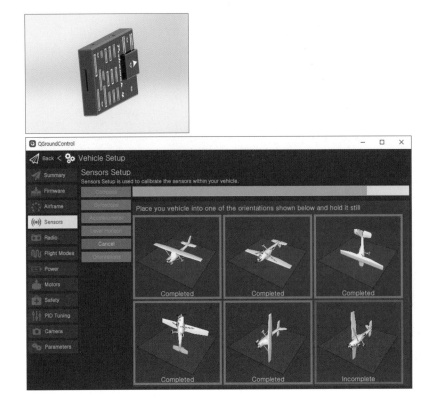

❼ 성공적으로 가속도계 교정이 완료되었다면 모든 자세에 초록색 테두리가 표시될 것이다.

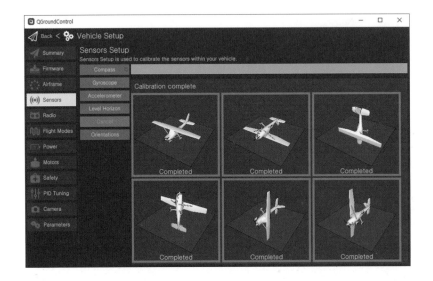

지자계 교정(Compas Calibration)

'Compass Calibration'은 지구의 자기장에 대한 교정으로 이를 제대로 수행하지 않을 경우 비행체가 갑자기 엉뚱한 방향으로 돌진한다던가. yaw축을 사용 시 일명 'toilet bowling(변기의 물처럼 빙글거리며 하강하는 현상)'을 보이며, 이륙 전 지자계 교정에 문제가 발견되면 시동 자체가 걸리지 않는다. 또한 이를 수행하기 전 가속계 교정을 반드시 완료하고 진행할 것을 추천한다. 지자계 교정(Compass Calibration)은 바로 앞의 가속도계 교정과 매우 비슷하게 진행한다.

 지자계 교정 준비

- 텔레메트리 모듈로 QGC와 기체를 연결한다.
- 교정 전 자신의 몸에 있는 쇠붙이, 차량용 스마트키 등을 제거한다.
- 기체의 부착물은 모두 견고하게 고정한다.
- 실내보다는 실외에서 진행한다.

1 지자계 교정 순서

01 정북 방향을 확인 후 기체의 머리를 북쪽으로 향하게 위치하도록 한다.

02 QGC의 [Vehicle Setup]-[Sensors]-[Compass] 탭으로 이동한다.

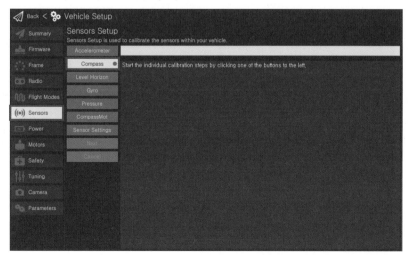

PART
5

03 GPS의 방향이 FC의 방향과 일치한다면 [Autopilot Rotation]은 'None'으로 둔다. 해당 기능은 조립 도중 어쩔 수 없이 GPS의 방향이 틀어져야 한다거나 또는 GPS가 기울어져 있는 경우에 설정하는 기능이다.

04 우측 상단의 [OK] 버튼을 클릭하여 교정을 시작한다. 가속도계 교정과 매우 흡사하게 진행된다. QGC의 화면에 있는 각 자세를 인식시킨 뒤, 기체를 중심으로 천천히 회전한다.

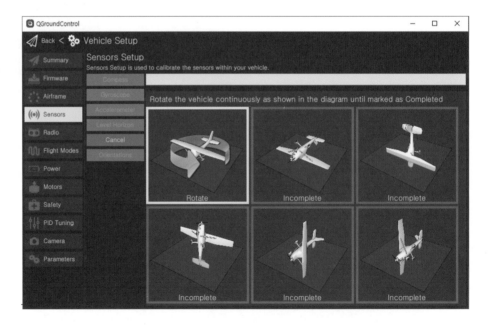

05 첫 번째 자세가 완료되었다면, 다음 자세로 변경하여 노란 테두리가 표시될 때까지 잠시 대기한다.

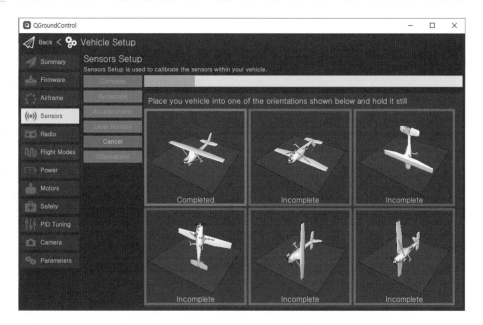

06 다음 자세로 변경 후에 노란 테두리가 표시되었다면, 다시 기체를 중심으로 회전한다.

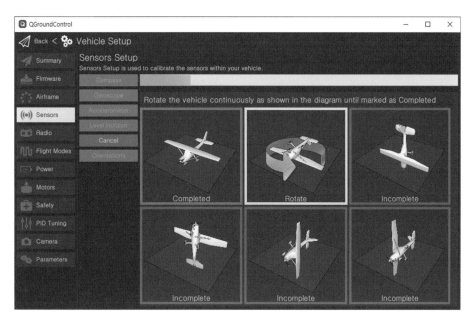

07 모든 자세의 교정이 완료되면 다음과 같이 우측에 'Compass Calibration Complete'라는 문구와 함께 [Reboot Vehicle] 버튼이 생성된다. 교정을 완료하였으면 픽스호크를 재부팅해야한다. [Reboot Vehicle] 버튼을 눌러 픽스호크를 재부팅한다.

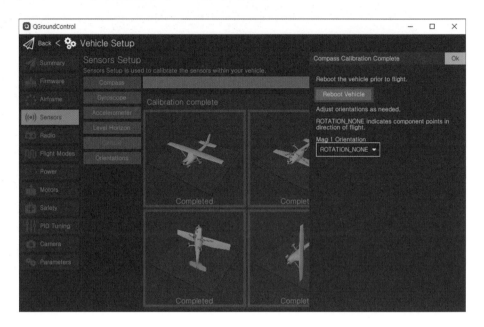

08 모든 회전은 기체를 중심으로 회전해야한다.

4 라디오 교정(Radio Calibration)

픽스호크는 RC 송신기의 스틱을 사용하여 시동을 'On' 'off'할 수 있다. 이때 라디오 교정(Radio Calibration)이 정확히 되지 않으면 시동뿐만이 아니라 비행 모드 변경과 같은 기능들을 사용할 수 없다. 정확한 교정을 통해 픽스호크에 자신의 송신기의 값을 알려주는 것이 중요하며 조종자가 원하는 방향으로 기체를 움직이기 위해서는 교정이 필수다.

 라디오 교정 시 참고 사항

- USB 케이블을 통해 QGC와 연결한다(조금 더 빠른 교정이 가능).
- 송신기와 수신기를 미리 바인딩(Binding)한다.
- 송신기의 모든 값은 초기화 상태로 돌린다.
- 교정 진행 중 Radio5 ~ Radio14가 반응하지 않는다면, 조종기에서 채널 할당을 해야 한다.

1 라디오 교정 순서

01 조종기의 전원을 'ON'한 상태에서 QGC와 픽스호크를 연결한다.

02 QGC의 [Vehicle Setup] - [Radio] 탭으로 이동한다. 그 후 자신에게 맞는 조종 모드를 설정한다.
(Mode 1: 좌 Pitch, Yaw. Mode/우 Throttle, Roll)
(Mode 2: 좌 Throttle, Yaw/우 Pitch, Yaw)

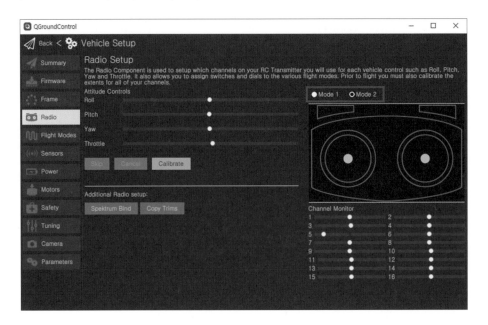

03 정상적으로 바인딩이 되어있을 땐 조종기의 스틱에 따라 그래프가 움직인다.

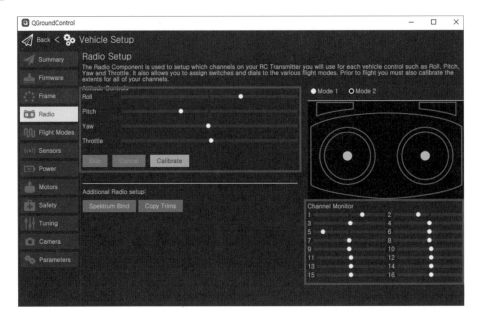

04 [Calibrate] 버튼을 누른 후 [OK] 버튼을 눌러 교정을 시작한다. 교정을 시작하기 전에 5번 채널에도 키를 할당하고 시작한다.

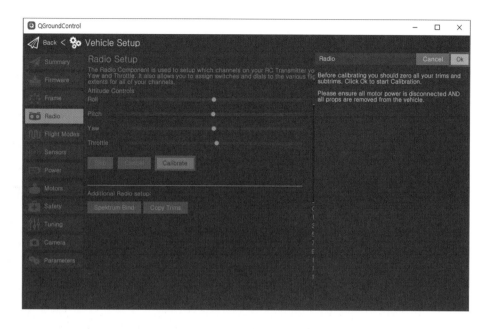

05 우측의 그림과 같이 스틱을 이동시킨 뒤 [Next]를 누른다.

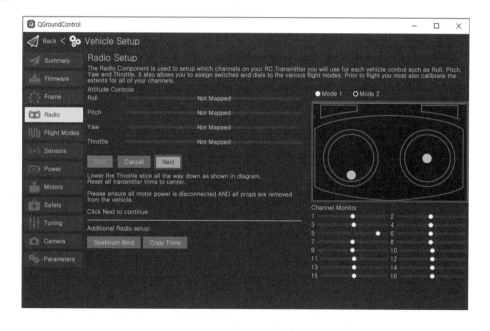

06 [Next]를 누른 후부터 우측 그림에 따라 스틱의 위치를 이동시키면, 자동으로 그림이 바뀌면서 교정이 진행된다. 이 때 시간을 너무 지체하여 스틱의 위치를 그림과 일치시키지 못하였는데 그림이 변환된다면, 교정을 처음부터 다시 시작해야 한다.

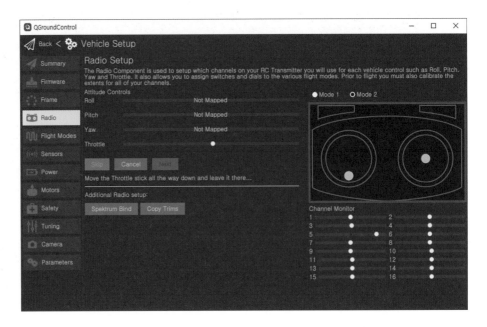

07 우측의 그림과 동일하게 스틱을 위치시킨다(Throttle 상).

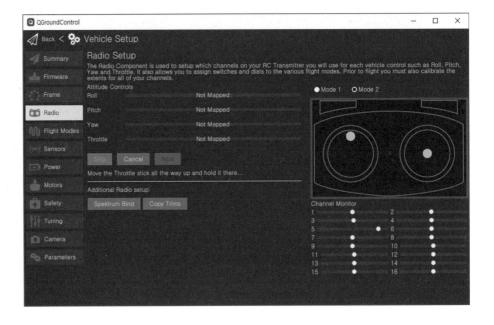

08 우측의 그림과 동일하게 스틱을 위치시킨다(Throttle 하).

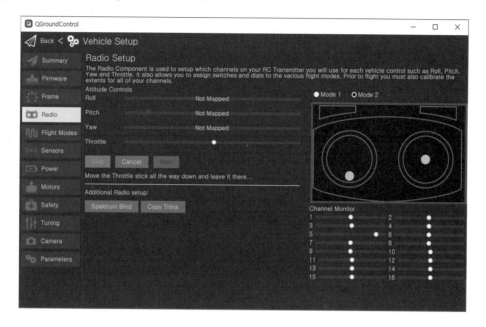

09 우측의 그림과 동일하게 스틱을 위치시킨다(Throttle 하/Yaw 우).

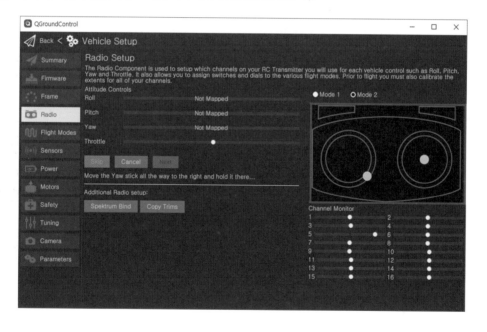

10 우측의 그림과 동일하게 스틱을 위치시킨다(Throttle 하/Yaw 좌).

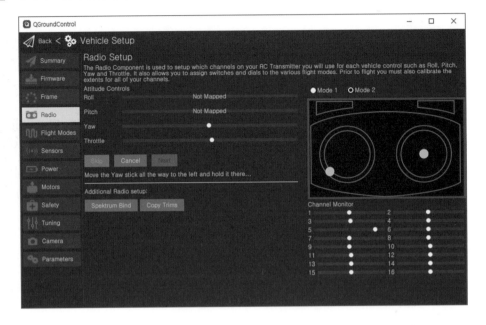

11 우측의 그림과 동일하게 스틱을 위치시킨다(Throttle 하/Roll 우).

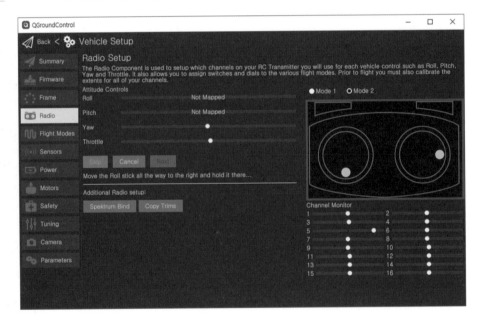

12 우측의 그림과 동일하게 스틱을 위치시킨다(Throttle 하/Roll 좌).

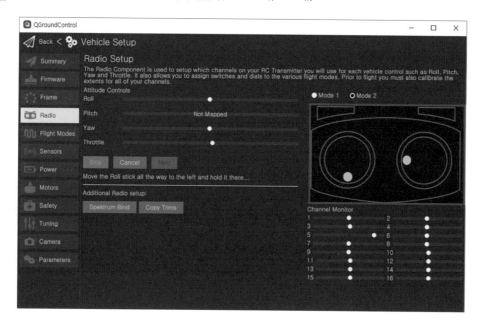

13 우측의 그림과 동일하게 스틱을 위치시킨다(Throttle 하/Pitch 상).

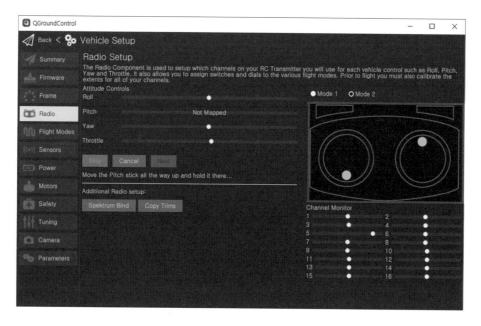

PART
5

14 우측의 그림과 동일하게 스틱을 위치시킨다(Throttle 하/Pitch 하).

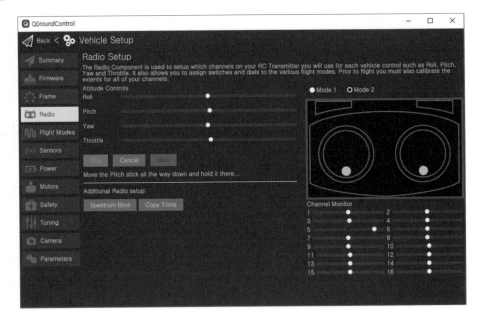

15 우측의 그림과 동일하게 스틱을 위치시킨다(Throttle 하).

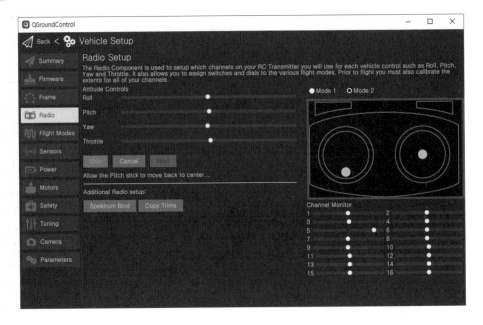

16 스틱 외의 할당된 스위치 또는 다이얼들을 최소/최대로 움직인다.

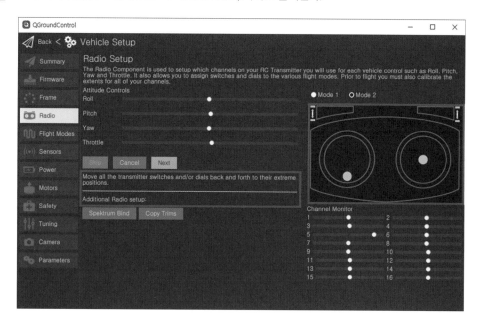

17 라디오 교정이 완료되었고, 해당 교정 값을 적용하려면 [Next]를 누르시오.

변속기 교정(ESC Calibration)

드론뿐만 아니라 모든 RC는 송수신 장치의 최댓값과 최솟값을 모터 변속기 등과 일치시켜야 한다. 이 값이 정확히 인식되지 않으면 각종 사고의 위험 요인이 될 수 있다. 변속기마다 High 인식 비프음과 Low 인식 비프음이 다르기 때문에 구글 검색으로 매뉴얼을 찾아볼 것을 권장한다.

 어떤 경우에도 프로펠러를 제거하지 않고 변속기 교정(ESC 교정)을 진행하면 안 된다!

변속기 교정의 경우 모터가 회전할 수도 있다. 가령 아무리 조그마한 300급 이하의 드론이라 하더라도 모터가 최대 속력으로 회전 시 프로펠러가 장착되어 있으면 성인 남성이 한 손으로 절대 누를 수 없을 정도이다. 이전에 진행하였던 미션플래너를 이용한 아두파일럿(Ardupilot) 펌웨어는 조종기를 이용하여 변속기 교정(ESC 캘리브레이션)을 진행하였지만, PX4 펌웨어의 경우 USB 케이블로 FC와 GCS가 연결되어 있어야 하며, 변속기 교정을 진행하기 전 반드시 라디오 교정을 완료하여야 한다.

 변속기 교정 한눈에 보기

- 프로펠러 제거
- 배터리 분리
- USB 케이블 연결
- [ESC 캘리브레이션] 버튼 클릭
- 배터리 연결
- 변속기 비프음 및 GCS 문구 확인
- 배터리 분리

1 변속기 교정 순서

01 PX4의 변속기 교정은 USB 케이블로 FC와 GCS가 연결되어 있어야 한다. 우선 배터리가 연결되어 있다면 잠시 배터리를 분리한다.

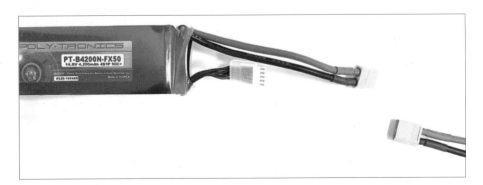

02 FC와 GCS를 USB 케이블로 연결 후 [Vehicle Setup] – [Power] 탭으로 이동한다.

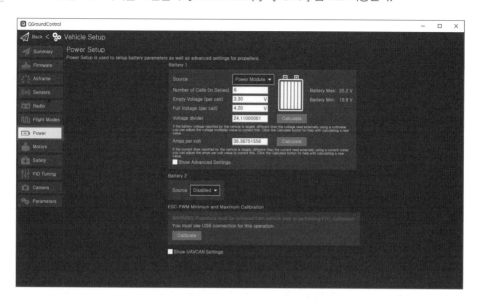

03 [Calibrate] 버튼을 눌러 변속기 교정을 시작한다.

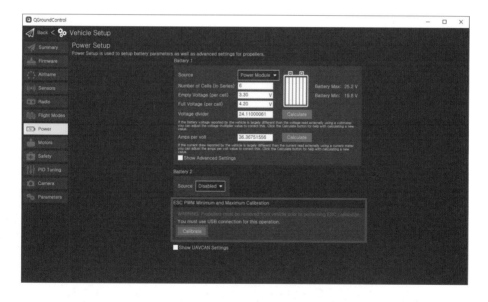

04 [Calibrate] 버튼을 클릭 시 다음 내용의 창이 뜬다('경고: 변속기 교정을 진행하기 전 프로펠러를 제거한다. 배터리 연결 시 바로 변속기 교정이 시작됩니다.'). 이 때 시간을 너무 지체할 시 ESC 캘리브레이션이 취소된다.

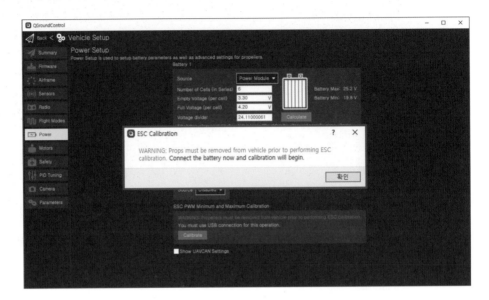

05 배터리 연결 시 해당 창이 뜬다('변속기 교정 진행 중.. 몇 초 소요 됩니다.').

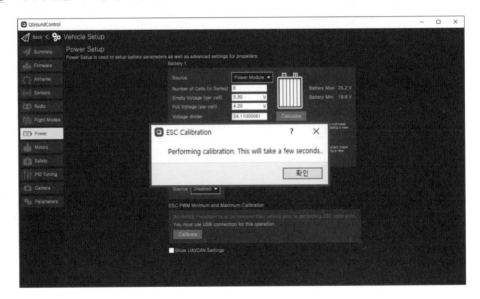

06 잠시 뒤 해당 창이 뜬다('캘리브레이션 완료. 원한다면 배터리를 분리해도 괜찮습니다.').

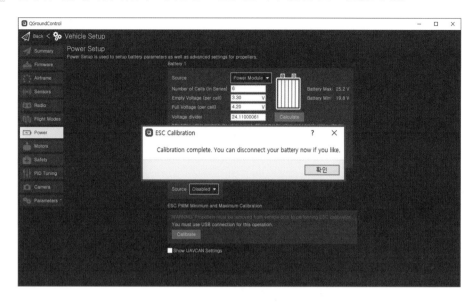

07 배터리를 분리하여 변속기 교정을 완료한다.

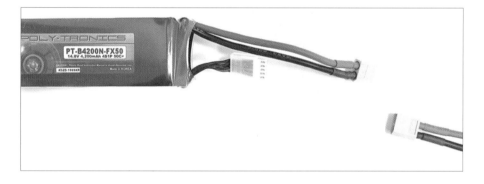

6 모터 배열 및 회전 방향 확인

픽스호크는 클래스 및 프레임 유형별로 고유의 모터 번호와 회전 방향이 있다. 이는 매개변수와 맞물려 기체를 통제하는데 매우 중요한 역할을 한다. 모터의 회전 방향과 순서중 하나라도 바뀌게 되면 기체가 이륙을 하지 못하고 뒤집어지거나 추락할 수 있으니 꼼꼼하게 확인해야 한다.

모터 배열 확인

- 시작 전 항상 프로펠러를 제거해야 한다.
- 텔레메트리를 사용하여 QGC와 연결한다.
- 프레임별로 1번 모터의 위치가 다르다.
- 프레임 타입별로 숫자가 나와야 한다. **예** 쿼드:1,2,3,4 헥사:1,2,3,4,5,6
- 본인의 모터 수량보다 많은 숫자가 표기될 경우 잘못된 것이다.

1 라디오 교정 순서

01   모터 배열 확인 전 반드시 프로펠러를 제거한다.

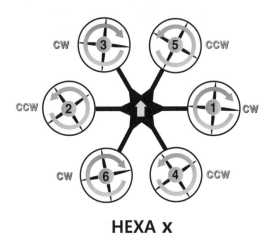

HEXA x

02   기체에 프로펠러가 장착되어 있다면 프로펠러를 모두 분리한다.

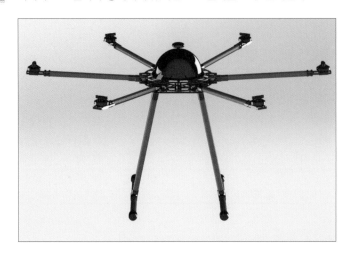

03 [Vehicle Setup]–[Motors]를 클릭한다.

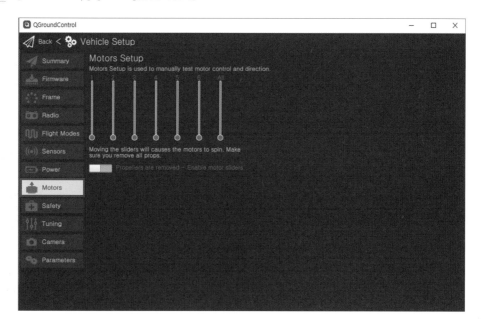

04 현재 헥사 프레임으로 선택한 상태이므로 1,2,3,4,5,6까지 보이는 지 확인한다.

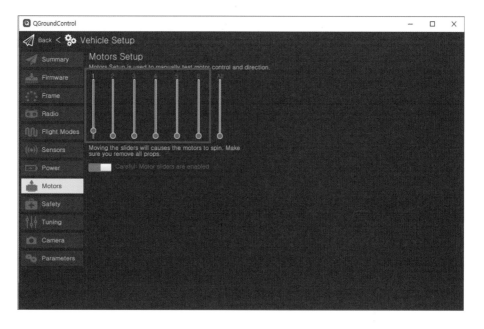

05 프로펠러가 제거된 상태라면 해당 슬라이드를 클릭한다.

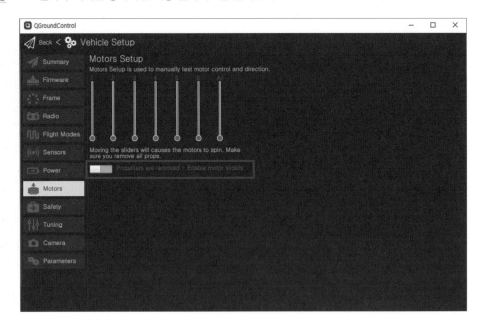

06 1,2,3,4,5,6을 차례로 클릭하며 방향과 배열을 확인한다.

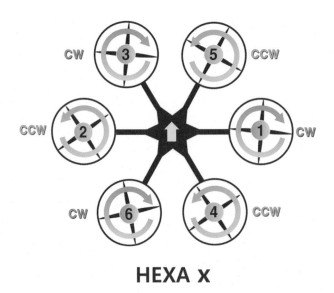

HEXA x

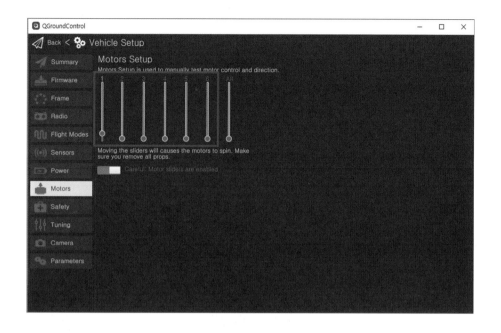

07 순서가 맞지 않는 경우 변속기 선의 배열을 재확인한다.

② 모터 회전 방향 확인

[Most test]를 통해 모터의 회전 방향을 확인한다. 회전 방향이 맞지 않는다면 모터와 변속기 (ESC)를 연결하는 선의 순서를 변경하여 모터의 회전 방향을 변경해야 한다.

브러시리스 모터의 회전 방향과 방향 확인

· 브러시리스 모터의 경우 3선 중 2선만 배열이 바뀌어도 회전 방향은 바뀐다.
· 프로펠러 대신 얇은 종이테이프 등을 붙여놓으면 방향 확인이 더 쉽게 된다.

PART 5

01 프로펠러를 제거한 모터에 종이테이프 등을 붙인
뒤, 모터를 회전시켜 회전 방향을 확인한다.

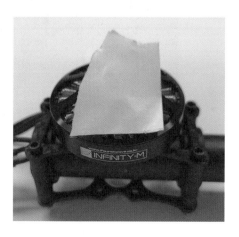

02 회전 방향이 맞지 않는다면, 해당 모터의 변속기 연결 선 중 두 가닥을 분리한다.

03 두 가닥의 선을 서로 교차하여 연결한다.

04 다시 [Most test] 버튼을 눌러 모터의 회전 방향이 변경되었는지 확인한다.

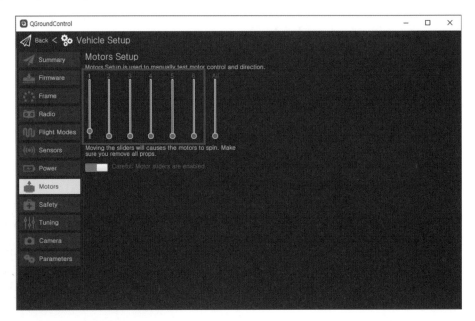

3 파워 모듈 전압 보정

픽스호크는 파워 모듈을 통해 전압 및 전류를 측정할 수 있다. 이는 비행 시 상당한 도움이 되는데 올바로 설정이 되면 안전한 비행은 물론 파일럿의 실책으로 인해 추락할 수 있는 요인도 많은 부분 줄일 수 있다.

파워 모듈 전압(Voltage) 설정

파워 모듈 기능 정리

- 5.27~5.37v와 2.25A의 안정화된 전원을 픽스호크에 공급한다.
- 배터리 전압(v) 및 전류(A)를 모니터링할 수 있다.
- 비행 중 소비되는 전력을 모니터링할 수 있다.
- 위의 정보에 의해 배터리 용량을 체크하여 자동복귀를 할 수 있다.
- 동력원에 의한 지자계 간섭을 정확하게 교정할 수 있다.
- 동력원의 전력 변화에 따른 RPM을 보정하여 보다 안정적인 고도 유지가 가능하다.

1 준비하기

01 전압 측정용 테스터기 또는 RCMeter를 준비한다.

02 각기 다른 전압의 배터리 2개를 준비한다.

② 전압 보정

01 기체를 텔레메트리를 통해 QGC와 연결한다.

02 QGC의 [Vehicle Setup]–[Power]를 선택 후 'Source'를 'Power Module'로 선택한다.

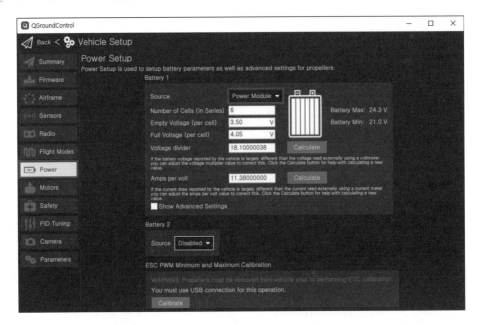

03 'Number of Cells'는 배터리의 셀 개수이다. 22.2v 배터리의 경우 '6'으로 적는다. 'Empty Voltage'
(저전압)/'Full Voltage'(만충전압)을 기입한다.

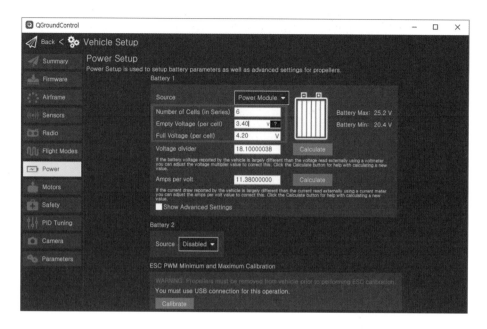

04 셀 개수와 셀의 전압을 설정하였으면 [Calculate]를 클릭한다.

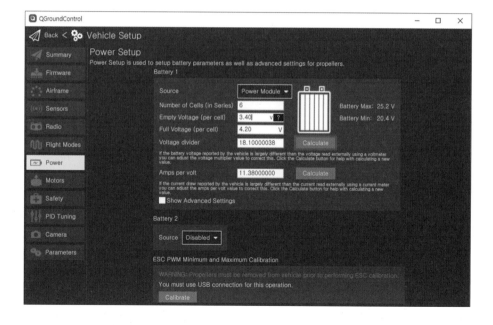

05 [Vehicle Voltage]와 실제 측정 전압을 비교한다.

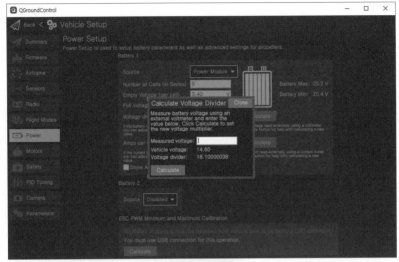

06 불일치할 때 'Measured Voltage'에 실제 측정 전압을 입력한다.

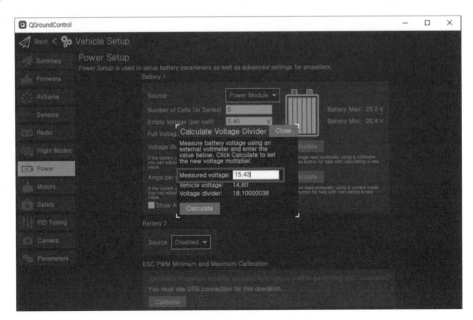

07 실제 측정 전압과 'Vehicle Voltage'가 일치하는지 확인한다.

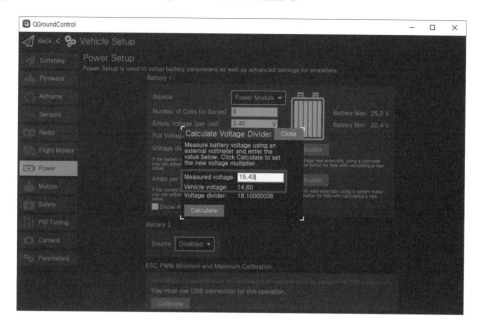

08 각기 다른 전압의 배터리 2개를 준비하여 정확도가 인정되는 측정 장치로 각 배터리의 전압을 측정한다.

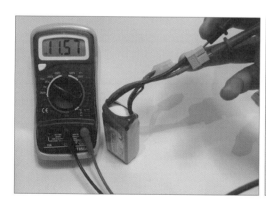

09 서로 다른 전압의 배터리도 올바르게 측정되었는지 확인한다.

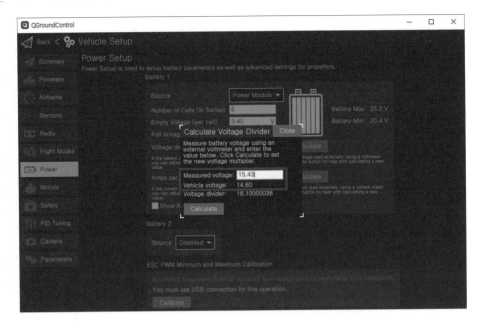

10 이를 센서가 센싱하는 데 시간이 걸릴 수 있으니 5~10분 정도 연결 상태를 유지하며 전압 변화를 지켜본다.

2 파워 모듈 전류(Amper) 교정

전류의 교정은 어떤 식으로든 부하를 걸어주어 3A 이상의 전류가 흘러야 교정이 가능하고 10A 이상에서 교정해야 올바른 교정을 할 수 있다. 보통 아무리 큰 기체라고 하더라도 모터를 돌리지 않고서는 10A 이상 전류를 흘리는 것은 사실상 어렵다. 이를 보다 안전하게 진행하기 위해서는 드론을 어떤 식으로든 지면에 단단히 고정시키는 방법 또는 프로펠러를 뒤집어 장착하여 이륙을 하지 않은 상태에서 부하를 주어야 한다. 여기서는 프로펠러를 뒤집어 장착한 후 부하를 주는 방법에 대해서 알아보겠다.

▲ 전류 보정용 'RC voltage and current meter'

안전한 전류 보정

- 텔레메트리를 사용하여 QGC와 연결한다.
- 프로펠러를 교차 후 뒤집어 장착하여 바람이 위로 나올 수 있게 한다.
- 'Stabilize' 모드에서 진행을 한다.
- 스로틀 스틱을 조금씩 움직여 10A 이상으로만 유지한다.

<u>01</u> 바람이 위로 향하도록 프로펠러를 좌우로 교차 하여 역방향으로 결합한 후 기체를 바닥에 단단히 고정한다.

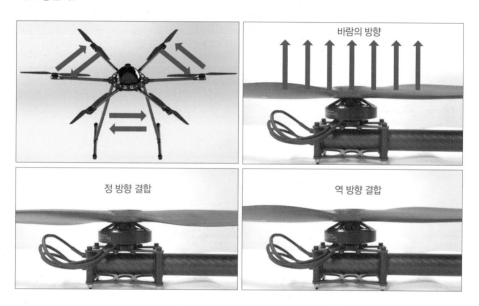

<u>02</u> 'voltage and current meter'를 통해 전원을 공급하고 LCD 창의 정보를 확인한다.

03 [Vehicle Setup]–[Power] 탭으로 이동한다.

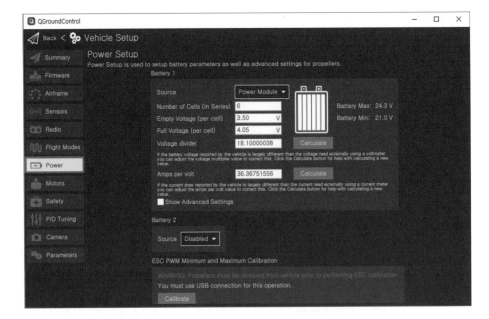

04 [Amps per volt]의 [Calculate] 버튼을 클릭한다.

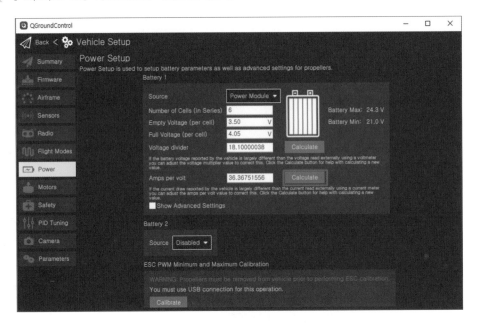

05 'Measured current' 부분에 현재 암페어를 기입하여야 한다.

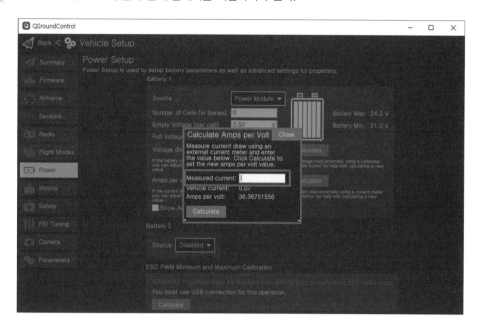

06 비행 모드를 'Stabilize'로 두고, 스로틀(Throttle)을 최하단으로 한 상태에서 요(Yaw)를 오른쪽으로 끝까지 밀고 5초 이상 밀어 시동을 건다.

◀ Mode 1 (시동)

◀ Mode 2 (시동)

07 'B-----'하는 비프음과 함께 무장(Arm) 상태가 되며 프롭이 회전하기 시작하면 스로틀(Throttle) 스틱 '와트미터(Watt Meter)'에 전류가 10A 이상이 되도록 올려준다.

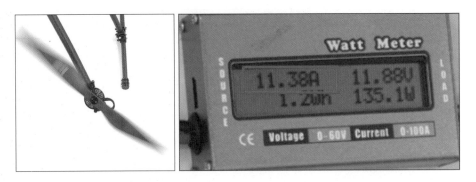

08 와트미터에 표시된 암페어를 'Measured Current'에 기입한다.

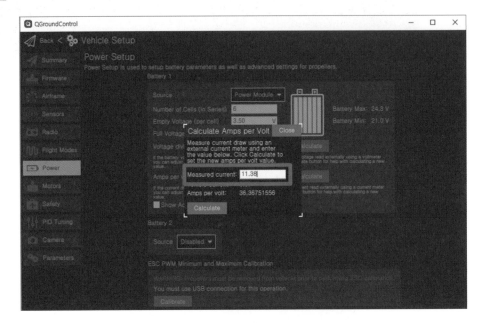

09 기입 후 'Vehicle Current'가 와트미터에 표기된 암페어와 동일한 지 확인한다.

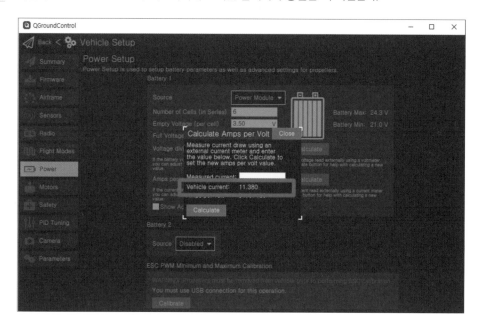

10 보정이 완료되면 스로틀(Throttle)을 최하단으로 내린 상태에서 요(Yaw)을 왼쪽으로 끝까지 2초 이상 밀어 시동을 'off'한다.

◀ Mode 1 (시동 정지)

◀ Mode 2 (시동 정지)

3 플라이트 모듈 설정

픽스호크는 많은 모드를 지원하며 이는 차량의 형태별로 구분되어 있다. 이중 콥터를 지원하는 모드는 20가지 정도이며 현재도 계속 개발되고 있다. QGC를 통해 비행 모드를 지정하고 셋팅 및 비행에 사용하도록 해보겠다.

1 QGC로 비행 모드 세팅하기

 픽스호크 콥터 비행 모드

GPS비행모드	Non-GPS비행모드
Position	Stabilized
Return	Altitude
Land	Manual
TakeOff	Rattitude
Mission	Acro
Hold	
Follow Me	
Offboard	

01 조종기의 [MDL] 버튼을 길게 눌러 'MODEL SETUP'으로 진입한다.

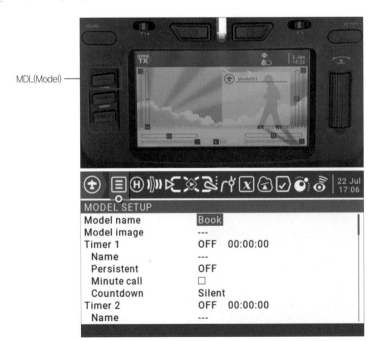

MDL(Model)

02 [Page] 버튼을 네 번 눌러 페이지를 넘기면 MIXES 메뉴가 나온다. CH5를 클릭하여 CH5 설정으로 진입한다.

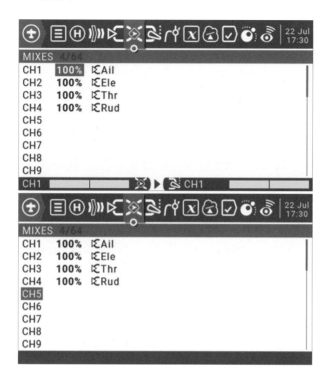

03 [Source]를 클릭하여 원하는 키를 움직이거나 스크롤을 이용하여 CH5를 할당할 수 있다. 이 책에에서는 SG 스위치에 CH5(모드 채널)를 할당하였다.

04 QGC의 [Vehicle Setup]–[Flight Modes] 탭으로 이동하여 'Mode Channel'을 'Channel 5'로 변경한다.

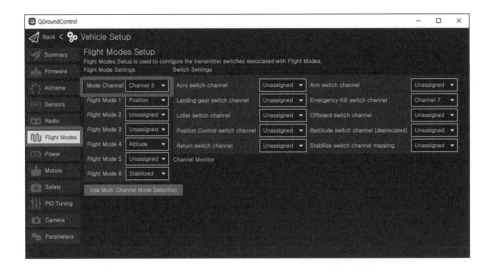

05 송신기의 5CH를 움직여 보면서 설정 위치를 확인한다.

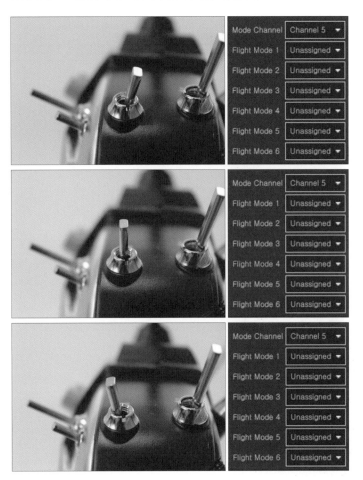

06 확인된 위치를 다음 모드로 각각 변경한다.

1. Position(위치 고정 모드)
2. Altitude(고도 유지 모드)
3. Stabilize(자세 유지 모드)

 4 **라디오 페일세이프 설정**

픽스호크는 비행 시 돌발 상황으로 인한 추락 및 파손을 막기 위해 소프트웨어적인 안전장치를 제공한다. 또한 상황 발생 시 기체를 안전하게 출발 위치로 복귀시킬 수 있는 최후의 수단이므로 항상 기능을 활성화하고 비행을 시도해야 한다.

1 라디오 페일세이프 설정하기

라디오 페일세이프(Radio Fail-safe)는 조종기와 수신기가 연결이 끊어졌을 때 작동한다. 조종기와 연결이 끊어졌을 때 자동 복귀, 자동 착륙, 대기 등 의 명령을 내릴 수 있다.

 페일세이프 조건 성립 시 수행 조건 항목 설명

• Hold: 재연결될 때까지 호버링 대기한다.
• Return: 자동 복귀 및 착륙을 실시한다.
• Land: 착륙을 실시한다.
• Termination: 지정해둔 채널을 작동시킨다(예 낙하산 채널, 랜딩기어).
• Lockdown: 모든 모터의 전원을 끈다.

01 기체를 텔레메트리를 사용하여 QGC와 연결한다.

02 QGC의 [Vehicle Setup]-[Safety] 탭으로 이동한다.

03 조종기와 기체가 연결이 끊어졌을 때 기체가 받아들일 명령을 선택한다.

04 조종기의 전원을 종료하였을 때 QGC의 메인 화면에서 해당 문구가 뜨는지 확인한다. 'Manual control lost'이라는 문구가 뜨면 라디오 페일세이프가 작동하는 것이다.

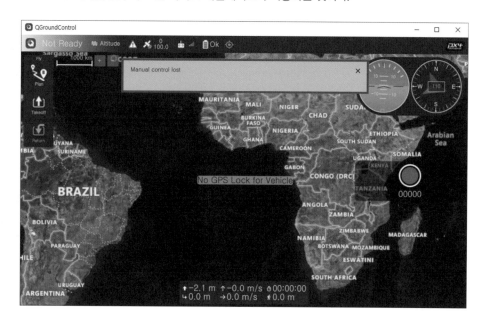

5 배터리 페일세이프 설정

배터리 페일세이프(Battery Fail-safe)는 현재 배터리의 전압을 측정하여, 남은 배터리 용량을 예상한다. 배터리 용량이 얼마 남지 않았다고 판단되면 페일세이프를 작동시켜 비행을 안전히 마무리 지을 수 있도록 한다.

페일세이프 조건 성립 시 수행 조건 항목들

• Warning: 따로 행동을 취하지 않고 배터리 경고 알림을 띄운다.

• Land: 착륙을 시도한다.

• Return at critical level, land at emergency level: 자동 복귀 진행 후 배터리 전압이 일정 전압 이하로 떨어지면 그 자리에 착륙을 실시한다.

01 QGC의 [Vehicle Setup] – [Safety] 탭으로 이동한다.

02 배터리 페일세이프가 활성화 되었을 때 취할 행동을 선택한다.

03 'Return at Critical Level, Land at emergency level'을 선택하면 다음 화면의 경우 용량 30%일 때 경고, 용량 15%일 때 자동 복귀, 용량 5%일 때 착륙을 실시한다.

6 GCS 페일세이프 설정

GCS 페일세이프는 무선 텔레메트리를 이용하여 운용 중 텔레메트리와 GCS와의 연결이 끊어졌을 때 작동한다. 미션 비행 도중에 연결이 끊어졌을 때 안전한 복귀를 할 수 있도록 도와준다.

> **tip**
>
> **페일세이프 조건 성립 시 수행 조건 항목들**
> - Hold: 재연결될 때까지 호버링 대기한다.
> - Return: 자동복귀를 실시한다.
> - Land: 착륙을 실시한다.
> - Termination: 지정해둔 채널을 작동 시킨다(예. 낙하산채널, 랜딩기어).
> - Lockdown: 모든 모터의 전원을 끈다.

PART
5

01 QGC의 [Vehicle Setup] – [Safety] 탭으로 이동한다.

02 GCS 페일세이프(Data Link Loss Failsafe)가 활성화되었을 때 취할 행동을 선택한다.

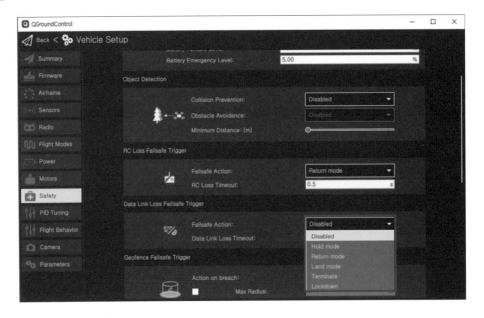

03 [Data Link Loss Timeout]가 10s로 설정 되어있다면 GCS와 기체의 연결이 끊어지고 10초 후 페일 세이프가 작동한다.

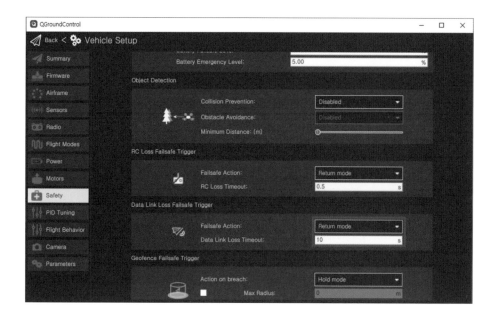

나는 게으르다. 아니, 정확히는 게을러지고 싶은 사람이다. 그래서 드론을 좋아한다. 드론은 사람을 게으르게 만들어준다. 하지만 드론을 학습하고 개발하는 사람은 게을러질레야 게을러질 수가 없다는 것이 아이러니한 현실이다.

필자는 2003년 군에 입대했다. 서쪽 해안 작은 소초의 '부소초장' 직책을 수행하면서 정말 필요했던 것이 지금 생각해보면 '드론'이었다. 내가 수행했던 주된 임무는 야간에 해안으로 접근하는 정체 미상의 물체에 대한 식별과 조치였다.

수많은 변수가 존재하는 해안선 감시를 담당하면서 느꼈던 제일 큰 불편은 직선상으로는 불과 30m밖에 안 되는 거리를 직접 가보기 위해 30분 이상 우회할 수밖에 없었다는 점이었다. 이런 불편함은 사람에게 날개가 달리지 않는 이상 해결할 방법이 없었다.

▲ 필자가 근무했던 '당진 성구미항'의 보조 선착장 전경. 이곳에서 무인기의 필요성을 절감했다.

출처: 네이버 지도

스마트폰도 없던 시절, 3개월에 한 번 나가는 휴가 때 접했던 RC(Radio Control)가 나에게는 큰 충격이었다. 그중 본래 군 헬리콥터 조종사를 꿈꾸며 '날아다니는 것'에 집중했던 고등학교 시절 동경하던 '회전익 RC'가 가장 배우고 싶은 메커니즘으로 마음 깊숙이 자리 잡았다.

'그래, 저 기체에 카메라를 달아서 해안선을 정찰할 수 있으면 좋겠다!'라는 생각으로 시작한 RC 학습이 당시 윈도우조차도 설치할 수 없었던 컴맹이었던 나를 컴퓨터 조립이 가능한 수준으로 만들어줬고, 초등학교 4학년 이후 단 한 번도 해보지 않았던 '납땜'을 다시 연습하게 만들었으며, 불과 1년

만에 당시 RC 헬리콥터의 3D 기술 중 최고라고 불리던 '필루엣 플립'을 구현할 수 있는 실력자로 만들어줬다.

▲ 2007년 어느 가을날의 필자

▲ 2011년 육군 참모총장배 입상 메달(사진 제공: 박영만)

지금은 '드론'이라고 총칭하고 있으며 세부적으로는 멀티콥터 계열의 비행체가 대중적으로는 '드론'으로 인식되고 있다. 그때와 다른 것은 오로지 사람의 두뇌와 감각적인 조종술에 의존해 통제되던 비행체가 이제는 'FC(Flight Controller)'라는 전자 부품의 통제를 90% 이상 받고 있다는 점이다.

지금 시장의 드론을 개인적으로 평가하면 '드론은 난다'의 수준을 넘지 못한다고 생각한다. 아니, 정확히 '날 수 있게 노력하고 있다'이며, '드론은 100% 안전한가?'라는 물음에 어느 개발자도 "그렇다"라고 자신 있게 답변할 수 없는 상태라고 본다. 수백억 원을 호가하는 드론조차도 무수한 이유로 추락하고 있는 것이 현실이다. 하지만 우리 다음 세대에게는 '드론은 안전하게 비행한다.'는 인식이 기정사실화될 수 있을 것이고, 그 다음은 "무슨 목적으로 비행하고 있는가?"라는 질문의 시대가 될 것이라 내다본다.

현재 드론의 독보적인 선두 기업 'DJI'의 발전 방향을 보면 알 수 있다. 과거 '팬텀 1'의 경우 드론만 놓고 봤을 때에는 아주 조악한 수준의 비행체였다. 하지만 시장에서 어느 정도 긍정적 반응을 이끌어 낼 수 있었던 이유는 주 고객층이 30~50대 남성이었고 이 고객들에게 드론은 굳이 잘 날아야 하는 물건이 아니었다. '그저 날기만 하면 좋은' 장난감을 원하는 고객층이었기 때문이다.

'팬텀 2'부터는 제법 쓸 만한 카메라를 달고 한층 더 안정적인 비행과 '영상'이라는 산물을 제공했다. "무슨 목적으로 비행하고 있는가?"가 충족된 좋은 예라 할 수 있다. 이러한 기반으로 'DJI'는 군용 스펙의 장비를 제외하면 영상 촬영용 드론 분야에서는 단연 전 세계 최고라고 칭할 수 있는 기업으로 성장했다.

▲ 팬텀 1(좌)과 팬텀 4(우). 정말 많은 부분이 향상됐고 특히 카메라와 짐벌의 발전이 두드러진다.　　　　▲ 출처: 구글에서 발췌

지금 영상물을 위한 드론은 매뉴얼 학습 정도면 필요한 만큼 조종할 수 있을 정도로 제품이 잘 나오고 있다. 드론을 전문적으로 배우는 것이 영상 제작에 별로 도움이 되지도 않을 뿐만 아니라 필자가 영상 촬영을 목적으로 하는 학생에게 가르칠 내용도 사실상 없다. 좋은 영상을 만들기 위해 구도를 보는 법을 배우는 것이 더 어렵다는 얘기다. 물론 이것은 영상물에 한에서 하는 얘기다. 아직 드론의 가능성은 무궁무진하며 픽스호크는 날아다니는 드론 이외에도 무엇이든 무인 조종 체계로 제작하기 위해서 학습 및 실험을 할 때 최상의 메리트를 제공한다.

내 아이가 'DJI' 드론을 날리는 사람이 될 것인지 'DJI' 같은 기업의 드론을 개발하는 사람이 될 것인지를 먼저 생각해보라. 이 책은 '물고기를 잡아주는 것'이 아닌 '잡는 법을 가르치는 것'에 초점을 맞추고 있다.

　필자는 개인적으로 드론 만드는 법을 알려주는 데 픽스호크만큼 좋은 교재가 없다고 확신한다. 현재 드론을 배우고 싶은 대부분의 동호인들에게 '픽스호크는 드론을 제작하기 위해 최상의 기능과 최고의 가성비를 제공하지만 너무 어렵다.'는 인식이 있다. 필자는 이 책을 통해 '이 책 내용을 충실히 따라 하기만 하면 픽스호크로 드론을 제작할 수 있다'라는 믿음으로 그러한 인식이 바뀌길 바란다.

끝으로 이 책을 시작할 수 있도록 길을 열어주신 문성철 준장님(예)과 "지식은 글로 표현할 때 극대화된다."라는 가르침을 주신 진심으로 존경하는 지휘관 김경래 중령님, 책을 집필하는 내내 조언과 도움을 주신 유심건 작가, 윤준민 준위, 강동석 원사, 이상현 상사에게 깊은 감사를 드리며 이 책을 집필하는 동안 고인이 되신 내 어머니께 바친다.

저자 한기남

■ 도서 A/S 안내

성안당에서 발행하는 모든 도서는 저자와 출판사, 그리고 독자가 함께 만들어 나갑니다.

좋은 책을 펴내기 위해 많은 노력을 기울이고 있으나 혹시라도 내용상의 오류나 오탈자 등이 발견되면 "좋은 책은 나라의 보배"로서 우리 모두가 함께 만들어 간다는 마음으로 연락주시기 바랍니다. 수정 보완하여 더 나은 책이 되도록 최선을 다하겠습니다.

성안당은 늘 독자 여러분들의 소중한 의견을 기다리고 있습니다. 좋은 의견을 보내주시는 분께는 성안당 쇼핑몰의 포인트(3,000포인트)를 적립해 드립니다.

잘못 만들어진 책이나 부록이 파손된 경우에는 교환해 드립니다.

도서 문의 e-mail : ceo@foxtech.co.kr

본서 기획자 e-mail : coh@cyber.co.kr(최옥현)

홈페이지 : http://www.cyber.co.kr   전화 : 031) 950-6300

픽스호크 드론의 정석

2019. 3. 12. 1판 1쇄 발행
2020. 2. 4. 1판 2쇄 발행
2021. 10. 13. 개정증보 1판 1쇄 발행
2022. 10. 7. 개정증보 2판 1쇄 발행
2024. 7. 24. 개정증보 2판 2쇄 발행

저자와의
협의하에
검인생략

감수 | 류재만
지은이 | 공현철, 한기남, 김지연, 서동훈
펴낸이 | 이종춘
펴낸곳 | BM ㈜도서출판 성안당
주소 | 04032 서울시 마포구 양화로 127 첨단빌딩 3층(출판기획 R&D 센터)
     | 10881 경기도 파주시 문발로 112 파주 출판 문화도시(제작 및 물류)
전화 | 02) 3142-0036
     | 031) 950-6300
팩스 | 031) 955-0510
등록 | 1973. 2. 1. 제406-2005-000046호
출판사 홈페이지 | www.cyber.co.kr
ISBN | 978-89-315-5905-7 (93000)
정가 | 35,000원

이 책을 만든 사람들

책임 | 최옥현
편집 · 진행 | 조혜란
교정 · 교열 | 안종군
비행 및 기술지원 | 박확규, 김태진
자료 및 기술지원 | 지도 조종자 조효상, 윤상엽, 실기 평가관 이준희
                ㈜포스웨이브 류욱재
                알씨미 장종득
                휴먼테크 이충열
                픽스호크 코리아 오태훈
                ACROXAR 이병섭
                세도산업 권보성
                AD시스템 김정호
                ㈜이온모빌리티 정재진
본문 디자인 | 앤미디어
표지 디자인 | 앤미디어, 박현정
홍보 | 김계향, 임진성, 김주승
국제부 | 이선민, 조혜란
마케팅 | 구본철, 차정욱, 오영일, 나진호, 강호묵
마케팅 지원 | 장상범
제작 | 김유석

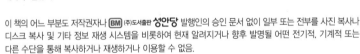